LIEUX SECRETS ET INTERDITS

PARTEZ À LA RENCONTRE DE MONDES INCONNUS !

Direction de la publication : Sophie Descours

Édition : Véronique Tahon

Couverture, conception graphique et mise en pages : Damien Payet

Recherche iconographique : Frédéric Mazuy

Fabrication : Rebecca Dubois

Photogravure : IGS

ISBN : 978-2-03-597962-9

Johann Protais et Éloi Rousseau

Lieux secrets et interdits

Partez à la rencontre de mondes inconnus !

Larousse

SOMMAIRE

AVANT-PROPOS

À l'heure de Google Earth, du GPS et des satellites, le monde semble avoir perdu tous ses mystères. On sait qu'il n'y a pas de continent Mu, que la Terre n'est pas creuse, que les mondes fantastiques qui peuplent les récits antiques et les mythes des origines n'ont existé que dans l'imaginaire de ceux qui avaient besoin d'y croire... Il reste bien sûr les univers féeriques et magiques des contes pour enfants ou du cinéma. « L'Étoile noire » de *Star Wars* et le monde des sorciers de Harry Potter n'existent cependant qu'en images de synthèse, leur secret est avant tout commercial.

Quant aux *terrae incognitae*, aux véritables zones grises des cartes de géographie, il semble que les XIXe et XXe siècles conquérants, leurs explorateurs et leurs aventuriers se soient employés à les faire disparaître ! Tout serait découvert, défriché et étudié, réduisant à néant l'espoir de grandes surprises à venir et rendant le monde passablement banal et inintéressant... Toutefois, sur Internet et dans les médias, l'évocation d'un monde occulte, de bases extraterrestres ou des cercles des sociétés secrètes n'a jamais été si forte.

L'insolite, le secret et le mystère sont en réalité loin d'avoir disparu, il faut juste les chercher au bon endroit ! Car l'histoire des civilisations, de l'affrontement des grandes puissances, des progrès de la science, et le besoin de protéger ce que l'on a de plus précieux ont donné naissance à bien des lieux fascinants. Connus ou plus confidentiels, ces espaces singuliers de notre planète demeurent accessibles à un petit nombre, réservés aux initiés, aux audacieux, quand ils ne sont pas totalement interdits d'accès. S'ils ont souvent des histoires effrayantes et tragiques, ils révèlent toujours en creux des éléments de notre histoire. Sous terre, en mer, au cœur des forêts ou des déserts, près des pôles ou tout simplement à quelques pas de chez nous, le monde des lieux étranges et interdits ne demande qu'à être exploré !

France, Bas-Rhin, fort de Mutzig, une galerie ovoïde.

LIEUX SECRETS ET INTERDITS

– 1 –

SECRET DÉFENSE

Si une grande partie des actions des États du monde se déroulent en plein jour, dans le cadre des grandes institutions ou de sommets internationaux, et sont portées à la connaissance de l'opinion internationale, les gouvernements exercent également des activités cachées : il n'y a pas d'État sans secret, et l'on ne peut gouverner sans lui. Mais si celui-ci a toujours existé, il s'est considérablement renforcé au XXe siècle, après la Seconde Guerre mondiale, dans un contexte de lutte acharnée entre les grandes puissances de ce monde et contre le terrorisme.

Les services secrets sont au centre de cette géographie invisible, de même qu'un grand nombre de bases militaires hérissées de grillage qui peuvent renfermer des armes de destruction massive ou des capacités d'écoute et d'observation. La guerre froide représente un moment fondateur dans la constitution de bases souterraines nichées sous les villes ou au cœur des montagnes et dont la fonction consiste ni plus ni moins à permettre à certains élus de survivre à l'apocalypse nucléaire.

Deux types de lieux s'illustrent dans ces affrontements de titans. Il y a bien sûr les frontières et les espaces maritimes, où quelques îles stratégiques représentent aujourd'hui les cases du nouvel échiquier international. Mais les États ont également pris soin d'isoler à l'intérieur ou hors de leur territoire les activités les plus répréhensibles ou les plus dangereuses. Le monde compte ainsi une poignée de sites d'essais nucléaires au milieu du désert ou sur des îles paradisiaques dont ils ont à jamais transformé le visage, y laissant les plaies ouvertes d'une folle course à l'armement nucléaire.

Dans leur combat incessant contre un ennemi extérieur ou intérieur, les États, et à plus forte raison quand ce sont des régimes autoritaires, pratiquent l'internement de populations entières et se livrent souvent à des actes de torture. Soucieux d'échapper au regard des défenseurs des droits de l'homme, au respect du droit international et parfois à leur propre droit, ils redoublent d'ingéniosité pour trouver des espaces où ils pourront agir en toute illégalité et impunité.

Corée du Nord, soldat nord-coréen surveillant les véhicules qui traversent la zone démilitarisée. ▶

자주통일

PEU AVANT LA SECONDE GUERRE MONDIALE, AVEC LE DÉVELOPPEMENT DE L'AVIATION DE BOMBARDEMENT, DES MISSILES, PUIS DE L'ARME ATOMIQUE, IL S'EST LOGIQUEMENT AVÉRÉ QUE LES PALAIS ET CHÂTEAUX, LES GRANDES VILLES ET AUTRES LIEUX TRADITIONNELS DE L'EXERCICE DU POUVOIR NE POUVAIENT PLUS ASSURER LA SÉCURITÉ DES DIRIGEANTS. D'AUTANT QUE LA MENACE POUVAIT DÉSORMAIS SURVENIR PAR SURPRISE ET DÉTRUIRE EN QUELQUES MINUTES LES INSTALLATIONS LES PLUS ÉLOIGNÉES DU CHAMP DE BATAILLE.

DANS LE SECRET DES BUNKERS

Il est donc rapidement apparu vital à nombre de gouvernements de protéger leurs membres, de mettre à l'abri leurs responsables civils et militaires, et de s'assurer de la sécurité et du secret des activités de commandement et de communication en situation de conflit.

Dès lors, à partir des années 1950, d'immenses abris souterrains, théoriquement inviolables et dissimulés au regard du public, ont été construits un peu partout de par le monde. Ils forment une sorte d'archipel invisible, perdus dans des déserts, sous des montagnes ou au cœur de nos villes, jusque dans les sous-sols des palais présidentiels !

La Cheyenne Mountain à Colorado Springs abrite le NORAD (North American Aerospace Defense).

Mount Weather Emergency Operations Center, Virginie, États-Unis. ▲

Certains pays ont même décidé de garantir à leur population tout entière une place à l'abri en cas de péril majeur, tandis qu'en d'autres endroits, comme aux États-Unis, la psychose de la guerre nucléaire a, pendant un temps, fait du bunker individuel privé le complément indispensable de toute maison individuelle.

Si la détente amorcée après la crise des missiles de Cuba de 1962, et surtout après la fin de la guerre froide, en 1991, a réduit le risque de guerre nucléaire et a même, dans un premier temps, rendu obsolètes ces lieux parfois coûteux à entretenir, ceux-ci ont, depuis, retrouvé toute leur importance, en raison du regain des tensions internationales, de la menace terroriste et du développement des nouvelles technologies.

Ultraprotégés et modernisés, ces sites peuvent en effet permettre de faire face à la cyberguerre et préservent mieux que tout autre le secret de ce qui se déroule dans leurs entrailles.

SOUS LES MONTAGNES

Dès le début de la guerre froide, les États-Unis comme l'URSS se sont lancés dans la réalisation d'immenses infrastructures souterraines sécurisées pour parer au danger d'un bombardement atomique. Outre la nécessité de protéger le gouvernement et les élites civiles, la réalisation de ces installations était aussi une condition essentielle de la politique de dissuasion nucléaire, puisqu'en permettant la survie des décideurs politiques et militaires et le maintien de leur capacité d'action, ces lieux permettaient, de ce fait, la possibilité d'une réplique du même ordre. En créant des bunkers, on s'assurait aussi de ne pas avoir, un jour, à les utiliser !

Encore fallait-il construire des endroits assez sûrs pour ne pas être réduits en cendres par des armes aux capacités de destruction redoutables et constamment perfectionnées. Dès lors, quoi de mieux, pour se mettre à l'abri, que plusieurs millions de tonnes de pierres recouvertes de végétation et difficiles d'accès ?

Conseil de défense hebdomadaire, salle Jupiter au palais de l'Élysée à Paris, le 31 mai 2017. ▲

Dans les années 1950, les États-Unis ont conçu un réseau de bunkers qui s'appuyait en particulier sur trois centres majeurs, tous profondément cachés sous des montagnes. En 1974, c'est le crash d'un Boeing 727 de la TWA sur le Mount Weather qui attire l'attention du public sur d'étranges installations situées au sommet de ce mont. Les sauveteurs ont été surpris d'y découvrir des véhicules garés dans la montagne, dans un endroit théoriquement désert, et des agents fédéraux soucieux d'interdire les lieux aux regards trop curieux.

Le vol Indianapolis-Washington s'était en effet crashé à moins d'un kilomètre d'un des sites clés de la défense américaine en cas de guerre nucléaire, coupant, au passage, des câbles de liaisons téléphoniques et provoquant une série de bugs dans les télescripteurs de nombreuses agences fédérales.

Ce site, qui se trouve à une bonne heure de route de Washington, dans les Blue Ridge Mountains, est en partie placé sous l'autorité de la FEMA (Federal Emergency Management Agency), qui intervient en cas de catastrophe. Il s'agit d'une véritable ville souterraine, qui a été conçue dans les années 1950, puis modernisée après les attentats du 11 Septembre. Les membres du Congrès sont d'ailleurs venus s'y abriter après les attaques perpétrées contre les Twin Towers et le Pentagone. Des bâtiments anodins occupent la surface « on y trouve même un bar ! », mais l'essentiel est profondément enterré. Conçu pour faire vivre plusieurs milliers de personnes en cas de catastrophe naturelle ou militaire, le complexe est doté de nombreuses installations, telles que des studios de radio et de télévision, des centrales électriques et des hôpitaux, et abrite des réserves de munitions.

Il semblerait même qu'il ait été prévu, en cas d'Armageddon, de transporter et stocker dans cet ultime refuge de la civilisation américaine les œuvres les plus précieuses de la National Gallery of Art.

Outre les fameuses installations de Cheyenne Mountain, près de Colorado Springs, qui abritent le NORAD (North American Aerospace Defense), le pendant militaire du Mount Weather est sans doute la base bunkérisée du Raven Rock Mountain Complex, ou « Site R ». Située à 65 kilomètres de Washington, à cheval entre les montagnes Cabotin, à la frontière entre le Maryland et la Pennsylvanie, elle ne se trouve qu'à quelques miles de la résidence de Camp David, le lieu de villégiature officiel des présidents des États-Unis. De l'extérieur, seuls les barbelés qui protègent les deux entrées de tunnels et une tour de télécommunication laissent deviner que la petite montagne « du corbeau » n'est pas un lieu comme un autre. De fait, il s'agit d'un lieu clé de la défense américaine.

S'il est interdit de le photographier, d'en diffuser des images sans autorisation et, bien évidemment, d'y pénétrer, c'est parce qu'il a été conçu comme un véritable Pentagone souterrain, un immense bunker destiné à servir de centre d'opération d'urgence à l'armée américaine et à accueillir le président. Doté de puissants moyens de communication et abritant tout un bataillon de transmissions, il doit permettre aux différentes composantes de l'armée d'assurer la continuité des opérations.

DE L'ÉLYSÉE À LA MAISON-BLANCHE

Pour ne pas être pris au dépourvu en cas d'attaque surprise, des bunkers ont été installés en ville, au plus près de lieux du pouvoir. Ainsi, l'aile est de la Maison-Blanche abrite un bunker dans lequel se trouve le centre opérationnel d'urgence présidentielle. En France, Paris en compte plusieurs.

À LA RUSSE

Précocement convertie aux bunkers, l'URSS s'est très bien protégée. Celui de Staline était situé à Samara, ville qui devait faire office de capitale de secours. Enfoui à près de 40 mètres sous terre, ce bunker, qui se visite, était doté d'un certain confort, et l'on y avait même reproduit les décors du Kremlin ! Aujourd'hui, bien des mystères entourent encore les autres bunkers des autorités russes. Il en existerait un dans le quartier moscovite de Ramenki, de la taille d'une petite ville et comptant près de 15 000 places. De très nombreuses rumeurs et enquêtes étrangères font aussi état d'un véritable réseau secret sous la capitale russe, dont l'installation la plus incroyable serait le fameux Metro-2, un réseau secret de quatre lignes qui relieraient les lieux clés du pouvoir russe et permettraient une évacuation rapide dans un cas de force majeure.

On a ainsi évoqué des bunkers situés sous la Maison de la radio, le Sénat, la gare de l'Est ou encore Bercy ! Mais c'est bien sûr sous l'Élysée que se cache le plus secret de tous : le PC Jupiter. Cet abri enterré sous les appartements privés du chef de l'État est l'un des lieux les plus sécurisés de la République. Construit durant la drôle de guerre, en 1940, pour le président Albert Lebrun, il a été, depuis, largement modernisé, avant d'être équipé sous la présidence de Valéry Giscard d'Estaing d'un poste de commandement militaire qui permet de communiquer en cas de crise, de conduire des opérations stratégiques et même de déclencher le feu nucléaire ! S'il est de taille réduite, il offre néanmoins un certain confort.

De plus, chaque nouveau président a le droit de personnaliser la chambre qui lui est réservée — ainsi, après la décoration de style Louis XV choisie par Valéry Giscard d'Estaing, François Mitterrand y aurait fait installer une niche pour son labrador, Jacques Chirac des masques africains, et Nicolas Sarkozy un vélo d'appartement !

▲ Des militaires surveillent l'espace aérien français sur la base aérienne de Lyon Mont-Verdun, le 25 février 2008.

La conception de ce poste de commandement protège le chef de l'État des attaques nucléaires mais aussi des indiscrétions et des interceptions grâce à la cage de Faraday qui l'entoure, ce qui en fait aussi un lieu idéal pour y tenir les réunions les plus confidentielles. Un tunnel le relierait à la Seine, permettant ainsi d'évacuer le président de la République en cas de crise majeure. Si le PC Jupiter est l'un des lieux les plus sécurisés qui soient, il ne s'étendrait cependant que sur 260 mètres carrés et serait bien difficile à agrandir en raison de son emplacement sous la ville. Il ne peut donc accueillir qu'un nombre très restreint de personnes et pour une période relativement courte.

C'est pourquoi il était prévu que le président rejoigne ensuite la base de Taverny, dans le Val-d'Oise, où se trouve le PC Gypse, en mesure d'accueillir le chef de l'État et le gouvernement. Un autre bunker du même type est situé sur la base de Lyon Mont-Verdun, qui abrite le centre de commandement de la défense et des opérations aériennes.

LA SUISSE, CHAMPIONNE DU MONDE

En matière de bunkérisation, la Suisse domine tous les autres pays. Si la plupart de ses bunkers ne sont pas vraiment secrets, ils sont en tout cas nombreux. Et pour cause : la loi fédérale de 1963 sur les constructions de protection civile garantit à chaque habitant d'avoir une place… sous terre (!), à proximité de son lieu d'habitation. Et si depuis le début des années 2000 la construction d'abris antiatomiques n'est plus obligatoire, ce n'est pas seulement parce qu'elle est coûteuse et qu'elle semble désuète, à l'aune de l'évolution de la scène internationale, mais aussi parce que, officiellement, les quelque 300 000 abris civils et 5 100 abris publics peuvent théoriquement loger plus de 8,6 millions de personnes, soit plus que le nombre d'habitants ! (Sans compter les innombrables abris militaires camouflés dans les montagnes…).

Il n'est pas certain, toutefois, que ces lieux s'avèrent suffisamment efficaces, car le danger vient aussi de l'intérieur : en effet, de rares exercices grandeur nature, pourtant de très courte durée, ont montré l'extrême difficulté de faire vivre ensemble autant de personnes dans des espaces aussi exigus. Ces tests auraient même permis d'observer des attitudes inciviques, au point que les conclusions de ces essais ont conduit à réduire le nombre de places disponibles et à installer davantage de cellules destinées à enfermer les trouble-fête et autres survivants au comportement asocial !

Le Conseil fédéral, lui, doit se réfugier dans le K20, un bunker théoriquement secret, situé dans la région de Kandersteg, dont les travaux de construction, entamés à la fin des années 1980, puis revus à la baisse, n'ont été achevés qu'au tout début des années 2000. Si son emplacement a été dévoilé, les équipements dont il dispose demeurent un secret d'État.

LE PLUS GRAND BUNKER DU MONDE

Bâtie en Chine à partir des années 1960 pour abriter la production de l'arme atomique, la centrale 816 est sans doute le plus grand bunker de la planète, avec une superficie équivalente à 14 terrains de football. Plus de 60 000 militaires ont travaillé pendant près de vingt ans à sa construction, mais il n'a, en réalité, jamais abrité la moindre arme atomique, car les travaux ont été abandonnés en 1984. Ouverte aux visiteurs chinois depuis 2010, la centrale accueille les touristes étrangers depuis 2016.

À Chongqing, le 21 février 2017, un touriste visite l'installation «816 Nuclear Military Engineering», ouverte au public.

EN PLEIN OCÉAN PACIFIQUE, AU FIN FOND DE LA FORÊT GUYANAISE OU AU PÔLE NORD, À QUELQUES KILOMÈTRES D'OXFORD OU EN PLEIN VIIIe ARRONDISSEMENT DE PARIS, IL EXISTE UN PEU PARTOUT DANS LE MONDE DES LIEUX MYSTÉRIEUX ET INTERDITS D'OÙ L'ON INTERCEPTE, TRAITE ET ENREGISTRE LES COMMUNICATIONS DE L'ENSEMBLE DE LA PLANÈTE.

ATTENTION

ON VOUS **ÉCOUTE !**

Souvent identifiables grâce aux immenses radômes qui cachent leurs antennes, ces centres d'écoute constituent de puissants réseaux qui permettent à une poignée d'États d'espionner et de se placer au cœur des conflits modernes et autres guerres secrètes auxquelles se livrent les grandes puissances. Leurs enceintes hautement sécurisées dissimulent ainsi au regard des curieux le travail de surveillance permanent qui participe à notre sécurité, permet d'anticiper les menaces ou répond à des objectifs tout aussi stratégiques mais bien moins avouables. L'existence de ces endroits dotés de telles capacités d'interception témoigne surtout du fait qu'aucun secret ne l'est plus vraiment, et à quel point « Big Brother » n'est plus seulement un fantasme littéraire mais bien une réalité qui dépasse de loin la science-fiction.

La machine de cryptage et de décryptage Enigma inventée par Arthur Scherbius.

La machine de Turing, utilisée pendant la Seconde Guerre mondiale pour déchiffrer les messages allemands.

VIEUX COMME LE MONDE

La volonté d'intercepter les communications de ses ennemis, et même de ses alliés, n'est pas récente. Les espions ont sans doute toujours existé, et connaître pour prévoir, anticiper pour contrer les intentions de l'adversaire est l'une des conditions de la réussite militaire depuis l'Antiquité. Au VIe siècle av. J.-C., le fameux général et stratège chinois Sun Tzu ouvrait déjà l'un des chapitres de son livre *L'Art de la guerre* par ces recommandations : « Ayez des espions partout, soyez instruit de tout, ne négligez rien de ce que vous pourrez apprendre. »

Avec le développement des télécommunications, cette volonté s'est traduite par la mise au point d'outils et d'unités spécialisés dans ces tâches. Ainsi, dès le début de la Première Guerre mondiale, l'interception et le décryptage par le service du chiffre français des communications TSF de l'armée allemande jouent un rôle majeur dans l'évolution du dispositif militaire lors de la bataille de la Marne. Durant la Seconde Guerre mondiale, on connaît l'importance qu'ont prise l'interception et le déchiffrement des messages ennemis. Dès juin 1942, par exemple, la lecture des transmissions japonaises conduit à la victoire américaine de Midway sur la marine impériale. Par ailleurs, certains spécialistes considèrent que le travail des agents britanniques et américains de Bletchley Park, le grand centre d'interception mais surtout de décodage de la fameuse machine Enigma allemande, a écourté la guerre de presque deux ans ! C'est en tout cas dans cet endroit situé au cœur de l'Angleterre qu'a été conçu l'un des tout premiers ordinateurs afin de briser les codes de l'Axe.

Radômes de l'ancienne station de surveillance Echelon, en Allemagne. ▲

Hautement stratégique, sa véritable fonction fut sans doute l'un des secrets les mieux gardés de toute la guerre, et même au-delà, puisque le public n'a connu la véritable nature du site et son importance capitale qu'au début des années 1970 !

UN RÉSEAU À L'ÉCHELLE DE LA PLANÈTE

Mais c'est essentiellement pendant la guerre froide que sont créées les grandes stations d'écoute. Dans le contexte d'un affrontement souvent indirect et multiforme, et qui se déroule à l'échelle mondiale, il devient prioritaire de savoir ce qui se passe et se dit dans le camp adverse. Outre le traditionnel renseignement par la voie des agents, la naissance de l'informatique et la mise au point des satellites à partir des années 1960 ouvrent des perspectives prometteuses.

Les Russes comme les Américains et leurs alliés édifient alors d'énormes stations et bases d'écoute à travers le monde, qui se développent et gagnent en importance au fur et à mesure des évolutions technologiques et diplomatiques. Tandis que les Soviétiques s'appuient sur les pays membres du pacte de Varsovie, les États-Unis organisent la mutualisation du renseignement dans le monde anglo-saxon. Dès mars 1946 (mais on ne le sait que depuis 1990), ils signent, dans le plus grand secret, le traité UKUSA (United Kingdom – United States of America Agreement), par lequel ils mettent en place une collaboration en matière de renseignement d'origine électromagnétique (ROEM).

S'ils construisent des bases proches des pays de l'Est, comme celle, aujourd'hui abandonnée, de Teufelsberg à Berlin-Ouest, l'essentiel du système repose sur les centres coexploités par les Five Eyes : les États-Unis, le Canada, le Royaume-Uni, la Nouvelle-Zélande et l'Australie. Ensemble, ils constituent un immense réseau de surveillance, longtemps appelé « P415 », puis « Echelon », et qui demeure aujourd'hui le plus performant au monde, en termes de capacité d'interception et d'observation.

Parmi la multitude de sites qui le composent, et auxquels s'ajoutent des petits centres proches des terminaux de câbles sous-marins, et les interceptions réalisées par les avions et les navires, quelques-uns ont une importance particulière.

Tel est le cas de la base de Buckley, dans le Colorado, de celle de Menwith Hill, près d'Harrogate, en Grande-Bretagne — sans doute la plus importante —, ou encore de celle de Leitrim, au Canada. Grâce aux équipements dont elles disposent, ces bases permettent de recueillir les renseignements issus des signaux électromagnétiques, ou *Sigint* en anglais (*Signals Intelligence)*, mais aussi des informations grâce aux images satellitaires. Au final, qu'il s'agisse de mails, d'appels téléphoniques, de fax, d'Internet, de lancements de fusées, de tirs de missiles ou d'émissions radars, rien de ce qui se passe et mérite d'être observé n'échappe à leur regard.

LA PARTIE IMMERGÉE DE L'ICEBERG

La plupart de ces bases sont situées dans des lieux éloignés, en pleine campagne ou au beau milieu d'une zone désertique, comme celle de Pine Gap, en Australie. Le secret est néanmoins très relatif ! Car si y pénétrer relèverait du défi de haut vol pour ceux qui n'y sont pas autorisés, ces installations dotées d'antennes mesurant parfois plus de 30 mètres de diamètre sont, pour la plupart, peu discrètes et ne peuvent protéger la confidentialité de leurs activités que grâce aux mesures de sécurité qui les entourent.

Toutefois, ce qui est visible n'est que la plus petite face de l'iceberg... Outre celui des dimensions réelles de ces stations d'apparence parfois modeste mais qui abritent plusieurs niveaux souterrains, le mystère tient d'abord à leur forme. Ainsi, les baraquements cubiques que l'on aperçoit généralement autour des radômes dissimulent une concentration exceptionnelle de matériels hautement sensibles, du supercalculateur aux data centers les plus protégés, sans oublier les hommes et les femmes dont chaque action est couverte par le secret.

Panneau avertisseur sur la route vers Pine Gap, en Australie. ▲

AUX LIMITES DE L'ALLIANCE

Si le secret est nécessairement gardé, c'est parce que, depuis ces bases, l'on surveille des ennemis et l'on traque des terroristes et des trafiquants en tout genre, mais aussi parce que l'on n'hésite pas à écouter ses alliés, soit pour s'assurer de leur fidélité, soit pour piller leurs secrets industriels. En effet, les données collectées peuvent aussi être utilisées à des fins d'espionnage économique, ce qui confère de précieux avantages dans les négociations commerciales, et permet, à moindres frais, de conserver une avance ou de rattraper un retard technologique. De même, si la plupart de ces centres sont censés écouter ce qui se passe à l'étranger, et non ce qui se dit à l'intérieur des frontières nationales, il semble que des entorses à ce principe soient régulières. C'est ce qui a réveillé la conscience de certains opérateurs, effrayés par les dérives de Big Brother et devenus donneurs d'alertes, au risque de trahir leur pays.

C'est un fait, dans la réalité, que peu d'informations échappent à ces grandes oreilles qui couvrent la majeure partie de la planète et dont les satellites peuvent observer ses moindres recoins.

Cependant, le recueil d'informations ne suffit pas. Pour exploiter celles-ci, il faut des moyens, des compétences et, dans certains cas, du temps ! En effet, il faut pouvoir comprendre, traiter, relier, interpréter et analyser des milliards d'informations interceptées chaque jour. Ainsi, pour ce faire, la NSA dispose de près de 40 000 employés, le GCHQ britannique d'au moins 6 000 membres, et la DGSE d'un peu plus de 1 700.

Dans le domaine du renseignement, la concurrence est rude : de leur côté, les Russes compteraient ainsi près de 45 000 fonctionnaires dédiés à ces missions, et les Chinois peut-être 200 000 ! Il n'en demeure pas moins que, même avec l'aide de puissants calculateurs, traiter l'information reste un défi majeur pour ceux qui en ont la charge. Les espions qui travaillent à proximité des antennes sont donc bien différents des clichés véhiculés par le cinéma : plutôt que des James Bond en voiture de sport, c'est une armée d'ingénieurs, d'informaticiens et d'analystes civils ou militaires qui se relaient devant machines et écrans et travaillent ensemble à l'interprétation des données.

Le centre d'écoute de la DGSE de Domme dans le Périgord.

À LA FRANÇAISE

On en ignore la dénomination officielle, mais « Frenchelon » est le surnom donné par les journalistes anglo-saxons au système français de surveillance des télécommunications. En effet, longtemps laissée à l'écart d'Echelon ou reléguée au rang de partenaire secondaire, en raison de sa politique d'indépendance vis-à-vis des États-Unis et de ses liens jugés complexes avec les pays de l'Est, la France a dû mettre au point, quasiment seule, un système national d'interception, qu'elle gère parfois, cependant, avec d'autres pays, telle l'Allemagne. Et si les moyens de l'Hexagone ne sont pas comparables à ceux des Five Eyes, la France est néanmoins l'un des rares pays disposant d'antennes dans le monde entier et doté de l'ensemble des équipements existants.

Ces lieux rigoureusement interdits, depuis lesquels la France écoute le monde, sont situés un peu partout en métropole, notamment à Creil, dans l'Oise, dans les Yvelines ou encore dans les Pyrénées-Orientales.

On peut aussi évoquer la station du plateau d'Albion, en Provence, sur le site des anciens silos de missiles stratégiques, ou celle du fort de Mutzig, enterrée sous une colline, dans une ancienne forteresse allemande de la Première Guerre mondiale. Le plus important de tous est sans doute celui de Domme, dans le Périgord. Entouré de barbelés et protégé par de nombreux capteurs, il est néanmoins visible de tous. Doté de treize antennes, il est l'un des plus anciens et des plus importants de la DGSE, puisque c'est là que fut installée la première antenne destinée à intercepter les données satellitaires, en 1974.

L'atout de la France est de posséder des relais mondiaux par le biais de ses centres d'outre-mer, parmi lesquels la base Frégate de Kourou, en Guyane, idéalement située en Amérique, celle de Mayotte, bâtie au pied d'un cratère, ou encore celles du Pacifique, à Tahiti et en Nouvelle-Calédonie.

ET AUSSI PRÈS DE CHEZ VOUS !

Les stations d'écoute ne sont pas toujours situées dans des déserts ou à l'abri des regards : certains bâtiments très officiels disposent ainsi de discrètes petites antennes destinées à puiser l'information au plus près de la source. C'est ainsi qu'à Paris, à deux pas de l'Élysée et de ministères, le toit de l'ambassade des États-Unis est surmonté d'une étrange bâche en trompe-l'œil, que d'aucuns pensent être une station d'écoute de la NSA, à l'image de celles que le gouvernement américain a placées dans dix-huit autres de ses ambassades en Europe. À quelques kilomètres de là, dans le Val-de-Marne, c'est une annexe de l'ambassade de Chine, dont personne ne connaît la fonction exacte, qui a installé sur son toit d'étranges antennes de plus de 5 mètres de haut ! Pour communiquer, sans doute…

Galerie ovoïde du fort de Mutzig en Alsace. ▼

CEUX-LÀ RENFERMENT SOUVENT UNE PART DE MYSTÈRE, DEMEURANT INACCESSIBLES AU COMMUN DES MORTELS POUR DES RAISONS STRATÉGIQUES OU TECHNIQUES, MORALES OU SÉCURITAIRES. MÊME INUTILES, MÊME DISLOQUÉES AU FOND DES OCÉANS, ILS CONTINUENT POURTANT À IMPRESSIONNER, TOUT EN FASCINANT, ET CONSERVENT PARFOIS BIEN DES SECRETS, VOLONTAIREMENT ENTRETENUS PAR LES AUTORITÉS.

DES CIMETIÈRES

››› PAS COMME LES AUTRES

Il faut se rendre à Tucson, en Arizona, dans l'un des endroits les plus désertiques et arides des États-Unis pour découvrir ce qui est sans doute le plus grand cimetière du monde : un cimetière d'avions ! C'est en effet sur ce site choisi pour son hygrométrie quasi nulle que se trouve le 309th Aerospace Maintenance and Regeneration Group, ou AMARG, c'est-à-dire le plus imposant des huit centres de stockage de l'armée américaine.

DES ÉPAVES SOUS HAUTE SURVEILLANCE...

Du bombardier B-52 porteur de la bombe atomique aux chasseurs F-4, F-14, F-15 et F-16, en passant par les avions de transport géants C-5 Galaxy et les engins de guerre électroniques, plus de 4 000 appareils stationnent là, garés les uns contre les autres, sur ce qui semble avoir été, pour la plupart d'entre eux, leur dernier terrain d'atterrissage. Pour autant, ces cadavres de fer sont loin d'être accessibles à tout un chacun ! En effet, il s'agit là encore d'un lieu hautement stratégique.

La pratique de la « cannibalisation » des avions fait de l'AMARG l'une des plus grandes réserves de pièces détachées aéronautiques. Ces pièces parfois introuvables, d'appareils encore en activité, ont une valeur incommensurable, et le risque de trafic est très élevé. Outre l'armée de l'air des États-Unis, qui y puise pour réparer sa propre flotte, des pays comme l'Iran, désormais sous embargo, pourraient voir dans ce filon le seul moyen de maintenir en état de vol leurs avions d'origine américaine. Par ailleurs, certains appareils sont destinés à revoler, une fois revendus à un autre pays.

On estime ainsi à plusieurs dizaines de milliards de dollars la valeur de ces épaves de tôle et de zinc. Il s'agit peut-être de la casse la plus chère du monde.

En outre, « The Boneyard » (« le Cimetière ») a aussi servi à apaiser les relations internationales après 1991. En effet, sa situation exceptionnelle a permis de garantir l'exécution des accords START I de désarmement entre les États-Unis et l'ex-URSS.

Vue aérienne du cimetière d'avions dans l'Arizona, États-Unis. ▲

Par ce traité, les deux anciens ennemis se sont mis d'accord en 1994 pour démanteler une partie de leurs arsenaux respectifs, en particulier celui des bombardiers stratégiques. Pour prouver à l'URSS que les appareils américains étaient tout à fait inutilisables, ils ont été tronçonnés à l'aide de scies géantes, puis laissés en évidence sur la base de stockage de Tucson ; grâce à leurs satellites d'observation, les Russes ont ainsi pu vérifier la réalité de la destruction des appareils !

BÂTEAUX FANTÔMES

En France, le plus spectaculaire des cimetières d'épaves militaires est sans doute celui de Landévennec. Dans un méandre de l'Aulne, non loin de Brest, reposent des navires de la Marine nationale désarmés, en attente de démantèlement. Débarrassées de leur nom de baptême et identifiées par un numéro, certaines de ces coques furent celles de navires célèbres, comme, notamment, le *Jeanne d'Arc*, porte-hélicoptères et navire-école de la marine pendant plus de quarante ans, et le croiseur *Colbert*.

S'il ne reste actuellement que cinq ou six navires fantômes ancrés à Landévennec, ce lieu abrité du vent conserve son pouvoir de fascination jusque dans le fond de ses eaux, puisqu'y gisent aussi quelques épaves, comme celle du voilier *Armorique*, navire-école construit en 1879 et qui y fut sabordé en 1944.

Le cimetière des navires ▶
de Landévennec dans le Finistère.

L'approche des coques reste interdite, et parfois même aux militaires ! En effet, la zone est classée Natura 2000, et les marins se sont engagés à ne pas y intervenir durant la période de nidification des oiseaux, qui sont alors les seuls à pouvoir profiter des épaves grises de « la Royale », désormais condamnées à un destin pacifique.

MOURMANSK, LE « TCHERNOBYL FLOTTANT »

Il est parfois bien plus aisé de construire un navire que de le détruire ! C'est le cas des sous-marins atomiques soviétiques : ces géants de fer sont en effet aussi redoutables à l'état d'épaves que lorsqu'ils patrouillaient sous les mers. Entre 1955 et 2000, la Russie en a construit plus de 250, soit plus que toutes les autres nations. Mais si ces derniers étaient lancés à une cadence impressionnante, leur qualité et leur fiabilité ont longtemps été incertaines, et nombre d'entre eux ont été désarmés après quelques années de service seulement.

Si le démantèlement de ces grandes unités était déjà problématique au temps de l'ex-URSS, il est devenu chaotique au lendemain de la guerre froide. Ruinée, désorganisée, la Russie s'est souvent contentée d'abandonner ces monstres nucléaires et leurs matières fissiles le long des quais des bases de la péninsule de Kola, comme à Mourmansk, entre la mer de Barents et la mer Blanche. Nombre d'épaves rouillant dans les eaux glacées ont alors sombré à quelques mètres du rivage ou ont été maintenues à flot de manière rudimentaire, transformant ces bases en véritables poubelles nucléaires hautement radioactives, que les Russes refusaient de laisser visiter, par peur du scandale et de l'espionnage.

L'inquiétude grandissante devant ce « Tchernobyl flottant » a engendré une véritable mobilisation internationale afin, et dans le but d'éviter une catastrophe, d'aider la Russie à démanteler ses navires et à traiter les déchets les plus dangereux.

Sous-marin rouillé dans le port de Mourmansk. ▼

Terrain militaire abandonné, ▲
en Russie, près de Mourmansk.

Compteur Geiger datant de la guerre froide servant ▲
à mesurer un grand nombre de rayonnements ionisants.

Bien que des progrès aient été réalisés et que le nettoyage, pour moitié financé par l'Europe, ait commencé, la méfiance demeure, dans le contexte d'un climat géopolitique tendu entre Russes et Occidentaux. Aussi, malgré les dizaines d'ingénieurs et de spécialistes qui se pressent autour des immenses coques rouillées pour organiser leur dissection, un certain secret entoure encore ces débris de l'Empire russe.

OÙ EST PASSÉE LA *MINERVE* ?

Si les fonds marins regorgent de navires coulés et d'avions abattus dûment cartographiés, ils abritent aussi des épaves militaires que le mystère entourant leur disparition a jusqu'à présent rendues introuvables. En France, par exemple, c'est le cas de la *Minerve*, qui continue d'interroger, plus de cinquante ans après sa disparition.

Ce sous-marin d'attaque, lancé en 1962, a en effet disparu en 1968 à une trentaine de kilomètres au large de Toulon, avec les 52 hommes qui étaient à son bord. Implosion, défaut de son schnorchel, voire attaque soviétique ou mission secrète ratée ? La cause de cette tragédie reste inconnue ; malgré toutes les pistes étudiées et trois campagnes de recherche, on ne sait toujours pas ce qui a causé la perte de ce sous-marin français, dont les restes reposent quelque part à 2 300 mètres de fond. Il est à ce jour le seul engin de ce type à avoir été perdu depuis la Seconde Guerre mondiale. En 2019, la Marine nationale a lancé une ultime campagne de recherche à l'aide d'un navire équipé d'un drone sous-marin. En juillet, cinquante et un an après sa disparition, *la Minerve* a été retrouvée au large de Toulon...

AU FOND DES ABYSSES

Depuis une quarantaine d'années, les progrès technologiques ont permis de repousser les limites de l'exploration sous-marine. L'une des équipes spécialisées dans ce type d'opérations est celle de la société Vulcan, fondée par le milliardaire Paul Allen,

Le submersible *Minerve* à quai dans le Vieux-Port de Marseille, seconde moitié des années 1960. ▼

Découverte de l'épave du porte-avions américain *Lexington* ▲ par une équipe du cofondateur de Microsoft, Paul Allen.

cofondateur de Microsoft et chasseur d'épaves. Son navire amiral, le *RV Petrel*, est ainsi équipé de drones sous-marins capables de plonger à plus de 6 000 mètres, profondeur à laquelle nul homme ne peut descendre. Après avoir trouvé le cuirassé géant japonais *Musashi*, en 2015, et le croiseur lourd *USS Indianapolis*, en 2017, le *Petrel* a localisé et filmé, respectivement en mars 2018 et janvier 2019, deux des plus grandes épaves de tous les temps : les porte-avions américains *Lexington* et *Hornet*.

Fleurons de la marine américaine, ces porte-avions avaient coulé en 1942, tous deux à la suite des attaques de l'aviation japonaise ; le *Lexington* lors de la bataille de la mer de Corail et le *Hornet* lors de celle des îles Santa Cruz. Si aucune de ces épaves ne recèle de secrets militaires, elles sont néanmoins des symboles de la guerre du Pacifique — c'est d'ailleurs du *Hornet* qu'avaient décollé en avril 1942 les avions du premier raid sur Tokyo.

Restées à l'abri de la lumière pendant soixante-seize ans, elles présentent un état de conservation extraordinaire. Les explorateurs ont ainsi été stupéfaits de découvrir que les peintures des onze appareils retrouvés à côté du *Lexington* étaient encore très lisibles, à croire qu'il avait coulé la veille ! Pour autant, ce bâtiment, comme le *Hornet*, désormais « cimetières militaires », resteront à jamais inaccessibles à l'homme, car ils reposent à 3 000 et 5 330 mètres de fond, où les très hautes pressions des abysses constituent peut-être le meilleur sarcophage qui soit...

PLUS DE SOIXANTE-QUINZE ANS APRÈS L'EXPLOSION DE LA PREMIÈRE BOMBE A DANS LE DÉSERT DU NEVADA, ET MALGRÉ LA PRODUCTION DE PLUSIEURS DIZAINES DE MILLIERS D'ARMES NUCLÉAIRES DEPUIS, LA POSSESSION DE L'ARME ATOMIQUE RESTE LIMITÉE À UN PETIT NOMBRE DE PAYS ET DEMEURE UN OBJECTIF MAJEUR À ATTEINDRE POUR D'AUTRES.

AU **CŒUR DE** L'ATOME

De fait, les détails de la conception et de la fabrication, les lieux de stockage comme le positionnement de cette arme redoutable restent sans doute les secrets les plus jalousement gardés par les États possesseurs de la bombe, car seule cette confidentialité en assure l'efficacité, garantit la sécurité ultime de leur territoire et de leur population, en même temps que le maintien de leur statut international.

En effet, contrairement à toutes les autres armes dites « conventionnelles », la bombe atomique est la seule qui soit conçue pour ne pas être utilisée ! C'est une arme de « non-emploi », aucun pays, même beaucoup plus fort en termes d'équipement et d'effectifs, ne prendrait le risque de frapper un adversaire qui, bien qu'en mauvaise posture, aurait la capacité de répliquer par une frappe si puissante qu'elle lui infligerait des pertes dramatiques, tant au niveau de ses infrastructures vitales que parmi sa population. Aucun des protagonistes n'en sortirait vainqueur. Il s'agit donc d'une arme de dissuasion, qui entretient ce que l'on appelait durant la guerre froide « l'équilibre de la terreur ».

Encore faut-il, pour que ce concept fonctionne pleinement, donner l'assurance de pouvoir riposter même en cas d'attaque surprise, même en cas de destruction des centres stratégiques. Enfin, bien qu'elle soit éminemment convoitée par nombre de pays et par des groupes terroristes, il est impensable qu'une telle arme puisse être volée, tant les conséquences en seraient alors catastrophiques. Voilà pourquoi, depuis le début de la guerre froide et encore de nos jours, les lieux clés de l'arme atomique, placés sous haute surveillance, continuent d'être entourés du plus grand secret.

UNE FORCE DE FRAPPE INVISIBLE

Avec près de 280 ogives – quand les États-Unis et l'URSS en possèdent plusieurs milliers –, la force de frappe française est une arme dite « du faible au fort », qui permet à une puissance moyenne de « jouer dans la cour des grands » ! Voulue par le général de Gaulle, elle a longtemps reposé sur les trois composantes : air, mer et terre. Car une arme atomique n'est vraiment efficace que lorsque les vecteurs,

Un Rafale (Dassault) de l'Armée de l'air française. ▲

c'est-à-dire les moyens de la « délivrer », le sont aussi ! Dès le début des années 1960, la France a ainsi spécialement développé un bombardier, le *Mirage IV*, mais aussi des sous-marins ainsi qu'une base de lancement de missiles stratégiques (ICBM), située sur le plateau d'Albion, à la frontière du Vaucluse et de la Haute-Provence. Solidement enterrés dans 18 silos protégés et enfouis à plus de 400 mètres de profondeur, à l'écart de tout, ces missiles ont assuré la sécurité du pays jusqu'en 1998. Malgré le secret et les mesures de sécurité qui entouraient le lieu, leur emplacement était largement connu, ce qui rendait vulnérables ces installations, constamment surveillées par des satellites étrangers.

Outre la composante aérienne, aujourd'hui assurée par les avions Rafale, la force de frappe française repose essentiellement sur les SNLE, sous-marins nucléaires lanceurs d'engins. Car, si un avion est facilement repérable et, de ce fait, vulnérable, les sous-marins nucléaires sont, eux, difficilement détectables, et leur puissance de feu incommensurable. Ils constituent, en matière d'armement, ce qu'il y a de plus cher, de plus précieux, de plus technologique. Un secret quasi absolu protège les objectifs de leurs patrouilles océaniques. Même leurs caractéristiques réelles sont top secret !

Ils peuvent rester en plongée durant plusieurs mois d'affilée, échappant ainsi au regard des satellites, et sont si silencieux que leur repérage est presque impossible ; ces géants, de quelque 140 mètres de long, font en effet moins de bruit, sous l'eau, qu'un nageur équipé de palmes ! Quant à leur puissance de feu, elle est sans commune mesure avec celle des avions. Chaque sous-marin de la classe *Le Triomphant* abrite 16 missiles M51, munis chacun de 6 têtes à trajectoires différenciées – soit l'équivalent de plusieurs centaines de bombes telles que celle larguée sur Hiroshima en août 1945. Avec une portée supérieure à 6 000 kilomètres, ces missiles peuvent atteindre presque n'importe quelle partie du globe à partir des océans. Nul ne peut donc se croire à l'abri de leur puissance destructrice !

Le talon d'Achille des SNLE ? Le moment où ils regagnent leur base, la période pendant laquelle ils y stationnent et le moment où ils la quittent ! Car, s'il y a toujours un SNLE en plongée, les trois autres sont le plus souvent à quai, à l'île Longue !

L'ÎLE LONGUE, LE GRAND SECRET

C'est en effet dans cette petite presqu'île bretonne, située dans la rade de Brest, que, depuis 1972, les sous-marins français sont entretenus, et leurs armes stockées. Autant dire que les lieux sont surveillés. On y trouve toute la chaîne logistique permettant le déploiement de ces sous-marins, de l'entretien des réacteurs à celui des missiles et des torpilles.

Un sous-marin de l'île Longue, en Bretagne. ▲

Le site est strictement contrôlé, et les sous-marins sont abrités sous des hangars fortifiés et bunkérisés. La menace potentielle s'exprime surtout au moment de leur départ, lorsqu'ils naviguent avec le kiosque émergé. En effet, c'est à cet instant qu'il serait possible de les attaquer à coups de missiles, ou de les pister à l'aide d'un autre sous-marin et de moyens électroniques. À chaque sortie, un énorme dispositif destiné à sécuriser leur départ est donc mis en place, et c'est le branle-bas de combat pour toute une miniflotte de guerre rodée à cette tâche : sont alors déployées des frégates anti-sous-marines, qui surveillent les abords, des embarcations rapides de commandos, pour écarter les curieux, et des hélicoptères ; et, tout autour de la base et sous l'eau, radars et sondes acoustiques enregistrent en permanence les mouvements et bruits suspects qui pourraient signaler la présence d'intrus.

L'ARBRE QUI CACHE LA FORÊT

Usine de production de yaourts, centrale électrique « civile », hôpital pour enfants... derrière ces fonctions officiellement rassurantes, certains sites abritent, en réalité, des activités nucléaires militaires.

Posséder la bombe, c'est être membre d'un club très fermé : neuf pays possèdent actuellement l'arme atomique. Outre la Russie, les États-Unis, la Chine, la France et le Royaume-Uni, qui sont les seuls à disposer de tous les vecteurs permettant d'atteindre n'importe quel point de la planète, l'Inde, le Pakistan, Israël et la Corée du Nord possèdent des bombes en quantité plus limitée et surtout destinées à menacer leurs belliqueux voisins.

La grande majorité des autres pays ont signé, en 1968, le TNP, le traité de non-prolifération : par celui-ci, les États non dotés d'armes nucléaires s'engagent à ne pas en fabriquer ou en acquérir par tout autre moyen, ainsi qu'à placer leurs installations civiles sous la surveillance de l'Agence internationale de l'énergie atomique (AIEA), tandis que les États déjà dotés s'engagent à ne pas aider, encourager ou amener un État non doté à en fabriquer ou à en acquérir. Pour autant, la chasse aux sites de fabrication clandestins n'a jamais cessé, car disposer de la bombe reste un sacré atout sur l'échiquier géopolitique mondial, une forme d'assurance-vie pour les dictateurs ! Ainsi, les Brésiliens, les Irakiens, les Syriens, les Libyens et les Sud-Africains, et bien d'autres encore, ont déjà tenté d'en produire une,

Le réacteur nucléaire Osirak, en Irak, bombardé par Israël. ▲

20 mars 2018 : onze ans après, Israël admet avoir attaqué un réacteur nucléaire en Syrie. ▼

mais ils ont fini par renoncer, sous la pression ou à la suite de changements politiques. Parfois, le recours à la force est même nécessaire pour empêcher un État de poursuivre ses avancées dans ce domaine.

À deux reprises, en 1981 et 1991, les Israéliens, puis les Américains ont détruit le fameux site ultra-fortifié d'Al-Tuwaitha, à proximité de Bagdad, où se trouvait le réacteur nucléaire Osirak, prélude à la fabrication de la bombe.

En 2007, ce fut au tour du site syrien d'Al-Kibar d'être (mystérieusement) bombardé. Les autorités de ce pays avaient présenté le lieu comme abritant un centre d'agronomie, où, étrangement, travaillaient une dizaine d'ingénieurs nord-coréens...

Bref, malgré les dénégations, la course à l'arme nucléaire est loin d'être finie. Ainsi, les Iraniens sont encore à la recherche d'un moyen de la fabriquer, tandis que d'autres États, plus discrets, lorgnent toujours dessus. C'est pourquoi des espions et des satellites continuent de scruter en permanence la carte du monde à la recherche de bases secrètes, d'usines d'enrichissement de l'uranium dissimulées, ou d'émissions radioactives suspectes, que leurs capteurs parviennent à mesurer.

NOM DE CODE : ARZAMAS-16

Championne toutes catégories de la production de l'arme atomique, l'URSS, de laquelle la Russie d'aujourd'hui a hérité l'impressionnant stock de missiles nucléaires, a produit des dizaines de milliers d'ogives nucléaires ! Pour les fabriquer à l'abri des regards, elle a même bâti, dès 1946, une ville entièrement consacrée à cette tâche, à une soixantaine de kilomètres de Nijni-Novgorod, sous le nom de code Arzamas-16.

Son existence est restée secrète jusqu'en 1989. Ni les ouvriers ni leurs familles ne pouvaient quitter la ville sans autorisation spéciale ; nul, en dehors d'eux, ne pouvait y entrer. Fausse cité cernée de barrières et de barbelés, surveillée par des militaires omniprésents et gardée sous le sceau du mystère, elle comptait près de 90 000 habitants mais n'apparaissait sur aucune carte traditionnelle, où ne figurait, à son emplacement, qu'un ancien monastère.

Arzamas, en Russie.

La Tsar Bomba exposée à Moscou. ▲

Fausse vraie cité, elle n'entrait dans aucune étude statistique, comme si ses milliers d'habitants n'étaient que des fantômes. Si elle est désormais connue sous le nom de Sarov, et semble sortie du néant dans lequel elle était jadis plongée, elle demeure encore très mystérieuse.

Ainsi, on y poursuit toujours des activités nucléaires, et les visiteurs étrangers doivent laisser à l'entrée de la ville passeport, téléphone portable, appareil photo et tout autre objet susceptible de servir à espionner.

Outre l'aspect glaçant de cette ancienne cité interdite, le touriste peut, bien sûr, découvrir son musée de la bombe atomique ! Il peut notamment y admirer une réplique de la célèbre Tsar Bomba, la plus grosse bombe H (à hydrogène) jamais construite, dont les 100 mégatonnes équivalaient à près de 4 000 fois la puissance de la bombe A larguée sur Hiroshima. Un peu plus ouverte que durant l'ère soviétique, la cité est dorénavant jumelée avec... Los Alamos, la ville américaine où fut produite et testée la toute première bombe atomique !

NOUS LES AVONS VUS D'INNOMBRABLES FOIS DANS DES FILMS, TÉLÉFILMS OU SÉRIES CONSACRÉS À L'ESPIONNAGE, AU POINT QUE, DANS CERTAINS CAS, LE SEUL NOM DE CES LIEUX SUFFIT À DÉSIGNER CE QU'ILS ABRITENT, DE MÊME QUE « LA MAISON-BLANCHE » EST LE SYNONYME DE LA PRÉSIDENCE DES ÉTATS-UNIS ET QUE « LE 10 DOWNING STREET » EST CELUI DE L'EXÉCUTIF DU ROYAUME-UNI : IL S'AGIT, BIEN SÛR, DES QUARTIERS GÉNÉRAUX DES SERVICES SECRETS.

NID D'ESPIONS

Bien que la fiction les présente souvent comme des lieux mythiques et/ou effrayants, les façades de ces édifices sont souvent banales, et leur adresse connue de tous. Et c'est normal, ce sont des administrations officielles, au même titre que les ministères et autres services de l'État. Néanmoins, à la différence de Bercy ou de l'Élysée, on ne peut les visiter lors des Journées du patrimoine ni même y entrer, sans un imparable sésame.

Pourtant, ces services ne représentent généralement que la partie émergée de l'iceberg du renseignement. Ils ne fonctionnent que grâce aux nombreuses stations d'écoute, aux centres de décryptage, aux réseaux d'espions et aux satellites qui couvrent le monde et collectent les informations. De même, ils s'appuient le plus souvent sur des unités spéciales de nature militaire, qui sont, pour la plupart, casernées très loin, et sur des moyens civils et militaires disséminés. Mais c'est bien dans les méandres de leurs couloirs sécurisés que sont rassemblées et traitées les informations, puis planifiées et organisées leurs activités les plus secrètes, de l'espionnage industriel et militaire à la lutte antiterroriste.

PLONGEON DANS LA PISCINE

En France, le service habilité à opérer à l'extérieur de nos frontières est la Direction générale de la sécurité extérieure (DGSE) — anciennement Service de documentation extérieure et de contre-espionnage (SDECE). Et c'est en bordure du XXe arrondissement de Paris, le long du boulevard Mortier, que se trouve « la Crèmerie », ou encore « la Piscine », reliée à d'autres bâtiments par un tunnel. Surnommée ainsi en raison de sa proximité avec un établissement municipal de bains publics, la caserne des Tourelles héberge les services secrets depuis 1945.

Le siège de la DGSE (Direction générale de la sécurité extérieure), ▲ boulevard Mortier, dans le XXe arrondissement de Paris.

Et si le bâtiment ressemble à tous les autres édifices de ce type construits à la fin du XIXe siècle, ses sous-sols, qui abritent de très puissants ordinateurs, suffiraient à eux seuls à en faire un lieu exceptionnel. C'est en effet dans cet endroit que sont rassemblées, stockées et analysées les milliards d'informations d'origine électromagnétique collectées par la DGSE dans ses différentes bases.

En complément de ses aspects opérationnels, il abrite aussi le travail de nombreux analystes et agents, ainsi que des ateliers spéciaux où sont mis au point les gadgets utiles aux espions de la République. Tout semble fait pour que le secret y soit bien gardé, mais, au-delà des multiples systèmes de sécurité anti-intrusion qui protègent le site, la première des précautions semble être le cloisonnement : en effet, la plupart des personnes qui y travaillent ignorent la véritable identité de leurs interlocuteurs, et le bruit court que si les machines à café y sont inexistantes, c'est pour ainsi éviter les bavardages inutiles et les fuites indiscrètes !

Le siège des services du renseignement russes, place Loubianka, à Moscou.

VOYAGE AU BOUT DE LA LOUBIANKA

Situé non loin de la place Rouge, à Moscou, le siège des services du renseignement russes a toujours été une institution redoutable et redoutée ! Le grand immeuble de la place Loubianka, auquel on a adjoint un deuxième bâtiment dans les années 1950, les abrite depuis la révolution de 1917, sous divers noms : Tcheka, NKVD, KGB, puis FSB (sécurité intérieure).

Et si sa façade néobaroque ne manque pas de charme, son histoire fait trembler. Non content d'accueillir les bureaux et les dirigeants de ce qui fut et demeure l'un des plus efficaces organismes de répression et de surveillance, le bâtiment abrite de nombreuses prisons et caves, dans le secret desquelles a existé un véritable laboratoire de la torture, où furent suppliciés d'innombrables opposants, condamnés à avouer des crimes réels ou supposés à la suite d'une mise en condition particulièrement étudiée. Quand il ne s'agissait pas de la dernière étape avant le goulag, ce fut aussi un lieu d'exécution de masse pendant des décennies.

À lui seul, le siège du FSB était donc un symbole du totalitarisme soviétique. Et si la statue du terrible fondateur de la Tcheka, Félix Dzerjinski, érigée par Staline, a été démontée en 1991, le lieu a conservé son caractère inquiétant. À l'entrée du bâtiment est demeuré visible le slogan « Gloire au tchéquisme », qui souligne la filiation durable entre les différentes polices secrètes qui s'y sont succédé, et dont Vladimir Poutine fut l'un des membres les plus célèbres.

DANS L'OMBRE DE LA CIA

À tout cinéphile le siège de la Central Intelligence Agency paraît sans doute aussi familier que l'agence elle-même, tant elle représente un symbole majeur de la puissance américaine. Il faut dire que les bâtiments qui abritent la plus connue des seize officines du renseignement aux États-Unis sont à la hauteur des superlatifs qu'on lui associe volontiers. Construit en 1961 sur le site de Langley, en Virginie, son quartier général s'étend sur près d'un kilomètre carré, pour 130 000 mètres carrés de surface. Il abrite un musée de l'espionnage, et même un Starbucks, sur les gobelets duquel il est interdit d'écrire le prénom des clients. Le reste ? Top secret ! Ainsi, on ne connaît même pas le nombre de fonctionnaires travaillant sur le site ni même le budget exact de cette administration, dont l'adresse précise n'apparaît d'ailleurs pas sur les GPS !

Logo de la CIA. ▲

Vue aérienne de la CIA, située en Virginie, États-Unis. ▼

Le nouveau bâtiment qui abrite les services secrets britanniques est ▲ situé à proximité du Vauxhall Bridge à Londres.

AU SERVICE DE SA MAJESTÉ

En 1985, un audit déclare que le vieux bâtiment du 54 Broadway, qui abrite les services secrets britanniques depuis quarante ans, est « irrémédiablement insécurisable » ; il est alors décidé d'en construire un nouveau, à proximité du Vauxhall Bridge, à deux pas de Westminster. Loin d'être aussi discret que ce qu'il abrite, cet édifice, inauguré en 1994, se veut à la hauteur des services secrets de Sa Majesté et de son image dans le monde. Monumental, couvrant près de 12 000 mètres carrés, et protégé par d'immenses façades de verre à triple vitrage, il ressemble à un étrange hybride de centrale électrique des années 1930 et de forteresse moderne, au cœur de Londres.

Vite devenu un incontournable du paysage de la capitale, il apparaît évidemment dans de nombreux films. Il subit ainsi une explosion dans deux épisodes de la série des James Bond, et est même rasé dans le dernier opus ! Attaqué par de mystérieux ennemis dans *Le monde ne suffit pas*, on voit 007 s'en extraire à bord d'une vedette jaillissant d'un anneau secret, puis amerrissant directement sur la Tamise, peu de temps avant qu'une bombe ne le fasse exploser. Heureusement, dans la réalité, le SIS Building, siège du MI6 britannique, est toujours resté droit dans ses fondations, et ce même après l'attaque au lance-roquettes dont il a été victime en 2000.

Il faut dire que, bien que son architecture des années 1980 ne permette pas de le distinguer du siège d'une compagnie d'assurances ou d'une banque, il semble néanmoins avoir été précisément conçu pour résister à toute agression.

Et si le site n'abrite peut-être pas tous les gadgets vus dans *GoldenEye* et autres aventures de l'agent 007, il comprend toutefois, outre un gymnase, une salle de basket et de squash, quantité d'installations ultramodernes pouvant faire pâlir d'envie les visiteurs de la DGSE, plutôt à l'étroit boulevard Mortier. La nature des autres installations qu'abrite le bâtiment est bien sûr strictement confidentielle, et il est rigoureusement interdit aux agents de les évoquer, sous peine d'emprisonnement, comme le stipule le contrat signé à leur entrée dans la « maison ».

LE DANGER VIENT AUSSI DE L'INTÉRIEUR !

Malgré quelques tentatives, pour la plupart osées par des groupes terroristes, il est difficilement envisageable de s'attaquer par la force aux sièges des services de renseignements et illusoire de vouloir y pénétrer par effraction. Il est, en revanche, possible de les infiltrer ! C'est donc ce à quoi ne cessent de s'employer les services de différents pays, car disposer d'une taupe au cœur même d'un système étranger est, de loin, la meilleure stratégie pour découvrir ce qu'on y cache et fait, pour désinformer et mettre à bas l'édifice tout entier.

Durant la guerre froide, les Soviétiques avaient introduit des espions au cœur même du MI6. Dans les années 1980, et jusqu'à son arrestation en 1994, le chef du contre-espionnage au sein de la CIA Aldrich Ames a secrètement œuvré pour l'URSS, compromettant ainsi des centaines d'agents de la CIA de par le monde, au gré des informations qu'il faisait sortir du site de Langley ! Mais, contrairement à ce que l'on pourrait croire, il est souvent d'usage, pour un pays, d'espionner ses propres alliés, comme en a témoigné le récent scandale des écoutes téléphoniques de dirigeants européens sous l'administration Obama.

De nos jours, l'infiltration humaine est toujours pratiquée, et il existe encore probablement de nombreux agents doubles au sein des services secrets, mais l'infiltration prend aussi d'autres formes, comme celle du cyberespionnage, qui n'épargne aucun système, pas même ceux conçus pour en espionner d'autres !

SI, DANS L'IMAGINAIRE COLLECTIF, ON ASSOCIE AISÉMENT À LA NOTION DE RÉPRESSION POLITIQUE L'IMAGE DES TRISTEMENT CÉLÈBRES BAGNES DE GUYANE ET DE NOUVELLE-CALÉDONIE, ON SAIT DEPUIS LA SECONDE GUERRE MONDIALE QUE L'HORREUR PEUT AUSSI ATTEINDRE LE CŒUR DE NOS VILLES, DERRIÈRE LES FAÇADES LES PLUS ANODINES, À L'IMAGE DE CES « VILLAS LUXUEUSES » UTILISÉES PAR LA GESTAPO, ÉVOQUÉES DANS LE DISCOURS D'ANDRÉ MALRAUX LORS DU TRANSFERT DES CENDRES DE JEAN MOULIN AU PANTHÉON EN 1964.

SILENCE, ON TUE !

Le goulag de Vorkouta. ▲

Le XXe siècle, marqué par des tragédies, est aussi celui des idéologies, de la guerre froide et de l'épanouissement de régimes autoritaires, qui, partout sur la planète, ont traqué leurs opposants et autres ennemis de l'intérieur. Système organisé, constituant un monde parallèle en URSS, le goulag formait alors un véritable archipel sur le territoire russe, comme l'a dépeint la plus célèbre de ses victimes, Alexandre Soljenitsyne.

Mais le camp occidental a lui aussi organisé son propre système concentrationnaire ou carcéral, le plus possible à l'abri des regards. Le secret, parce qu'il permet d'agir discrètement en toute impunité et qu'il ajoute à la torture mentale, est un élément indissociable du processus de répression politique.

L'ARCHIPEL DU GOULAG

Le titre choisi par Alexandre Soljenitsyne pour son livre paru en français en 1974 désigne parfaitement la géographie si particulière de ces terribles camps de travail et les relations ambiguës qui les liaient avec la société de l'ère soviétique.

Mondes clos, souvent enclavés dans l'immensité de la nature russe, ils n'en étaient pas moins reliés au reste de cette société, dont ce système concentrationnaire représentait l'aboutissement, ou, du moins, une ramification économique et sociale.

Ce sont au total plus de 2 millions de personnes, dans près de 2 000 camps dispersés sur la quasi-intégralité du territoire de l'URSS, qui ont fourni pendant plus de soixante-dix ans une main-d'œuvre aux chantiers de la voie ferrée, aux mines, aux forêts à exploiter ou aux usines d'un empire qui peinait à aménager et à maîtriser son étendue. Les détenus, les zeks, étaient alors issus des

Ruines d'un goulag stalinien, au sud de Topolinoie, en Sibérie. ▲

différentes vagues d'ennemis du communisme : aux « bourgeois » des premiers temps de la révolution russe venaient s'ajouter les victimes des grandes purges staliniennes dans les années 1930, puis les prisonniers russes libérés des camps allemands après la Seconde Guerre mondiale ainsi que tout ce que l'URSS comptait de minorités, telles celles des Baltes ou des Tchétchènes, constamment suspectés d'être des traîtres à la nation.

On pouvait devoir rester au goulag toute sa vie ou « seulement » cinq ans, même sans motif. Les camps étaient très nombreux dans le Grand Nord et en Sibérie, à la lisière des vastes forêts qui fournissaient le bois nécessaire à la construction des habitations et du chemin de fer, quand ils ne s'éparpillaient pas dans l'Oural, à proximité des gisements de charbon, de fer ou de métaux rares.

Paradoxalement, on trouvait même une importante densité de camps dans les banlieues des grandes villes, où la main-d'œuvre des opposants palliait une mécanisation encore incomplète de l'industrie russe. Certains camps de femmes et d'enfants, sur les rives de la mer Noire, étaient spécialisés dans la fabrication de boîtes de conserve de crabe !

Les mines du Donbass ainsi que l'entretien et la fabrication de matériel militaire nucléaire à Paldiski, en Estonie, à Novossibirsk, en Sibérie, et à Tcheliabinsk, dans l'Oural, occupaient également cette main-d'œuvre bon marché.

L'URSS a ainsi créé une véritable caste d'exploités à l'intérieur même de ses frontières, situation ironiquement tragique dans une société qui avait valorisé le travail comme un instrument de libération et promis la fin de l'exploitation de l'homme par l'homme.

DANS L'ENFER DES CAMPS ASIATIQUES

La Chine et la Corée du Nord abritent aujourd'hui encore des camps qui n'ont rien à envier, en termes d'horreur, au goulag soviétique. La Corée du Nord est très certainement le dernier enfer stalinien sur Terre. Son idéologie est un mélange de socialisme, de nationalisme coréen, de culte de la personnalité et de la dynastie Kim, et surtout du « Juche », courant de pensée qui exalte l'autosuffisance et l'autarcie.

Le camp de rééducation par le travail Tuanhe à Pékin. ▲

Si le pays même peut être considéré comme un vaste camp retranché derrière ses frontières, empêchant ses habitants de voyager à l'étranger, il abrite au moins six grands camps de travail, regroupant, selon les estimations, environ 200 000 personnes, soit près de 10 % de sa population totale. Ces camps, appelés *kwalliso*, pour certains en activité depuis les années 1950, comptent parmi les lieux les plus secrets du monde : on ne connaît de Chongjin, Hoeryong, Kaechon, Hwasong, Pukchang et Yodok que leur nom. Les associations de défense des droits de l'homme qui travaillent sur la question parviennent toutefois à obtenir quelques renseignements grâce aux réfugiés nord-coréens installés en Corée du Sud.

Les témoignages de ces transfuges — des femmes pour la plupart — glacent le sang. Les prisonniers, qui y subissent le travail forcé, des tortures — les sévices et les souffrances endurés par ces victimes constituent des crimes contre l'humanité —, l'absence de soins et une alimentation insuffisante, sont souvent condamnés à rester dans ces camps jusqu'à leur mort. Outre le système de surveillance généralisée et de fichage, assez classique dans une société totalitaire communiste, la plus cruelle des pratiques dans la dictature nord-coréenne est la « culpabilité par association » : ce sont en effet des familles entières qui sont désignées comme ennemies de l'État, et dont les membres peuvent être arrêtés et détenus sur plusieurs générations !

La Chine fut elle aussi « réputée » pour ses camps, pendant la Révolution culturelle, dans les années 1960. Les *laogai* chinois sont en effet des camps de travail et, de manière plus générale, de rééducation et de conversion à l'orthodoxie idéologique. L'un de leurs prisonniers les plus célèbres ne fut autre que le président actuel en personne, Xi Jinping, qui les fréquenta dans sa jeunesse à cause de la déviance idéologique de son père. Ce prince rouge a ensuite gravi tous les échelons du pouvoir, et son passé de prisonnier ne l'a pas empêché d'écrire un nouveau chapitre de la terrible histoire des camps. Ainsi, depuis le printemps 2017, une dizaine de camps ont été ouverts dans l'ouest de la Chine, au Turkestan oriental, également appelé Xinjiang.

On estime que pas moins de 10 % de la population musulmane locale, constituée par la minorité des Ouïgours, sont aujourd'hui derrière les barreaux, si bien que des quartiers entiers de la grande ville d'Urumqi ont été vidés de leurs hommes. Les autorités chinoises n'ont pas hésité à arrêter des universitaires et des figures de proue de cette communauté, tels le footballeur Erfan Hezim ou le chanteur Ablajan Awut Ayup, surnommé « le Justin Bieber ouïgour ».

Vue satellite du camp de concentration ▶
de Yodok en Corée du Nord.

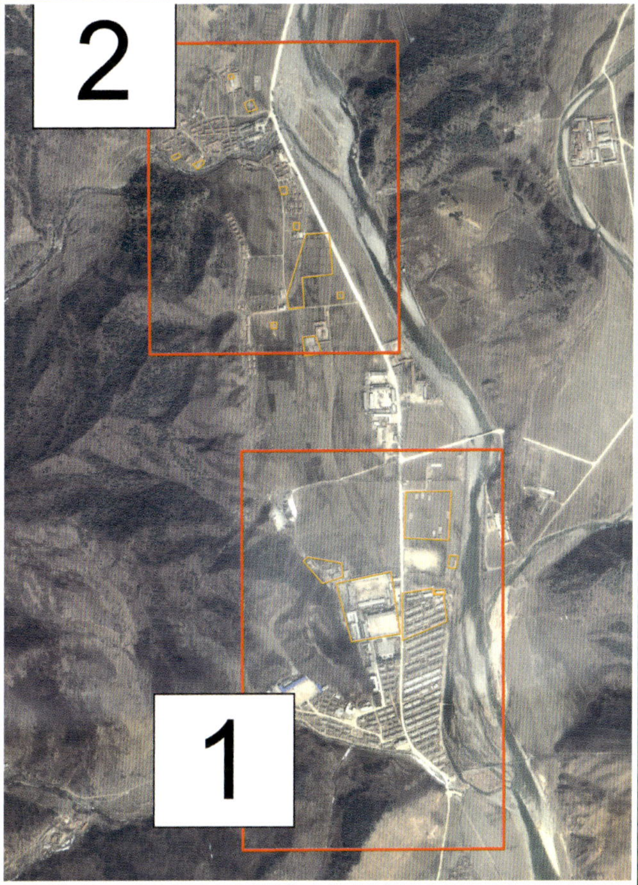

L'objectif que poursuit le parti communiste chinois est terrifiant mais relativement simple : c'est une intégration forcée qui est à l'œuvre dans ces centres de conversion idéologique, où les membres de cette minorité ethnique sont contraints d'abandonner leur culture religieuse et leurs traditions. Les prisonniers doivent se lever tous les jours à l'aube, chanter l'hymne national chinois et, bien évidemment, renoncer à l'islam — la Chine a affronté une vague d'attentats islamistes dans ses grandes villes il y a quelques années (attentats généralement passés sous silence et dissimulés aux médias étrangers). Le Xinjiang se situant sur la voie commerciale qui relie le pays à l'Europe dans le cadre des « nouvelles routes de la soie », les Ouïgours subissent une pression bien plus forte que celle que les Chinois exercent sur la minorité tibétaine.

Les «Mères de la place de Mai» ▲
défilent devant l'École de mécanique
de la Marine à Buenos Aires.

L'ÉCOLE DE L'HORREUR

Beaucoup d'entre nous ont vu les images déchirantes de ces mères de famille, surnommées par les militaires « les folles de la place de Mai », qui, chaque semaine depuis le 30 avril 1977, défilent en rond autour d'un monument de ladite place, à Buenos Aires, en réclamant la vérité sur leurs fils, filles, frères, sœurs ou maris disparus durant la dictature argentine, et la justice. Ces hommes et ces femmes, universitaires, étudiants, syndicalistes ou simples citoyens de gauche, furent des victimes du coup d'État de la junte militaire — au pouvoir de 1976 à 1983 — du général Jorge Videla et des terribles « escadrons de la mort ».

Il y a fort à parier que nombre de ces disparus se sont volatilisés entre les murs de la prestigieuse École supérieure de mécanique de l'armée, gérée par la marine argentine et située Avenida del Libertador, en plein cœur de Buenos Aires.

Rien dans son apparence ne renseignait sur tout ce qui s'y passait... Dans cet ensemble de somptueux bâtiments érigés dans un immense parc, de jeunes recrues, âgées de 16 à 25 ans, y faisaient alors l'apprentissage des armes dans le cadre de cours animés par des militaires aguerris, qui, en outre, sévissaient, en plein jour ou le soir, dans les caves ou les greniers de certains bâtiments... On raconte que les élèves pouvaient entendre, pendant les cours, les cris et les gémissements des opposants, qui étaient à peine plus vieux qu'eux.

Les tortionnaires, qui ne manquaient pas d'imagination, utilisaient notamment le procédé de la *picaña*, infligeant des décharges électriques à l'aide d'une cuiller de bronze. De nombreuses jeunes mères se sont vues arracher leurs enfants, ensuite confiés à des familles de militaires en mal de descendance. Les prisonniers restaient des jours entiers dans les petites cellules alignées le long du sinistre couloir cruellement appelé « l'allée du Bonheur » par des militaires d'extrême droite prêts à massacrer leurs concitoyens au nom de la prétendue lutte contre le péril communiste et socialiste. La seule issue à cette terrible « école » consistait en de petites boîtes de contreplaqué, véritables cercueils dans lesquels les victimes étaient endormies au Penthotal® (un puissant barbiturique) avant d'être jetées depuis des hélicoptères dans le Río de la Plata ou l'océan Atlantique.

GUANTÁNAMO, BAGNE HORS LA LOI

La baie de Guantánamo, rendue particulièrement célèbre depuis l'incarcération d'individus accusés d'avoir participé aux attentats du 11 septembre 2001, a tout d'un lieu singulier. Ce territoire de 118 kilomètres carrés — la superficie de l'île anglo-normande de Jersey —, et joignable en deux heures d'avion de Miami, est en réalité une enclave américaine en plein territoire cubain, situation assez paradoxale pour deux pays qui n'avaient plus de relations diplomatiques depuis l'ère castriste et jusque très récemment. Guantánamo est, de fait, la plus vieille base américaine hors des États-Unis et un héritage de l'impérialisme américain dans l'aire caraïbe. À la fin du XIXe siècle, l'Oncle Sam soutient cette petite nation latino-américaine dans sa lutte contre la métropole espagnole, pour mieux s'assurer des débouchés économiques et faciliter sa présence dans les Caraïbes, qui deviennent, au début du XXe siècle, une sorte de lac américain. Chaque année, pour honorer cette « location », les États-Unis sont censés verser 2 000 dollars en monnaie d'or au gouvernement de La Havane, somme évidemment refusée après 1959 par les autorités communistes, qui n'ont jamais accepté de reconnaître ce qu'elles considèrent comme une occupation illégitime et une véritable tutelle coloniale.

Cette base militaire, dont la vocation était de ravitailler les navires américains en charbon, puis en pétrole, accueille, après les attentats du 11 septembre, quatre camps, ouverts par l'administration de George W. Bush pour détenir, dans le cadre de la lutte contre le terrorisme, les prisonniers faits en Afghanistan, puis en Irak. Les camps ne se trouvant pas sur le territoire américain, les décideurs savent que ces prisonniers échappent à la compétence des cours de justice fédérale. Les quelque 3 000 personnes qui y officient peuvent y agir un certain temps dans l'anonymat, préservant ainsi leurs proches d'éventuelles représailles, mais pas éternellement à l'abri des regards extérieurs. Des journalistes étrangers et des émissaires de la Croix-Rouge découvrent bientôt les terribles camps Delta et X-Ray, ainsi que des cages à ciel ouvert qui font des prisonniers l'équivalent d'animaux. Ils y sont détenus dans une sorte d'antimonde, sans chef d'accusation et souvent sans limite de temps, dans des conditions qui entretiennent la torture mentale. Les cellules, minuscules, sont éclairées vingt-quatre heures sur vingt-quatre.

Les détenus de Guantánamo, en tenue orange. ▲

Les détenus, nourris de bouillie, sont classés en trois catégories, repérables à leur uniforme : la majorité d'entre eux portent une tenue beige ; les plus coopératifs, une tenue blanche, et les plus dangereux aux yeux des autorités, la célèbre tenue orange.

La pression de l'opinion américaine et internationale était telle que le successeur de George W. Bush, Barack Obama, s'engagea en 2009 à fermer les camps, entreprise, dans les faits, très difficile à mettre en œuvre, aucun pays — pas même leurs pays d'origine — n'étant disposé à accueillir ces anciens combattants du jihad. Il fut question de les transférer dans la prison militaire du fort Leavenworth, au Kansas, décision qui, à l'époque, alarma les riverains, pleins de haine et de frayeur envers ces ennemis de l'Amérique. Les États-Unis ont alors compris que leur lutte sans merci contre le terrorisme devait être menée dans le plus grand secret.

ABOU GHRAÏB, LA PRISON DE LA HONTE

Le monde découvre, entre avril 2004 et février 2006, les terribles images de la prison d'Abou Ghraïb, en Irak : des détenus, le plus souvent irakiens, ou d'autres combattants arabes, tenus en laisse et humiliés par des soldats américains dans des positions scabreuses. Au-delà des sévices physiques « classiques », comme la torture électrique, la noyade ou les diverses techniques de brûlure et d'étouffement, ces simulacres ont un seul et unique objectif, briser moralement des hommes en atteignant ce qu'ils ont de plus cher : leurs convictions morales et religieuses. Car la lutte est alors sans pitié : les Américains, présents depuis l'invasion de l'Irak en 2003, secondés par les Britanniques et par une partie des Irakiens, sont soucieux de liquider les derniers cadres du régime de Saddam Hussein et de neutraliser les attaques terroristes qui ciblent au quotidien les forces de la coalition internationale menée par l'administration Bush. Ces images, comme celles de Guantánamo, contribueront beaucoup, d'ailleurs, à alimenter le sentiment d'humiliation des populations arabes, localement et dans le monde, puis à nourrir un jihadisme de deuxième génération et à grossir les rangs de ce qui deviendra bientôt « Daech ».

Outre l'horreur suscitée par ces clichés, un autre point saisissant est la perpétuelle continuité de la violence exercée dans ce genre de lieux. Les mêmes prisons sont constamment utilisées, quels que soient les régimes en place. La prison construite par les Britanniques dans les années 1960 à une trentaine de kilomètres de Bagdad tournait à plein régime sous la dictature de Saddam Hussein. On y incarcérait, torturait et exécutait tout ce que l'Irak comptait alors d'opposants, notamment les Kurdes et la minorité chiite dans un régime dirigé par le parti Baas, essentiellement sunnite. Quelques soldats occidentaux aussi y ont été enfermés, lors de la première guerre du Golfe, en 1991. Occidentaux qui n'hésiteront pas à utiliser, à leur tour, toutes ces infrastructures de l'horreur pour y emprisonner et passer à la question les anciens tortionnaires ! On comptera ainsi près de 4 000 détenus à Abou Ghraïb — sans compter le camp Bucca, près de Bassora, et ses 7 000 pensionnaires, ou encore le camp Cropper et le fort Suse. L'espace de la ville a également été investi par le premier centre d'interrogatoire du square Al Nasr, près de la tour de la télévision, où les Occidentaux ont constitué une unité spéciale des forces du ministère de l'Intérieur du nouveau régime irakien, la « brigade des loups ». Les autorités irakiennes ont été contraintes de fermer la prison en avril 2014, mais n'ont pu s'empêcher de la rénover, avant de la rebaptiser « prison centrale de Bagdad ». Les murs d'Abou Ghraïb resteront pour longtemps encore un lieu de terreur.

Les détenus de la prison d'Abou Ghraïb. ▲

LES PRISONS NOIRES DE LA CIA

Échaudés après les scandales provoqués par Guantánamo et Abou Ghraïb, les Américains prennent conscience qu'il faut agir dans le plus grand secret et se libérer de tout ancrage géographique pour échapper au regard de la communauté internationale, en particulier de l'ONU, des associations de défense des droits de l'homme ou des émissaires de la Croix-Rouge. En 2005, c'est une nouvelle fois la presse américaine, à travers le célèbre *Washington Post*, qui joue son rôle de contre-pouvoir depuis la publication des Pentagon papers et du scandale du Watergate, qui révèle l'existence des « black sites », prisons secrètes de la CIA. L'agence de renseignement américaine applique une nouvelle fois, après Guantánamo, la tactique de l'enlèvement et de l'extraterritorialité en emmenant des combattants jihadistes, yeux bandés pendant plusieurs heures, à bord d'avions spécialement affrétés vers des destinations inconnues. Le journal révèle l'ampleur de l'organisation de ces vols, qui transitent au cœur de l'Europe — en Italie, en Espagne et même en Allemagne — en direction de pays de l'Europe de l'Est. Les services secrets américains opèrent en effet leurs interrogatoires en Pologne, en Roumanie, en Lituanie, et même dans la plus petite république des Balkans, à peine indépendante, le Kosovo !

Le contexte est souvent le même : en pleine guerre en Irak, les États-Unis, après le premier cercle d'alliés historiques de l'Otan, telles l'Allemagne, la Grande-Bretagne et la France, préfèrent compter sur ces petits États, qui, rejoignant le camp occidental au lendemain de la guerre froide, sont soucieux de s'attirer les bonnes grâces de l'Oncle Sam.

Plus royalistes que le roi en se montrant plus atlantistes que les pays de l'Europe de l'Ouest, ils acceptent donc d'abriter et de cacher les basses besognes d'une puissance qui agit en dehors de toute légalité, dans sa lutte à mort contre le terrorisme international. Une nouvelle fois mise à nu, l'administration Bush doit alors reconnaître l'existence de ces « black sites ».

Barack Obama, en rupture avec son prédécesseur, annonça la fermeture de ces sites... dont on ne connaît toujours pas l'emplacement. Ainsi privés de prisons, les Américains procéderaient, dit-on, aux interrogatoires à bord de navires de leur marine !

DANS LES GEÔLES DU ROI HASSAN II

Tous les régimes autoritaires ont leur police secrète, leurs opposants et leurs bagnes. Le régime dictatorial du roi Hassan II au Maroc pendant les années de plomb, entre les années 1970 et le début des années 1980, ne dérogeait pas à la règle. Le souverain devait alors affronter une triple opposition : celle des milieux syndicaux d'inspiration marxiste, en pleine guerre froide, et une lutte armée menée par des populations sahraouies dans le sud du pays, quand la subversion ne venait pas directement des officiers de sa propre armée. C'étaient d'ailleurs ces derniers qui étaient incarcérés dans le village de Tazmamart, situé dans le Haut Atlas, dont le seul nom fait encore frémir, à tel point que ses habitants sont, encore aujourd'hui, regardés de travers ou assimilés au diable ! Le camp maudit a été rasé par les autorités en 2006. Il faut aujourd'hui se plonger dans les témoignages d'anciens détenus pour revivre ses heures les plus sombres, et notamment le roman de Tahar Ben Jelloun, *Cette aveuglante absence de lumière*, qui donne la parole aux victimes du régime.

Agdz, également situé dans le Haut Atlas, était un lieu de transfert des opposants après leur arrestation et leur interrogatoire à Rabat ou à Casablanca. Les ruelles de la casbah étaient intégralement dévolues aux interrogatoires et aux tortures pratiquées par les hommes de main du régime — les surnoms de « chambre des rats » ou « chambre des cafards » laissent imaginer les terribles conditions de détention. Aujourd'hui encore, dans le petit cimetière, certaines sépultures sans nom abritent, de fait, nombre de disparus des années de plomb. S'ils survivaient aux sévices, les détenus étaient envoyés à Kelaat M'Gouna, la « capitale des roses », surnom utilisé par le roi dans une interview donnée à Anne Sinclair pour se défendre contre les accusations dont il faisait l'objet. On peut toujours, de nos jours, observer les objets fabriqués par d'anciens prisonniers, à même le sol, ou les dessins réalisés sur les murs des cellules de cette ancienne caserne de l'époque coloniale française. Çà et là, une gazelle ou un paysage marin témoignent des envies d'évasion d'hommes qui y ont passé plusieurs années de leur vie.

La prison de Tazmamart, au Maroc. ▲

AVEC QUELQUE 200 ÉTATS, QUAND ILS N'ÉTAIENT QU'UNE CINQUANTAINE EN 1945, LES FRONTIÈRES N'ONT JAMAIS ÉTÉ AUSSI NOMBREUSES. ELLES NE SONT JAMAIS NATURELLES, PAS PLUS QU'ELLES NE SONT ÉTERNELLES OU STATIQUES !

AUX FRONTIÈRES

DE LA GUERRE ET DE LA PAIX

Soldats nord-coréens sur le 38e parallèle Panmunjom, Corée du Nord.

Mouvantes, changeantes, porteuses d'espérance ou d'angoisse lorsqu'elles sont franchies, elles découpent la Terre dans tous les sens, traversant des forêts et des déserts, des villes, des montagnes ou des bras de mer, et parfois même des habitations, situées précisément sur ces axes, tantôt invisibles, tantôt matérialisées par de solides lignes fortifiées.Franchir la plupart des frontières est chose relativement aisée pour celui qui possède le « bon » passeport, dans un monde largement globalisé où jamais les flux de personnes n'ont été aussi importants et les moyens de transport aussi nombreux. Dans l'Union européenne, par exemple, certaines d'entre elles ne sont matérialisées que par un simple marquage au sol, à l'instar de celle qui sépare les Pays-Bas de la Belgique, ou l'Allemagne de la France.

En revanche, il est en bien des endroits de la planète de plus en plus compliqué de franchir les frontières, en raison des guerres, et parfois de l'afflux de migrants – ce qui n'empêche pas nécessairement la circulation des personnes, à l'instar de la frontière entre les États-Unis et le Mexique, qui, malgré les frictions, reste, au quotidien, la plus traversée du monde ! Les frontières qui résultent d'une histoire tragique et violente cristallisent ces tensions. Certaines sont véritablement infranchissables, au point de border des no man's lands afin de mieux séparer des nations qui s'affrontent ou de protéger l'une de l'autre en attendant la guerre...

L'ENDROIT LE PLUS DANGEREUX DU MONDE

Située au niveau du 38e parallèle, longue de 238 kilomètres et large de 4, cette frontière sépare les deux Corées depuis plus de soixante-cinq ans. Car si un armistice a été signé en 1953, mettant fin aux affrontements directs entre ces deux pays, la guerre n'a pour autant jamais pris fin. De fait, les tensions n'ont jamais cessé, comme cette frontière en témoigne, d'autant que Séoul, la capitale de la Corée du Sud, n'est située qu'à une cinquantaine de kilomètres de là, à portée de tirs des canons et des missiles nord-coréens.

Dès lors, la frontière fait figure de véritable rempart. Champ de mines, miradors, barbelés, caméras, patrouilles diurnes et nocturnes gardent et surveillent en permanence cet espace frontalier, où plus d'un million de soldats sont massés de part et d'autre, faisant de cette zone dite démilitarisée (DMZ) l'espace, en réalité, le plus militarisé de la planète ! À l'abri de bunkers ou depuis des tours, on se surveille de chaque côté, et gare à qui oserait franchir la ligne. En 1976, deux soldats américains en ont fait les frais lors de la fameuse « affaire du peuplier ». Ils ont en effet été tués à coups de hache par des Nord-Coréens,

Corée du Sud, Imjingak à la frontière entre la Corée du Sud et la Corée du Nord.

pour avoir osé s'aventurer de quelques mètres du « mauvais côté » dans le but de couper un arbre qui cachait la vue depuis leur poste d'observation. Ce grave incident provoqua une riposte des États-Unis, qui faillit relancer la guerre. Il faut préciser que l'affront fut considéré comme de taille, puisque le fameux arbre aurait été planté par le grand leader Kim Il-sung en personne ! Depuis, les rares personnes à avoir traversé cette frontière sont des déserteurs de l'armée nord-coréenne, dont bien peu ont réussi à s'en sortir vivants.

Et pourtant, aussi terrifiante qu'elle soit, cette frontière héritée des pires épisodes de la guerre froide est désormais un haut lieu de tourisme ! Car s'il est illusoire de vouloir s'en approcher sur l'essentiel de son parcours, il existe néanmoins un point de contact au niveau de l'ancien village de Panmunjom. C'est dans cette Joint Security Area (JSA) que fut signé l'armistice de 1953 et que se trouve le « pont du non-retour », seul point de passage officiel entre les deux pays, devenu l'une des attractions de Corée du Sud les plus courues. Après avoir signé une décharge niant la responsabilité de son tour operator en cas d'attaque, il est en effet possible de se rendre au Camp USO, administré par l'ONU. Contrairement aux Coréens, qui n'y sont pas autorisés, les touristes peuvent monter sur un mirador, visiter un musée qui raconte l'histoire du site et de la guerre, pénétrer dans l'entrée d'un tunnel secret construit par le Nord pour envahir le Sud et, bien sûr, explorer les boutiques de souvenirs. Le touriste peut aussi observer le Nord à travers une longue-vue et écouter à loisir les chants patriotiques et la propagande du Nord diffusés par les haut-parleurs de l'autre côté de la frontière. Sur le lieu où l'armistice a été signé, les visiteurs peuvent même poser le pied durant trois minutes en Corée du Nord, à condition de ne prendre aucune photo des militaires et des installations. Paradoxalement, la frontière est aussi un véritable sanctuaire animalier. C'est en effet l'un des rares endroits de la planète désertés par les hommes depuis des décennies, ce qui en fait un refuge paradisiaque de 1 000 kilomètres carrés pour toutes sortes de bêtes : ours noirs, lynx ou gorals, la DMZ abriterait près de 146 espèces en voie d'extinction, 70 types de mammifères et 300 espèces d'oiseaux, à l'abri des chasseurs et de l'urbanisation, et sous la seule véritable menace potentielle du million de mines disséminées un peu partout.

LA LIGNE ATTILA

Si la DMZ représente le « must » des frontières interdites, nul n'est besoin de se rendre à l'autre bout du monde pour en découvrir une autre : l'Union européenne possède aussi la sienne ! En effet, depuis 1974, l'île de Chypre est, elle aussi, divisée en deux, par la « ligne Attila », ainsi nommée d'après l'opération militaire menée par le pouvoir turc pour s'emparer d'une partie du territoire.

Administrée par l'ONU, et portant aussi le nom plus œcuménique de « ligne verte », elle matérialise la frontière et une zone tampon entre la République de Chypre et la République turque de Chypre du Nord, reconnue uniquement par la Turquie et l'Azerbaïdjan. Non seulement cette ligne coupe l'île en deux, mais elle scinde aussi la capitale, Nicosie. S'il existe de nombreux points de passage entre les deux parties de Chypre, la ligne verte a néanmoins engendré la désertion de certains espaces.

L'île de Chypre, et sa capitale Nicosie, ▼ est coupée en deux par une ligne verte, une zone démilitarisée contrôlée par les casques bleus de l'ONU.

Les ruines de la cité d'Ani, ▲
ancienne capitale du royaume arménien.

C'est le cas de Varosha. Autrefois lieu prisé de la jet-set, cette station balnéaire accolée à la ville de Famagouste est aujourd'hui une cité fantôme, envahie par les herbes folles, entourée de barbelés et de panneaux signalant l'interdiction d'y pénétrer. Ses plages, jadis fréquentées par les stars des années 1970, ont été abandonnées, tout comme ses palaces. Située dans la zone occupée, elle a été, depuis, déclarée ville interdite et vidée de ses 15 000 habitants.

AU MILIEU DES RUINES

Si Ani est sur la liste des villes scindées par une frontière, c'est la seule à avoir été abandonnée depuis le XIVe siècle ! Pour s'y rendre, il faut partir de l'extrême est de la Turquie, près de l'ancienne ville russe de Kars. Après quelques kilomètres parcourus dans la steppe, le visiteur découvre les ruines étranges, insolites, magnifiques et impressionnantes de la cité d'Ani, perdue dans un désert d'herbes, loin du florissant XIe siècle pendant lequel elle était la capitale du royaume arménien et comp-

▲ Un convoi de l'armée indienne près de la frontière du Pakistan.

Mais si ses nombreux vestiges témoignent encore de ce passé glorieux, cher aux Arméniens, la plupart de ceux-ci ne peuvent l'admirer que de très loin, à l'aide de jumelles, du haut d'un mirador devenu tour d'observation et lieu touristique ! Car l'antique cité ne se trouve pas seulement dans un désert, elle est aussi entourée de barbelés, accessible seulement depuis la Turquie. En effet, située sur un territoire devenu russe en 1878, elle fut vidée de ses derniers habitants arméniens, assassinés, en 1915, puis reprise par la Turquie en 1918.

Ultime provocation, la frontière entre les deux pays passe au niveau de la rivière Akhourian, au pied des remparts de la ville. Hélas, personne, du côté arménien, ne peut s'en approcher autant, car la zone est sous contrôle militaire. Et si cet espace n'a jamais vraiment retenu l'attention des autorités turques, la situation est encore pire depuis 1993 et la fermeture de l'intégralité de la frontière, soit 380 kilomètres, en raison du conflit opposant l'Arménie et l'Azerbaïdjan, allié de la Turquie.

◄ Barrière de séparation entre Jérusalem et Bethléem.

LES MURS SONT À LA MODE !

Si le mur de Berlin est tombé en 1989, bien d'autres ont poussé depuis ! De fait, il semble que les murs incarnent aujourd'hui mieux que tout autre élément l'incapacité à résoudre des crises politiques, et ils interpellent à l'heure de la mondialisation et de l'explosion des échanges. Symboles de l'échec du dialogue et de la recherche de solutions diplomatiques, ils matérialisent l'ultime recours des États au cœur des tensions qu'ils entretiennent avec leurs voisins et le rêve chimérique d'une séparation totale.

On en compte aujourd'hui près de 65, qui, mis bout à bout, parcourraient près de 40 000 kilomètres, soit la circonférence de la Terre ! Certains sont anciens, comme celui qui, depuis 1962, et renforcé en 2016, sépare le Maroc et l'Algérie sur près de 1 600 kilomètres, l'un des plus longs du monde.

Depuis 2002, les Israéliens construisent une « barrière de séparation » sur près de 700 kilomètres en Cisjordanie pour s'isoler des Palestiniens. En 2004, l'Inde a renforcé la « frontière » la séparant du Pakistan au Cachemire, en doublant la clôture de barbelés, de mines et d'un système de surveillance sur près de 900 kilomètres. Quant aux États-Unis, le pharaonique projet de Donald Trump vis-à-vis du Mexique consiste à prolonger et renforcer le mur existant depuis 2006, pour un coût évalué à près de 25 milliards de dollars !

Bien qu'à court terme ils renforcent indéniablement les frontières, les murs ne constituent jamais une réponse efficace aux problèmes de fond ; ils contribuent même à l'enlisement des conflits auxquels on a cessé de chercher une solution.

ENTRE 1945 ET 1996, PAS MOINS DE 2 400 ESSAIS NUCLÉAIRES ONT ÉTÉ RÉALISÉS PAR LES ÉTATS-UNIS, L'URSS, LA FRANCE, LA GRANDE-BRETAGNE ET LA CHINE. DE TIRS INITIALEMENT OPÉRÉS À L'AIR LIBRE, LES GRANDES PUISSANCES, COMME EFFRAYÉES PAR LEUR CAPACITÉ DE DESTRUCTION APOCALYPTIQUE ET PAR LES DOMMAGES, PARFOIS IRRÉVERSIBLES, CAUSÉS À L'ENVIRONNEMENT, SONT PASSÉES, DANS LES ANNÉES 1960, AUX ESSAIS SOUTERRAINS. C'EST POURQUOI, APRÈS LES AVOIR D'ABORD PRÉSENTÉS, JUSTE APRÈS LA GUERRE, COMME DE GRANDES AVENTURES SCIENTIFIQUES ET UNE DÉMONSTRATION DE PUISSANCE, LES GOUVERNEMENTS ONT ENSUITE PRIS SOIN DE DISSIMULER AUTANT QUE POSSIBLE CES TERRIBLES ACTIVITÉS, À L'ÉCART DES POPULATIONS ET DES OPINIONS PUBLIQUES, TOUJOURS PLUS HOSTILES À CETTE COURSE EFFRÉNÉE À LA « DISSUASION ».

LABORATOIRES

À CIEL OUVERT

On connaît aujourd'hui la liste de cette poignée de sites, dont les seuls noms font déjà frémir : Semipalatinsk et la Nouvelle-Zemble pour l'Union soviétique, le Nevada et l'île Bikini pour les États-Unis, Reggane et Mururoa pour la France, et, plus récemment, le désert de Lop Nor en Chine.

Mais les sites d'essais nucléaires les plus terrifiants sont souterrains : des cheminées creusées dans la roche, véritables bombes à retardement écologiques, aujourd'hui à peine colmatées, empoisonnent lentement mais sûrement les nappes phréatiques et libéreront durant des milliers d'années encore leur désastreux contenu.

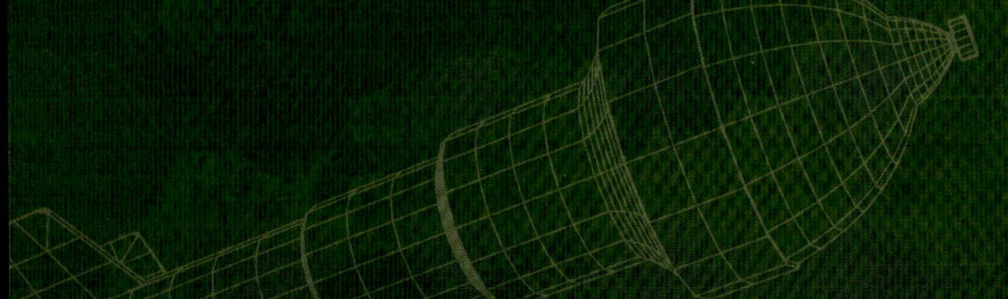

DÉSERTS MORTELS...

Dès la fin des années 1940, les États-Unis et l'URSS, possédant des territoires immenses, choisissent d'abord d'installer leurs sites d'essais nucléaires sur leur territoire, dans des zones désertiques. La Russie soviétique fait exploser 468 bombes dans le polygone de Semipalatinsk, dans les steppes kazakhes, entre les villages de Kourtchatov, de Kainar et le lac Balapan. Au nord-est de la zone, la ville de Kourtchatov, qui abrite les personnels militaires et scientifiques chargés des essais, compte près de 30 000 habitants. C'est Beria en personne qui avait été chargé par Staline d'organiser, dans la plus grande discrétion — la ville n'apparaissait alors sur aucune carte ! —, le programme d'essais nucléaires. On construisit sur place des immeubles, des maisons, des usines, on posa des rails de chemin de fer, et on aménagea même un métro dans un rayon de 20 kilomètres autour du point zéro, afin de mesurer les effets des explosions nucléaires.

Un spécialiste mesure la radioactivité près du lieu des essais nucléaires P-1 de Semipalatinsk ▲ (aujourd'hui Semeï), situé à 50 kilomètres de la ville de Kourtchatov et à 700 kilomètres d'Astana.

Au Nevada, au nord-est de Las Vegas, le Nellis Air Force Range est une vaste zone militaire qui couvre plus de 10 000 kilomètres carrés, et qui comprend notamment la fameuse zone 51, dédiée aux recherches sur les ovnis.

En France, suite au projet d'armement atomique lancé par Pierre Mendès France en 1954, et après avoir envisagé, dans un premier temps, la Polynésie et les îles Kerguelen, le choix du lieu des essais se fixe sur le Sahara algérien, en 1957. Le site, particulièrement isolé, se trouve à 700 kilomètres au sud de Colomb-Béchar, à côté de Reggane. Un personnel de quelque 10 000 membres — soldats, ingénieurs et employés de logistique — travaille d'abord sur des tirs opérés à l'air libre. Puis on passe à des essais effectués dans des galeries creusées dans la montagne du Tan Afella, à proximité d'In Ecker, au tournant des années 1960, dans un contexte où les autres grandes puissances se sont engagées, par traité, à cesser les essais nucléaires atmosphériques. Entre 1961 et 1966, pas moins de 13 « tirs confinés », portant des noms de pierres, comme « Agate », « Rubis » ou encore « Turquoise », sont réalisés dans les flancs de la montagne. Les ingénieurs ont creusé la roche en forme de colimaçon afin que l'onde de choc obstrue le tunnel et empêche la lave et les gaz radioactifs issus du choc d'être libérés dans l'atmosphère. Quatre essais, toutefois, n'ont pas été totalement confinés, tel le tristement célèbre accident « Béryl », survenu le 1er mai 1962 : sont alors exposées à des radiations une centaine de personnes, dont le ministre des Armées, Pierre Messmer, et le ministre de la Recherche scientifique et des Questions atomiques et spatiales, Gaston Palewski — les deux hommes, comme de nombreux soldats français, mourront des suites d'un cancer des années plus tard. Les panaches se propagèrent sur la région saharienne tout entière, et des taux de radioactivité élevés furent enregistrés jusqu'au Sénégal, au Mali et au Tchad. À ce jour, aucun bilan sanitaire concernant les populations locales, et notamment touareg, n'a jamais été dressé.

Le lac Chagan, situé au Kazakhstan, est un lac créé par l'essai nucléaire Chagan ▲ effectué le 15 janvier 1965 par l'Union soviétique.

... ET ATOLLS RAVAGÉS

Bikini, Christmas Island, Mururoa et Fangataufa... ces îlots paradisiaques perdus dans l'hémisphère Sud ont servi de terrains d'essais dans le cadre de la politique de dissuasion nucléaire de la Grande-Bretagne, des États-Unis et de la France.

Après avoir réalisé ses premiers essais en collaboration avec les États-Unis, le pays de Sa Gracieuse Majesté choisit deux petites îles au large de l'Australie pour des essais qui jalonnèrent essentiellement les années 1950. L'atoll de Bikini, situé dans l'archipel des Marshall — et qui a donné son nom au fameux maillot de bain deux pièces —, a vu sa population déplacée pour abriter 67 essais américains entre 1946 et 1958, dont la célèbre bombe à hydrogène, aux capacités destructrices bien supérieures à celles des bombes atomiques larguées sur Hiroshima et Nagasaki en 1945.

L'atoll conserve d'ailleurs encore aujourd'hui les stigmates du déchaînement de cette puissance de feu : il reste défiguré par le terrible accident survenu lors du tir « Castle Bravo ». Le 1er mars 1954, une bombe thermonucléaire d'une puissance théorique de 5 mégatonnes est larguée ; mais en réalité, ce sont 15 mégatonnes qui explosent, vaporisant instantanément l'eau du lagon et creusant un immense cratère, toujours visible. Non seulement la bombe pulvérise le lagon, mais elle provoque aussi une catastrophe sur un très vaste rayon, car, à cause de conditions météorologiques défavorables, une pluie de cendres radioactives s'abat pendant plusieurs jours sur des atolls voisins et sur les infortunés pêcheurs d'un chalutier japonais, le *Dragon chanceux*, qui croisait à 190 kilomètres du point zéro. L'île de Bikini, devenue un symbole de l'ère atomique, figure aujourd'hui sur la liste du patrimoine mondial de l'Unesco.

▲ Le général Jean Thiry prend la parole devant les journalistes au sujet de l'explosion, le 27 décembre 1960, de la troisième bombe atomique française sur le polygone d'essais à Reggane.

Les quelques traces encore visibles à la surface de ces îles — une piste d'aviation et trois blockhaus à Mururoa, une simple casemate à Fangataufa — masquent la drastique et irréversible transformation du sous-sol, constitué des roches basaltiques du volcan éteint. Il faut ainsi imaginer des cheminées remplies de roches vitrifiées et hautement radioactives, simplement fermées par un bouchon de ciment, situées à plusieurs centaines de mètres sous le niveau de la mer.

Après l'indépendance de l'Algérie, déclarée en 1962, la France s'installe sur les îlots de Mururoa et de Fangataufa. Le général de Gaulle, en déplacement à Tahiti le 7 septembre 1966, remercie la Polynésie française d'avoir bien voulu « être le siège du Centre d'expérimentation du Pacifique ». L'assemblée territoriale de cette collectivité française d'outre-mer avait, deux ans plus tôt, cédé à titre gratuit la pleine propriété de ces deux atolls.

De fait, les essais français se sont déroulés régulièrement sous la présidence de De Gaulle, mais également sous celle de François Mitterrand, dans les années 1980, et jusqu'à la dernière et intense campagne de tirs décidée par Jacques Chirac en 1996.

Photo prise près de Reggane, dans le Sud algérien, de la troisième explosion de la bombe A française. ▲

◂ Champignon atomique formé par l'explosion de la bombe nucléaire sur l'atoll de Mururoa, en Polynésie française.

L'instabilité des sols et la circulation des eaux sous-marines inquiètent les scientifiques, qui veillent sur les atolls comme du lait sur le feu : en effet, la puissance déchaînée fut telle qu'elle a même déstabilisé les parois du volcan sous-marin, au point qu'elles pourraient s'effondrer et provoquer un tsunami, qui menacerait directement les îlots voisins !

« BRAVO », « GERBOISE BLEUE » ET « ENCELADE »

Les noms donnés aux tirs lors des campagnes d'essais révèlent les différences de mentalité entre les Américains, les Russes et les Français. Si les premiers restent attachés au vocabulaire issu de la marine ou de l'histoire amérindienne, avec des noms comme « Bravo », « Yankee », « Oak », « Bighorn » ou « Navajo », les appellations données par les Soviétiques illustrent le goût de leur nation pour la science et, finalement, son matérialisme ; ils se contentent en effet de froidement et objectivement numéroter leurs essais en Nouvelle-Zemble : « test 113 », du 4 octobre 1961, « test 219 », du 24 décembre 1962, etc. Les Français, plus imaginatifs, se permettent un clin d'œil à la faune locale pour les essais effectués dans le Sud algérien, avec la « Gerboise bleue » (premier essai en 1960), puis « blanche », « rouge » et enfin « verte ». Par la suite, la campagne de tirs dans le Pacifique évoquera presque poétiquement la mythologie grecque et le cosmos : « Aldebaran » (1966), « Arcturus » (1967), « Encelade » (1971), « Phoebe » (1971), « Œdipe » (1977), « Oreste » (1977)…

▼ Graphique indiquant la force d'une explosion nucléaire.

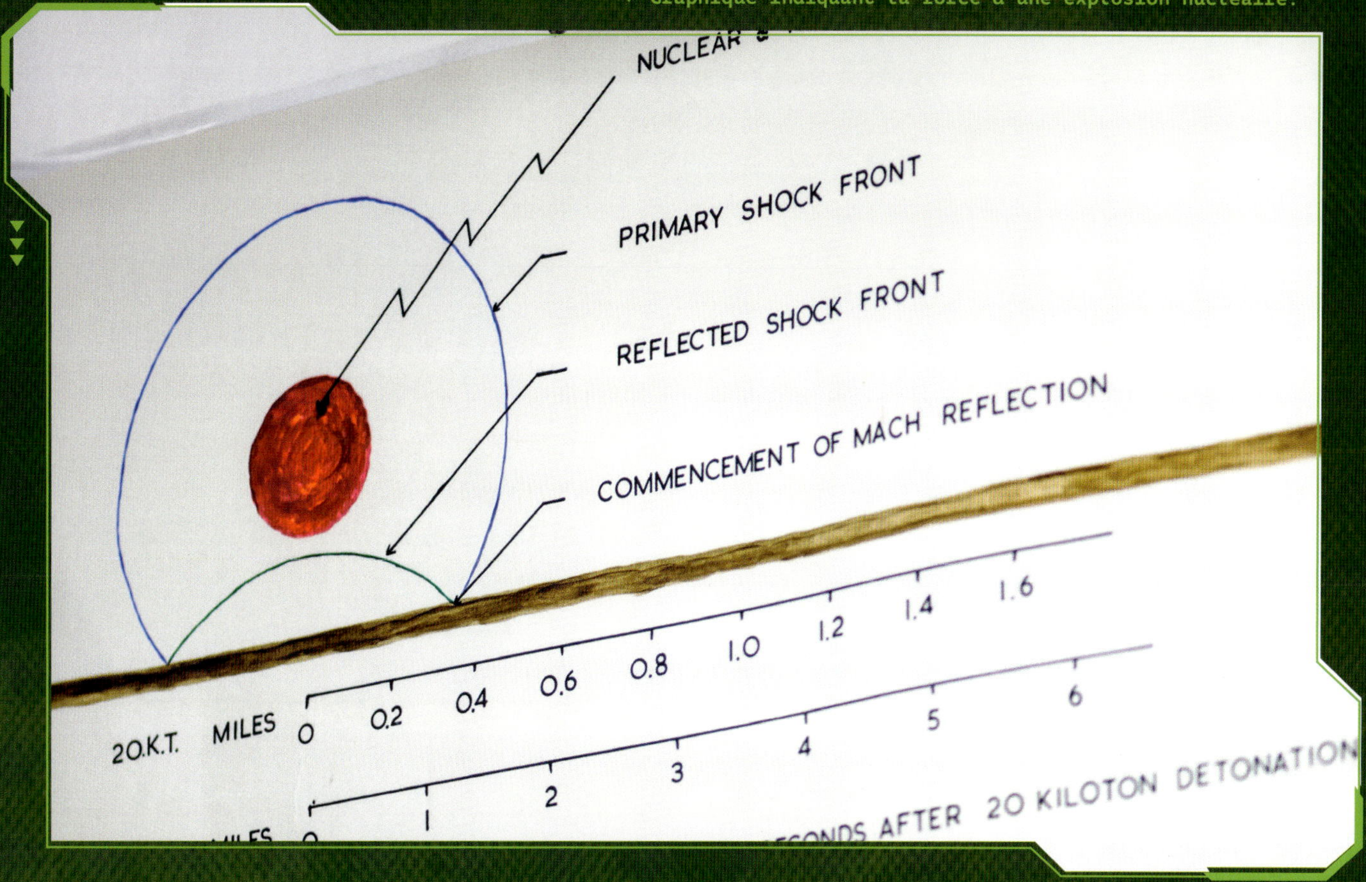

ENTRE SECRETS D'ÉTAT ET GRANDS DÉBALLAGES

Les données et les informations relatives aux essais nucléaires figurent, a priori, parmi les éléments les plus confidentiels du monde. En France, tout ce qui se rapporte à la dissuasion nucléaire est véritablement le secret le mieux gardé. En revanche, et paradoxalement, les deux grandes puissances nucléaires que sont l'ex-URSS et les États-Unis se sont lancées dans une grande opération de déballage depuis les années 1990.

À la fin des années 1980, Mikhaïl Gorbatchev, secrétaire général du PC et président du Praesidium du Soviet suprême, révèle, dans le cadre de sa politique de glasnost (« transparence »), l'ampleur des essais nucléaires opérés dans son pays et surtout leurs terribles conséquences sur l'environnement : l'étendue des dégâts causés dans les zones terrestres ou maritimes irradiées au Kazakhstan ou dans le nord de la Sibérie éclate au grand jour. Ce souci de transparence perdure après la chute du régime communiste en 1991, afin de mieux solliciter l'aide de la communauté internationale.

L'enjeu est de taille : le coût de la décontamination des deux principaux sites russes avoisine 2,4 milliards de dollars, dépense impossible à assumer par un pays effondré sur les plans technologique et économique. Les États membres du G8, l'Union européenne et les pays scandinaves en général, aux premières loges par rapport aux sites arctiques contaminés, ont largement alimenté un fonds baptisé « Dimension septentrionale ». C'est l'Agence fédérale russe pour l'énergie atomique (Rosatom) qui est chargée de coordonner les actions en cours. Elle essuie cependant les critiques de nombreuses ONG, car elle ne travaillerait pas à une réelle décontamination mais transformerait le combustible à usage militaire en combustible pour les centrales civiles, ce qui ne ferait que déplacer le problème et entretiendrait une industrie obsolète et dangereuse !

Aux États-Unis, c'est sous l'administration Clinton qu'un nombre non négligeable de documents relatifs à la dissuasion nucléaire ont été déclassifiés. Deux ans après la fin de la guerre froide, l'administration démocrate, voyant son rival russe à terre, juge qu'une page est tournée et qu'il est du devoir de la première démocratie du monde de jouer la carte de la transparence. L'Amérique, qui ne compte plus de concurrent à sa mesure, s'est engagée dans une nouvelle phase de politique étrangère, l'« enlargment », qui vise l'extension de la démocratie, du droit et de l'économie de marché sur la planète entière.

En France, la déclassification de certains documents sensibles est la conséquence d'une procédure judiciaire engagée par les associations de victimes des essais en Polynésie.

On dispose donc aujourd'hui de la liste des tirs, leurs noms, leurs dates et leurs caractéristiques, effectués par les grandes puissances nucléaires. Les puissances nucléaires d'un rang plus modeste et plus récentes, comme la France, la Chine, l'Inde et le Pakistan, sont plus réticentes à la divulgation de ces données sensibles.

Un essai nucléaire terrestre passe rarement inaperçu. Le 22 septembre 1979, le satellite américain Vela a détecté un essai opéré à proximité de l'île sud-africaine de Marion. Même s'il n'a jamais été revendiqué, on suspecte l'État d'Israël d'être entré à cette date dans le club très fermé des puissances nucléaires. On surveille également le sous-sol, grâce aux centres de mesure sismique qui indiquent les lieux et la puissance des tirs souterrains ; c'est ainsi que l'on peut aujourd'hui évaluer la puissance des tirs effectués par la Corée du Nord.

LA NOUVELLE-ZEMBLE, CIMETIÈRE NUCLÉAIRE

En plus du site kazakh, l'URSS avait choisi, pour ses essais, un archipel situé dans l'océan Arctique : celui de la Nouvelle-Zemble. Le « site du Nord » était en fait constitué de deux pas de tir distants l'un de l'autre de 200 kilomètres : la baie de Tchernaïa, au sud de l'île, où avaient lieu des tirs d'essais sous-marins, et le détroit de Matotchkine, entre les deux îles principales. Le site concentrait 97 % des essais atmosphériques soviétiques et 55 % de la puissance totale des essais réalisés à l'air libre dans le monde. On imagine l'ampleur des retombées radioactives, qui font encore aujourd'hui de ces terres la contrée la plus radioactive du monde. On a même parlé, à ce titre, d'« écocide ». Le pouvoir soviétique a en effet fait de ce site une terre de désolation, restée, depuis, une « zone interdite », hérissée de carcasses radioactives

▲ Matériel nucléaire russe abandonné dans l'archipel de la Nouvelle-Zemble.

et de matériels à l'abandon, battue par les vents et parcourue par quelques ours blancs. Elle est devenue l'emblème d'une URSS à bout de souffle, qui s'est effondrée sur les plans technologique et écologique. Les derniers soldats abandonnés à eux-mêmes, au début des années 1990, pratiquaient la chasse à l'ours blanc à bord de leurs hélicoptères pour tuer le temps. Nombre d'entre eux ont lutté pour la reconnaissance du sacrifice consenti et des risques qu'ils ont pris pour leur patrie durant des années, sans protection ni suivi médical. Les autorités avaient d'ailleurs pris soin d'envoyer majoritairement des orphelins sur ce site, afin d'éviter que des familles n'exigent des explications sur les conditions suspectes de la mort de leurs fils…

« TSAR BOMBA », ARME DE DESTRUCTION MASSIVE

Le 30 octobre 1961, à 8 h 33, la plus grosse bombe nucléaire de l'histoire éclate au-dessus de la Nouvelle-Zemble. Nikita Khrouchtchev est alors en pleine démonstration de force face aux États-Unis — il vient d'ailleurs de remporter une grande victoire idéologique et scientifique avec l'épopée spatiale de Youri Gagarine. La bombe à hydrogène de 26 tonnes, longue de près de 8 mètres, a été fixée sous le Tupolev chargé de la précipiter dans le vide. La puissance du feu est telle que le village de Severny, situé à 55 kilomètres du point d'impact, est rayé de la carte et que le souffle de l'explosion se fait ressentir dans un rayon de 800 kilomètres, brisant les fenêtres des maisons. La bombe « Ivan », surnommée « Tsar Bomba » par les Occidentaux, terrifia tant les grandes puissances nucléaires qu'elles s'engagèrent, quelques mois plus tard, à limiter leur arsenal et à interdire les essais à l'air libre.

TRADITIONNELLEMENT, LES ÎLES SONT PLUTÔT LE DOMAINE DES PÊCHEURS ET DES VACANCIERS ; MAIS ELLES PEUVENT ÉGALEMENT DEVENIR CELUI DES MILITAIRES, QUI LES TRANSFORMENT EN DES LIEUX INTERDITS OU ÉMINEMMENT STRATÉGIQUES. LES NATIONS EUROPÉENNES QUI SE SONT LANCÉES À LA CONQUÊTE DU MONDE ET DES MERS À PARTIR DU XVIe SIÈCLE EN ONT FAIT LES POINTS D'APPUI DE LEURS EXPÉDITIONS AU LONG COURS.

À LA CONQUÊTE DES ÎLES

Plus récemment, le développement continu des échanges commerciaux par la voie océanique, avec la mondialisation et l'épuisement progressif des ressources terrestres, a fait de la maîtrise de ces espaces un atout essentiel, voire un impératif économique. Quelques pays sont particulièrement bien dotés : la France et la Grande-Bretagne sont présentes sur les principaux océans du globe grâce à leurs « poussières d'empire », héritage de la colonisation et du XIXe siècle.

Entre certaines puissances, l'heure est aujourd'hui encore à la rivalité, aux revendications, à la contestation, voire à l'utilisation de la force. Ainsi, depuis le début des années 2010, la Chine mène une politique d'expansion de plus en plus agressive, qui inquiète ses voisins et menace la paix en Asie. À l'échelle mondiale, des nations s'affrontent parfois pour la possession d'îlots si minuscules qu'ils ne figurent pas sur toutes les cartes, quand ils n'ont pas, tout simplement, été oubliés par les traités du passé.

COUP DE FROID SUR GOTLAND

Après la chute du mur de Berlin, en 1989, et l'éclatement de l'URSS, en 1991, les tensions s'apaisent considérablement en Europe. Les pays riverains de la Baltique, comme l'Allemagne, la Suède, le Danemark et les petits États baltes, voudraient faire de cette mer une « Méditerranée du Nord », dont l'activité serait centrée autour de ses ports dynamiques, des bateaux de commerce et de croisière. Le destin de l'île de Gotland, située à 90 kilomètres au large de la côte est de la Suède, est emblématique de cette évolution. Cette île paisible de 3 000 kilomètres carrés, longtemps zone de stockage d'armes chimiques et de stationnement de garnisons, avait été abandonnée aux touristes, l'été, et aux moutons, au tournant des années 1990. Elle est pourtant en passe de redevenir le « verrou de la Baltique » des Occidentaux face aux Russes.

Sur l'île de Gotland, des militaires suédois ▲ chargent leur mitraillette et font feu sur l'ennemi.

Le volcan Atsonupuri dans les îles Kouriles, en hiver.

Gotland représente en effet un avant-poste face à Saint-Pétersbourg, lové au fond du golfe de Finlande, et à Kaliningrad, ce petit bout de Russie en Europe que le Kremlin a voulu conserver pour servir notamment de point d'appui à sa marine.

Voilà pourquoi, alors que l'île semblait avoir été désertée par les militaires depuis des décennies, le royaume de Suède vient de décider d'y redéployer 150 soldats professionnels et y multiplie les exercices d'envergure. L'armée de terre va y implanter un groupement tactique mécanisé avant 2020 et, pièce essentielle du dispositif, le pays va réarmer deux anciens sous-marins, en plus des deux qui viennent d'être construits. C'est à contrecœur que ce pays scandinave, qui, par ailleurs, est un modèle par sa gestion exemplaire du recyclage et la féminisation de sa classe politique, s'engage dans une remilitarisation que l'on croyait révolue.

Si la Suède, qui a toujours joué la carte du pacifisme, n'est pas membre de l'OTAN, elle s'inquiète pourtant – comme ses voisins baltes, et particulièrement l'Estonie – de la politique étrangère de plus en plus agressive menée par la Russie de Vladimir Poutine, illustrée par l'annexion de la Crimée. La Baltique est donc redevenue un « lac d'angoisses ». La Russie place ses pions sur l'échiquier européen, sur terre comme sous la mer, utilisant, par exemple, l'immense gazoduc Nord Stream, qui passe à quelques encablures de l'île de Gotland, pour affirmer sa présence. Si la fonction économique de celui-ci est évidente – il relie les gisements de gaz de la Russie à son client allemand –, il est aussi très certainement utilisé à des fins de renseignement grâce à des plates-formes de capteurs. L'île de Gotland symbolise donc les enjeux de cette nouvelle guerre froide, hybride, car entremêlant concurrences économiques et rivalités politiques.

LES ÎLES KOURILES : UN CONTENTIEUX QUI DURE

Sur une carte du monde, les îles Kouriles captent immédiatement l'attention : leur forme et leur disposition ont quelque chose de poétique, comme si le cartographe avait délicatement relié le Japon et la Russie par quelques gouttes d'encre. Ces îles allongées, qui s'étendent sur une ligne de plus de 1 200 kilomètres, sont des îles volcaniques de la ceinture de feu du Pacifique. À l'origine peuplées par l'ethnie des Aïnous – qui furent peut-être les premiers habitants de l'archipel nippon –, elles sont prises en étau entre les appétits de deux puissances rivales pour la domination du Pacifique depuis le XIXe siècle : le Japon et la Russie. Le Japon, qui les désigne d'ailleurs par le nom de Chishima Retto, la « chaîne des mille îles », réclame un retour à la situation du traité de Portsmouth de 1905, qui avait consacré la domination de cet empire de marins et de pêcheurs sur toute la région. Les Japonais ont en réalité commencé à coloniser les îles les plus méridionales à la fin du XVIe siècle. À l'époque du shogunat, elles appartiennent à la famille Matsumae, qui règne d'Hokkaido jusqu'à Sakhaline, plus au nord.

À partir du XIXe siècle, les nationalismes russe et japonais vont s'affronter, et les îles passer d'une souveraineté à l'autre au gré des aléas internationaux et du rapport de force, favorable tantôt à l'empire du Soleil-Levant, tantôt à l'ours russe. Sur un plan matériel, les Japonais installent des garnisons sur les îles du Sud, notamment Itouroup, tandis que les Russes s'implantent dans le Nord. Les Japonais prennent tout d'abord l'avantage avec leur victoire de 1905 et le traité de Portsmouth, qui confirme la propriété de ces îles ainsi que des droits de pêche dans les eaux russes. Avec la défaite lors de la Seconde Guerre mondiale, Staline annonce, le 21 septembre 1945, l'annexion des Kouriles du Sud et l'expulsion, entre 1947 et 1948, des 16 000 Japonais qui y vivent depuis le début du XXe siècle. Ces habitants, les Moto tomin, qui représentent une communauté encore assez influente au Japon, réclament depuis cette date la possibilité de retourner sur ces îles pour y honorer leurs morts. Seulement voilà, le règlement de la question des îles Kouriles est resté en suspens. Le Japon et l'URSS, puis la Russie depuis 1991, n'ont jamais signé de traité de paix depuis la fin de la Seconde Guerre mondiale. Dans les années 1990, le président Boris Eltsine et le Premier ministre Hashimoto avaient promis un traité avant l'an 2000, mais le premier a démissionné de ses fonctions le 31 décembre 1999.

Les Soviétiques ont longtemps refusé de signer tout accord avant l'évacuation de l'archipel par les troupes américaines, et les Japonais ont posé comme préalable à toute signature d'un accord… la rétrocession des Kouriles. On assiste ainsi depuis soixante ans à un curieux marchandage dans lequel les Japonais réclament les quatre grandes îles, qui sont d'ailleurs peuplées (Itouroup, Kounachir, Chikotan et Ourup), tandis que les Russes sont prêts à en lâcher deux.

La situation risque de durer : la possession de ces îles ne s'avère pas vitale pour les Japonais, qui préfèrent se concentrer sur leur rivalité, plus au sud, avec la Chine autour des îles Senkaku-Diaoyu. Cependant, le gouvernement nippon est attaché à son image et veut se montrer intraitable sur la question pour contenter une opinion publique dont l'orgueil national a été heurté en 1945. Le pays ne peut donc flancher face aux Russes alors qu'il est menacé au sud par les Chinois. Les Russes, qui sont en position de force, bénéficient grâce à ces îles d'un accès facilité au Pacifique depuis le port de Vladivostok et ont fait de la mer d'Okhotsk, à l'ouest, un lac russe. Ils attendent patiemment que les relations économiques entre eux et le Japon se développent à l'avenir, pour faire des îles une monnaie d'échange plus rentable !

BRAS DE FER AUTOUR DES ÎLES PARACELS

Au large du Viêt Nam, à 390 kilomètres du port de Hué, se situe un ensemble de 130 îlots, dont la superficie totale ne dépasse pas 10 kilomètres carrés. Appelées Hoang Sa (« les sables jaunes ») par les Vietnamiens et Xisha (« les sables de l'Ouest ») par les Chinois, les îles Paracels constituent l'un des « points chauds » de la planète depuis 1974, date de l'invasion de l'archipel par la marine chinoise.

La carte officielle du Viêt Nam exposée ▲
au Musée d'histoire militaire du Viêt Nam à Hanoï.

Vue aérienne des îles Paracels. ▸

Le Viêt Nam du Sud, qui est alors en pleine guerre contre les forces communistes, proteste et tente, en vain, de mettre l'agression à l'ordre du jour du Conseil de sécurité de l'ONU. C'est un sujet bien marginal, comparé au regain de tensions de la guerre froide provoqué par la guerre du Viêt Nam.

S'engage alors une longue bataille juridique entre le David vietnamien et le Goliath chinois, qui perdure encore de nos jours. Pour étoffer leur dossier devant la Cour pénale internationale, les Vietnamiens rappellent leur histoire : celle de l'envoi d'une milice armée au XVIIIe siècle par l'empereur annamite Gia Long afin de prendre possession de ces « îles de sable jaune » en son nom. Ils s'appuient également sur l'occupation française et jouent la carte de la continuité coloniale. Le gouverneur général d'Indochine y a proclamé la souveraineté française le 8 mars 1925, et a notamment construit, en 1939, un phare et un poste de TSF sur l'île Boisée, qui fait figure de véritable chef-lieu de l'archipel. Les Chinois, eux, invoquent une occupation beaucoup plus ancienne : celle des pêcheurs originaires de l'île d'Hainan, qui y font relâche depuis des siècles et y ramassent des algues ! L'argument peut sembler farfelu, mais la jurisprudence concernant l'attribution des îles « vierges » a déjà considéré que le ramassage régulier d'œufs de tortues était une forme d'occupation dans un litige opposant deux États africains !

La lutte pour les Paracels est, enfin, une bataille de cartes, puisque la Chine se fonde sur l'atlas britannique de 1969 pour étayer ses revendications, tandis que les Vietnamiens peuvent compter sur des cartes annamites remontant à 1834 ! Difficile, donc, d'arbitrer un pareil litige, d'autant plus que ces terres ont toujours subi maints coups de force et occupations étrangères. Les Japonais ont aussi occupé les îles et fait prisonnier le détachement indochinois pendant la Seconde Guerre mondiale. Les armées nationalistes chinoises de Jiang Jieshi (dit aussi Tchang Kaï-chek), en 1947, ont même, pour un temps, poussé les Français à quitter l'île Boisée pour l'îlot Pattle. Terres inhabitées mais épisodiquement occupées par des envahisseurs successifs, les Paracels semblent actuellement voir triompher le dernier coup de force en date : celui de la Chine, qui entend bien placer ses pions en mer de Chine méridionale.

JEU DE DAMES CHINOISES AUX ÎLES SPRATLEYS

À l'autre bout du monde, en mer de Chine méridionale, au large des Philippines, de la Chine et de l'Indonésie, une grande partie a commencé dans un archipel méconnu du grand public : les Spratleys. Et pour cause ! Cet ensemble est en réalité constitué de petits îlots engloutis durant une partie de l'année ou de hauts-fonds. Ces îlots sont revendiqués à la fois par l'Indonésie, la Malaisie, le sultanat de Brunei, le Viêt Nam, l'Indonésie et surtout la Chine, qui est, de loin, la plus engagée dans cette compétition.

Depuis les années 1940, sur les cartes chinoises, une ligne de neuf traits, poétiquement surnommée « la langue de bœuf », inclut ces îlots dans sa sphère d'influence. Sur des cartes plus récentes, elle revendique « les quatre olives », qui comprennent les récifs des Prata, les Spratleys, Macclesfield Bank et les Paracels sous le terme de *shas*, qui signifie « bancs » (de sable). Cette appropriation est déjà administrative, puisque la préfecture des « trois bancs » a été créée en 2012, avec pour chef-lieu l'île Boisée des Paracels.

L'occupation chinoise est à la fois civile et militaire. Les autorités incitent les pêcheurs et les garde-côtes à sillonner régulièrement la région pour marquer une présence humaine et décourager les nations rivales, en particulier leurs compagnies pétrolières. Les navires des garde-côtes sont d'ailleurs armés, et les pêcheurs se voient même proposer depuis 1985 une formation paramilitaire ! Le mélange des genres est tel que l'on peine à distinguer les actions de la marine, la PLAN (People's Liberation Army Navy), de celles des civils de la CMS (China Marine Surveillance). Le pays procède enfin, à l'évidence, à une militarisation de la région, avec l'envoi du grand porte-avions Liaoning, un survol régulier par des avions de chasse achetés aux Russes et l'installation d'un système de brouillage électronique sur certains îlots désormais artificialisés.

La stratégie chinoise est assez ancienne et plutôt efficace : elle consiste à occuper le terrain sur tous les plans afin de décourager les petites nations et de pouvoir revendiquer d'ici quelques années ces îles au nom d'une occupation assumée, officielle et continuelle, conditions fixées à la fin du XIXe siècle au moment de la chasse aux colonies. En s'adressant à ces pays de manière bilatérale, elle divise pour mieux régner et joue de l'absence relative du géant américain, qui, lui, n'a pas d'appui aussi net et se contente de défendre le principe de la liberté de navigation.

Le récif de Subi, contrôlé par la Chine, en mer de Chine méridionale. ▼

Le navire de dragage *Tian Jing Hao*, ▲ construit par la Chine.

Car, au-delà de leur apparente insignifiance, les Spratleys sont sur la route commerciale la plus empruntée du monde, qui relie les ports de l'aire asiatique du Japon, de la Corée du Sud et de la Chine au fameux détroit de Malacca, près de Singapour, le plus emprunté du monde.

De plus, bloquée à l'est par les bases américaines et les accords passés entre les États-Unis, Taïwan, le Japon et les Philippines, la Chine pense à consolider et pérenniser ses relations maritimes et commerciales avec le reste du monde en passant par l'océan Indien.

Les Spratleys sécuriseraient ce vaste corridor maritime, qui est la porte d'entrée et de sortie de l'économie chinoise. La Chine dessine ses cartes locales et mondiales : celles qui lui assureront de devenir la plus grande puissance maritime, commerciale et militaire pour les années à venir.

LA « GRANDE MURAILLE DE SABLE »

Au milieu des années 2010, l'opinion mondiale découvre avec étonnement que la Chine réalise des travaux titanesques en mer de Chine méridionale, dans ce que l'on a l'habitude d'appeler l'archipel des Spratleys. En réalité, nombre de ces îles sont plutôt des atolls effondrés qui émergent à près d'un mètre sous les eaux.

Qu'à cela ne tienne, la Chine décide d'en faire des îles par l'artificialisation et la poldérisation. Elle dépêche sur place une barge géante et de plus de 120 mètres de long, le *Tian Jing Hao*, qui drague les fonds marins à l'intérieur du lagon pour surélever les bords de l'atoll. De tels aménagements sont également en cours sur les récifs de Fiery Cross, Gaven, Cuarteron et Mischief. Sur celui de Hughes Reef, le processus est déjà bien avancé : y ont déjà été construits deux quais, une plate-forme pour hélicoptère et une usine de ciment qui devrait achever la bétonisation de l'ensemble.

Les États-Unis observent la progression quasi quotidienne des travaux grâce à leurs satellites. En 2014, un amiral américain a employé la malicieuse formule de « Grande Muraille de sable », et c'est en 2015 que le public a découvert ce projet singulier. Une équipe de CNN, alors embarquée à bord d'un Boeing Poseidon pour suivre le travail de patrouilleurs américains, survole l'un de ces « chantiers » en pleine mer et assiste à l'altercation entre l'équipage américain et les Chinois au travail. Les images seront diffusées le soir même, à une heure de grande écoute.

L'Amérique de Barack Obama prend conscience que la Chine entend bien prendre toute sa place sur l'échiquier mondial, aussi bien terrestre que maritime. Invité à commenter ces images « à chaud », et ajoutant à l'effet de stupeur, l'ancien directeur adjoint de la CIA Michael Morell évoque même la possibilité d'un affrontement direct entre la Chine et les États-Unis dans les années à venir.

UN PETIT BOUT DE FRANCE DANS L'OCÉAN INDIEN

Guadeloupe, Martinique, Guyane, Tahiti, Nouvelle-Calédonie… Si les écoliers français peuvent égrener la liste des principaux territoires d'outre-mer, autrefois désignés par l'appellation DOM-TOM, aujourd'hui DROM (départements et régions d'outre-mer) ou COM (collectivités d'outre-mer), les TAAF (terres australes et antarctiques françaises) constituent une catégorie un peu moins connue.

Mis à part les archipels des Kerguelen et de Crozet, qui évoquent une Bretagne familière, le simple nom des îles Éparses sonne comme un appel à l'aventure. Situées au large de Madagascar, elles sont, pour la plupart, minuscules : Tromelin fait 1 600 mètres de long, et l'île du Lys, dite aussi Petite Glorieuse, de l'archipel des Glorieuses, ne dépasse pas 600 mètres de diamètre. Juan-de-Nova et Bassas-da-India, situées dans le canal du Mozambique, rappellent quant à elles un passé portugais bien lointain.

Inhabitées et plutôt pauvres en ressources, les îles Éparses ont quelque peu embarrassé notre administration. Après avoir été placées sous l'autorité du gouverneur de Madagascar pendant la colonisation, quand la grande île a accédé à l'indépendance, elles ont rejoint la métropole par un décret du 1er avril 1960, avant de devenir parties intégrantes des TAAF.

Ce sont surtout des militaires qui assurent la souveraineté française sur les îles Éparses depuis les années 1970 : le 2e régiment de parachutistes d'infanterie de marine sur Juan-de-Nova et Europa, et la Légion sur la Grande Glorieuse ; un représentant de la gendarmerie est également présent sur chacune des trois îles. Il faut d'autant plus occuper le terrain que ces îles sont convoitées par leurs voisins, Madagascar et les Comores, qui y voient la dernière trace de l'occupation coloniale française et peuvent à juste titre invoquer leur proximité géographique pour en revendiquer la possession – l'ONU a d'ailleurs adopté deux résolutions, en 1979 et 1980, favorables à la restitution des Éparses aux Malgaches.

La France suit cependant une autre stratégie : elle les considère comme des *terrae nullius* (« terres sans maître ») et s'efforce de maintenir une présence officielle et durable, autre moyen de revendiquer la possession d'une terre d'après le droit international. Et le jeu en vaut peut-être la chandelle : les îles Éparses sont à la tête d'une ZEE d'une superficie potentielle de plus de 630 000 kilomètres carrés, soit la superficie de la France et de la Belgique réunies !

LA ZONE ÉCONOMIQUE EXCLUSIVE (ZEE)

On ne peut, aujourd'hui, comprendre la volonté des grandes puissances de contrôler certaines îles sans maîtriser une nouvelle géographie maritime et juridique : les ZEE.

En 1982, lors de la conférence de Montego Bay à la Jamaïque, sous l'égide de l'ONU, un grand nombre de pays se sont mis d'accord pour étendre la souveraineté des États jusqu'à la limite de 200 milles marins depuis leur rivage.

Ce texte a permis d'asseoir le droit souverain d'un pays sur le plateau continental qui l'entoure. Il ne s'agissait pas d'une « privatisation des eaux de surface », où la liberté de navigation continue théoriquement à s'appliquer, mais d'un accès reconnu aux richesses des fonds essentiellement – notamment aux ressources sous-marines d'hydrocarbures et aux nodules polymétalliques, ces boules de métaux rares qui suscitent de plus en plus de convoitises à mesure que s'épuisent les ressources terrestres.

◀ Les îles Kerguelen au sud de l'océan Indien.

LIEUX
SECRETS
ET INTERDITS
- 2 -

À LA CHASSE AUX TRÉSORS

Le trésor, parce qu'il s'agit d'une accumulation de richesses extraordinaires, est par essence dissimulé, toujours protégé et bien gardé. L'or, l'argent, les pierres précieuses et aujourd'hui les métaux rares ont été exploités, déplacés et stockés dans des lieux qui frappent par leur permanence à travers l'Histoire.

L'exploitation de certaines mines remonte parfois à l'Antiquité. Une grande partie du butin amassé par les hommes repose aujourd'hui au fond des océans, considérés comme le plus grand coffre-fort et le plus grand musée du monde. Les épaves qui gisent dans les tréfonds des mers recèlent des trésors numéraires et archéologiques parfois mythiques que l'on commence tout juste à localiser, leur accès étant encore très difficile. La chasse aux trésors n'en est qu'à ses balbutiements.

Il existe enfin d'autres types de trésors conservés jalousement par leurs propriétaires ou protégés pour être accessibles aux générations futures : le patrimoine, qu'il soit historique, avec ses archives, ou artistique, et qui constitue peut-être le bien le plus précieux de l'humanité. Les musées renferment dans leurs réserves l'essentiel d'un patrimoine si vaste qu'ils ont souvent eux-mêmes du mal à le maîtriser.

Les Archives nationales, dont le célèbre « enfer » du Vatican, abritent les documents les plus précieux du monde, qui concernent les sujets les plus brûlants et nourrissent à ce titre toutes les théories les plus folles. Enfin, même les trésors vivent ! Ils voyagent mais surtout disparaissent, parfois à jamais, victimes de la négligence des hommes, de leurs guerres ou de leur folie destructrice...

Épave au large de Campeche, au Mexique. ▸

La Chambre d'ambre ▲
à Tsarskoïe Selo, Russie, 1941

NE CHERCHEZ PAS LE COLOSSE DE RHODES, LE TEMPLE D'ARTÉMIS À ÉPHÈSE OU LE PHARE D'ALEXANDRIE ! IL N'EST PLUS POSSIBLE DE LES IMAGINER AILLEURS QUE DANS LES LIVRES. CES MONUMENTS ÉTAIENT POURTANT CONSIDÉRÉS COMME DES CHEFS-D'ŒUVRE INCOMPARABLES EN LEUR TEMPS, MAIS LES GUERRES, LA CUPIDITÉ OU LA BÊTISE DES HOMMES LES ONT IRRÉMÉDIABLEMENT CONDAMNÉS. LE SOUVENIR DES SEPT MERVEILLES DU MONDE ANTIQUE A BEAU RESTER PRÉSENT DANS LES ESPRITS, SEULES LES PYRAMIDES DU PLATEAU DE GIZEH DEMEURENT VISIBLES AUJOURD'HUI.

▸▸▸ AVIS DE DISPARITIONS

Nul n'est pourtant besoin de remonter aux destructions de l'Antiquité pour évoquer la disparition de chefs-d'œuvre d'art et d'architecture, il suffit bien souvent de se plonger dans l'histoire des deux derniers siècles, voire de ces dernières décennies, pour découvrir l'ampleur du désastre, comme en témoignent la disparition récente du temple de Bel à Palmyre, ou encore celle du Musée national du Brésil.

LA HUITIÈME MERVEILLE DU MONDE

Ainsi de la fameuse Chambre d'ambre de Pierre le Grand offerte en 1716 au tsar de Russie par le roi Frédéric-Guillaume Ier de Prusse et installée au palais Catherine de Tsarskoïe Selo. Composé de plus de 6 tonnes d'ambre marquetée, le cabinet était même considéré comme la « huitième merveille du monde » en raison de la maîtrise technique exceptionnelle qu'il a fallu posséder pour la réaliser, du luxe des matériaux utilisés ainsi que de la magnificence du résultat. Mais si la Chambre a pu traverser plus de deux siècles d'une histoire mouvementée sans encombre et résister à la révolution de 1917, elle disparaît durant la Seconde Guerre mondiale. Après leur prise de la ville de Tsarskoïe Selo en 1941, les Allemands, qui ont déjà pillé de nombreuses œuvres d'art, démontent la Chambre d'ambre pour la transporter au château royal de Königsberg, où elle est remontée. Elle aurait alors été détruite dans l'incendie de la forteresse dû aux bombardements de 1945, date à laquelle on perd sa trace.

Il existe néanmoins bien d'autres théories à propos du destin de la Chambre d'ambre. Pour certains, elle aurait été mise à l'abri des bombes soviétiques dans les caves de la forteresse et aurait survécu au second conflit mondial. Situé dans l'enclave russe de Kaliningrad, le château des rois de Prusse a été rasé,

Bouddha de Bâmiyân, taillé en haut-relief dans la montagne, Afghanistan.

mais pas ses souterrains, qui n'ont semble-t-il jamais été dégagés depuis la guerre. Selon d'autres hypothèses partagées par de nombreux chercheurs, y compris des universitaires, les caisses contenant le Cabinet d'ambre ont peut-être été transférées dans un abri caché dans les monts métallifères du Poppenwald, en Allemagne, où elles se trouveraient encore. Certains pensent enfin qu'elles avaient déjà été évacuées avant les bombardements, et chargées sur un paquebot allemand qui a été torpillé en janvier 1945.

Dans tous les cas, malgré d'importantes enquêtes menées depuis la guerre et l'obstination des chercheurs de trésors, personne n'a retrouvé la trace du Cabinet d'ambre. S'il est fort probable que cela n'arrive jamais, les recherches se poursuivent…

DES COLOSSES À TERRE

Leur destruction a provoqué une indignation et une stupeur d'une ampleur internationale. Il faut dire que les trois bouddhas de Bâmiyân sont sans doute les premières œuvres d'art monumentales détruites dans le monde de l'après guerre froide, les premières d'une longue série provoquée par les extrémistes religieux depuis les années 1990. Hauts de 53, 38 et 10 mètres, les trois bouddhas taillés en haut-relief dans la montagne constituaient un spectaculaire témoignage du style Gandhara. Sculptés entre le IIIe et le VIIe siècle, ils témoignaient de l'influence indo-grecque en Afghanistan, dans une vallée qui fut un axe majeur de la route de la soie et un centre religieux bouddhiste important.

Mais en 2001, après avoir pourtant résisté à plus de treize siècles mouvementés, les bouddhas de Bâmiyân ont été détruits par les talibans au nom du blasphème que représente à leurs yeux la figuration humaine, sans que la communauté internationale ne parvienne à réagir efficacement. Guidés par une vision extrémiste et arriérée de l'islam, il leur a quand même fallu près d'un mois d'acharnement, à coups de canon et d'explosifs, pour réduire en poussière ces œuvres qui étaient les derniers témoignages du riche passé de l'Afghanistan et du mélange des cultures en Asie centrale, un des plus beaux exemples d'un mariage réussi entre l'Orient et l'Occident.

Des propositions japonaises de reconstruction ont été refusées par l'actuel gouvernement afghan, et il ne reste aujourd'hui rien des grands bouddhas, sinon les grandes cavités dans lesquelles ils étaient placés, comme des sarcophages vides perçant la montagne.

PARIS VANDALISÉ !

Si elle compte, juste après l'Italie, le plus de monuments classés à l'inventaire du Patrimoine mondial de l'humanité, la France est pourtant loin d'avoir été épargnée par les destructions ! Outre les guerres de Religion du XVIe siècle et l'iconoclasme destructeur qu'elles ont suscité, la Révolution française est responsable de la disparition définitive de très nombreux chefs-d'œuvre du patrimoine architectural. On ne compte pas les palais et autres demeures seigneuriales qui ont été détruits, tels que le château de Richelieu ou celui de Caen. Des centaines de bâtiments religieux de première importance ont été victimes du fanatisme ou de l'appétit des révolutionnaires, comme la cathédrale de Cambrai où l'abbaye de Cîteaux.

Parmi les destructions les plus spectaculaires, on peut ainsi évoquer celle de l'abbaye de Cluny. Fondée au Xe siècle, elle constitua l'un des grands foyers du

◂ Maquette de l'abbaye de Cluny.

Alphonse Liébert, *Palais des Tuileries incendié, pavillon de Marsan et façades côté jardins*, 1871. ▲

Jean-Pierre Houel, *Démolition de la Bastille*, 1790. ▲

monachisme occidental et l'un des centres intellectuels les plus brillants du Moyen Âge, à la tête d'un réseau de 1 200 abbayes et de dizaines de milliers de moines répartis dans toute l'Europe. Au XIIIe siècle, à la fin de sa troisième phase d'agrandissement, l'abbatiale mesure 187 mètres de long et sa voûte s'élève à 33 mètres de hauteur, faisant d'elle le plus grand bâtiment religieux d'Europe avant la construction, au XVIe siècle, de Saint-Pierre de Rome.

Et pourtant, la Révolution conduit à la destruction de Cluny, devenue bien national en 1789 avant d'être pillée et démolie deux ans plus tard, puis transformée en carrière de pierre. De ce qui fut l'un des plus impressionnants joyaux de l'architecture romane en Occident il ne reste aujourd'hui qu'une toute petite partie du bras sud et du petit transept, ainsi qu'un clocher, soit à peine 10 % de ce qu'était le bâtiment au XVIIIe siècle, mais suffisamment pour pouvoir imaginer ce qu'il a pu être au temps de sa splendeur !

Les destructions de la Révolution n'ont pas non plus épargné Paris, à commencer par la vieille Bastille, démolie en quelques jours après le 14 juillet 1789, ou la forteresse du Grand Châtelet. Mais les pertes les plus importantes sont plus tardives. Ainsi, l'une des destructions les plus spectaculaires est celle du palais des Tuileries, construit sous l'impulsion de Catherine de Médicis vers 1560. Sa façade de 266 mètres de long en faisait le pendant du Louvre et fermait la perspective du grand axe historique de Paris. Sa place dans l'histoire de France est considérable, car il servit de siège du pouvoir royal sous Henri IV, Louis XV et Louis XVI, mais aussi sous le premier et le second Empire, ainsi que sous la Ire République et le Consulat. Entièrement restauré sous Napoléon III, il fut volontairement incendié par les Communards en mai 1871 et détruit, ne conservant que son jardin, dessiné par Le Nôtre au XVIIe siècle et qui continue de relier la place de la Concorde au Louvre.

Plus récemment, c'est un autre pan de l'histoire de la capitale qui a disparu. Le « ventre de Paris », les immenses halles centrales qui occupaient une partie du Ier arrondissement. Conçues par Victor Baltard en 1854, elles étaient composées de douze pavillons de verre et de fonte réunis entre eux par des rues couvertes sur près de 33 hectares dans le cœur de Paris. Véritable ville dans la ville, les halles abritaient près de 3 500 boutiques éclairées la nuit et possédaient leur propre usine d'électricité en sous-sol. Chef-d'œuvre de légèreté et de transparence, les bâtiments incarnaient aussi la modernité du nouveau Paris haussmannien et furent imités dans de nombreux pays d'Europe.

Durant toute la fin du XIXe siècle, le dynamisme et la vie populaire de cet endroit ont fasciné les écrivains et les artistes comme Émile Zola ou Camille Pissarro. Et pourtant, lorsque le marché de Rungis est construit, en 1969, pour désengorger les halles, devenues trop petites et peu pratiques, en raison de leur situation au centre de Paris qui limitait le passage des camions, il est décidé de les détruire et de construire à la place un forum de commerce et de loisirs qui ne sera inauguré qu'en 1979. Un seul de ces pavillons a été conservé, et réinstallé à Nogent-sur-Marne, entouré des grilles d'origine des halles de Paris : le fameux pavillon Baltard, qui accueille de nombreuses manifestations culturelles et sportives, des salons, des tournages…

Incendie du Musée national du Brésil à Rio. ▼

L'INCENDIE DU MUSÉE NATIONAL DU BRÉSIL

En 2018, ce n'est rien moins que le Musée national du Brésil, mal entretenu, qui disparaît en fumée, avec la plus grande partie des 20 millions d'objets d'art qu'il conservait. Il n'a fallu que quelques heures aux flammes pour détruire ses collections uniques et irremplaçables d'objets amazoniens, africains et océaniens. Il conservait aussi des momies, de rares fossiles de dinosaures, de très importantes archives et enregistrements ethnographiques, et même des fresques du temple d'Isis à Pompéi qui avaient pourtant survécu aux éruptions du Vésuve !

FAUT-IL RESTAURER LES MONUMENTS DÉTRUITS ?

La question est ancienne mais elle divise encore. Il faut cependant constater qu'elle est toujours d'actualité. Ainsi, après la destruction des fameux mausolées de Tombouctou par les djihadistes du groupe Ansar Dine en juin 2012, l'ONU a lancé une campagne de reconstruction qui a permis de rebâtir les bâtiments de la ville aux 333 saints. En Allemagne, c'est le château de Berlin, palais royal détruit pendant la Seconde Guerre et rasé cinq ans plus tard, qui vient d'être reconstruit pour devenir un centre commercial et culturel ! En Chine, c'est la tour de Porcelaine de Nankin, une pagode bouddhiste démolie dans les années 1850, qui est en train d'être rebâtie.

En France, on n'a pas hésité, dans les années 1950 à reconstruire selon son plan original la ville de Saint-Malo, détruite par les bombardements en 1945... Ces opérations de « restitution architecturale » permettent de contempler ce qui a disparu autrefois, même si l'authenticité n'est pas toujours au rendez-vous !

La tour de Porcelaine de Nankin.

Le mausolée Alpha Moya à Tombouctou, reconstruit par l'Unesco.

INUTILE D'AVOIR ÉTÉ UN FERVENT LECTEUR DE SUPER PICSOU GÉANT *OU DE* L'ÎLE AU TRÉSOR *POUR ÉPROUVER UNE FASCINATION POUR LES COFFRES-FORTS !*

À L'ABRI DES REGARDS...

Qu'ils soient géants ou modestes, protégés par des portes blindées ou des serrures ultra-sécurisées, ils continuent de faire rêver, car on les imagine renfermant des fortunes en bijoux, or ou argent liquide... Bien sûr, la numérisation du monde et des transactions financières a tendance à dématérialiser la richesse, qui n'apparaît plus aujourd'hui qu'en chiffres protégés par des clés cryptées et des *cloud* sécurisés.

Mais si ces phénomènes semblent avoir mis au rebut les grands coffres du XIXe siècle, les crises financières nous rappellent qu'il demeure des valeurs refuges qui ne peuvent se dématérialiser, à l'instar des joyaux et des lingots ! Certains coffres-forts demeurent ainsi plus que jamais inaccessibles...

La Tour de Londres abrite ▲
les symboles de la monarchie anglaise.

À DOUBLE TOUR

Si les joyaux de la Couronne britannique ont déjà été dérobés par le professeur Moriarty et par le colonel Olrik, ce n'est évidemment que dans les romans de Conan Doyle et les bandes dessinées d'Edgar P. Jacobs. Car les symboles de la monarchie anglaise sont conservés depuis 1303 dans l'un des plus vieux coffres-forts encore en activité du monde, construit sous Guillaume le Conquérant à la fin du XIe siècle : la Tour de Londres.

Le trésor, exposé au public depuis 1669, a de quoi impressionner ! Agrandi au fil des soubresauts de l'Empire britannique, c'est un ensemble inestimable qui ne compte pas moins de 23 578 pierres précieuses, dont le Koh-i-Noor, le Culinan 1 et le fameux Star of Africa, trois des plus gros diamants du monde !

La Tour de Londres. ▸

Ce ne sont pourtant pas les tentatives de vol qui ont manqué, mais les Yeomen Warders (aussi appelés les Beefeaters), qui gardent les lieux depuis 1509, ont su repousser les attaques les plus diverses.

Les joyaux n'ont été déplacés qu'une seule fois, durant la Seconde Guerre mondiale, alors que Londres subissait les bombardements allemands face auxquels la vieille tour de presque 900 ans ne pouvait offrir une protection suffisante. Revenus dès 1945, ils sont depuis toujours conservés dans la Jewell House, derrière des vitres blindées de plus de 5 centimètres d'épaisseur qui permettent aux touristes de les admirer. Mais pour les contempler, il faudra vous rendre sur place, car il est strictement interdit de les photographier, sous peine d'emprisonnement !

Plus récemment, c'est aussi dans cette tour que furent gardées les 4 700 médailles d'or destinées aux champions olympiques lors des Jeux de Londres de 2012.

DES NATIONS EN OR

Il y a coffres et coffres… Et ceux qui conservent l'or des nations sont de loin les plus impressionnants qui soient ! L'économiste John Maynard Keynes avait beau qualifier l'or de « relique barbare », le précieux métal reste d'actualité. Plus que jamais même, à en croire les immenses réserves toujours plus importantes que continuent de constituer les grandes puissances qui s'approprient l'essentiel du stock mondial. Car même à l'heure des échanges dématérialisés, des cartes bancaires et des billets de banque, le métal jaune constitue encore une valeur refuge en cas de crise et l'ultime moyen de paiement en cas de nécessité. Il sert ainsi de garantie aux pays qui en possèdent et renforce la confiance que l'on peut avoir dans leurs économies, et plus particulièrement dans leur monnaie. Si bien que tout l'or accumulé pèse lourd et demeure encombrant.

La salle de la Souterraine, dans le sous-sol de la Banque de France, abrite les réserves d'or de l'État français. ▲

Depuis la fin du XIXe siècle, il a donc fallu construire des coffres géants ultra-sécurisés pour stocker les milliers de tonnes de métal auxquels seule une poignée de privilégiés sous surveillance a le droit d'accéder.

AU CŒUR DE « LA SOUTERRAINE »

En plein cœur de Paris, sous l'hôtel de Toulouse, se trouve la Souterraine de la Banque de France. C'est entre 1924 et 1927, pour protéger l'or de la France des bombardements ou d'une éventuelle insurrection populaire, qu'a été construite à 26 mètres sous terre une salle de plus de 11 000 mètres carrés qui était alors le plus grand coffre du monde ! On y entrepose encore aujourd'hui plus de 2 500 tonnes d'or en lingots et en pièces, d'une valeur de plus de 100 milliards d'euros, représentant la quatrième réserve au monde.

Soutenue par plus de 650 piliers, composée de près de 10 000 tonnes d'acier et du double de ciment, elle est encore considérée, plus de quatre-vingt-dix ans après sa construction, comme l'un des lieux les plus sécurisés de la planète, à tel point qu'elle abrite aussi les réserves d'autres nations ne possédant pas de lieu similaire. À vrai dire, y rentrer sans autorisation relève presque de l'impossible. Outre le franchissement des systèmes de sécurité extérieurs, il faut en effet arriver à descendre les quatre premiers étages sans encombre, passer par une porte blindée de 8 tonnes qui mène à un couloir muni de rails où se trouve « le bouchon », une sorte de tourelle de béton qui fonctionne comme un verrou et se ferme en cas d'urgence par un bloc d'acier pivotant et coulissant de 17 tonnes. Le visiteur doit alors encore descendre quatre étages de plus, franchir une dernière porte blindée et d'innombrables grilles d'acier, avant d'accéder enfin à la grande salle au sol en damier et aux lustres Art déco.

L'Hôtel de Toulouse à Paris, siège de la Banque de France. ▲

Les lingots y sont eux-mêmes enfermés dans des pièces protégées par des portes blindées, et stockés dans des caisses fermées à clé.

Seules cinq personnes munies de badges spéciaux sont habilitées à y entrer en permanence. Exceptionnellement autorisé à la visiter en 1932, l'écrivain Stefan Zweig fut si impressionné qu'il compara la grande salle à colonnes à la grande mosquée de Cordoue ou au temple de Madras. Ajoutant pour clore son article : « Notre univers entier peut sombrer dans le chaos, l'or dormira paisible, intact, inaccessible. »

EN TRANSIT

Inutile de chercher dans le sous-sol des banques privées ni dans les armoires d'acier des milliardaires. Les plus impressionnants coffres-forts ne sont pas situés où l'on croit. À l'heure de la mondialisation, il faut les chercher dans les lieux d'interaction et les plates-formes multimodales où transitent les marchandises les plus précieuses. Les ports francs font ainsi figure de véritables coffres où s'accumulent voitures de luxe, vins hors de prix, œuvres d'art et pierres précieuses. Car ces endroits ne sont pas soumis aux mêmes règles fiscales qu'ailleurs et profitent de leur statut privilégié de mini-paradis fiscaux pour servir de zones de stockage à tout ce que la planète compte de plus précieux. C'est ainsi que Genève et Singapour abritent en réalité des milliers de mètres carrés d'entrepôts interdits au public, où les produits les plus rares et les plus coûteux attendent d'être réexpédiés.

Porte de coffre-fort. ▲

Fort Knox abrite la réserve d'or des États-Unis. ▲

FORT KNOX, TOUT UN SYMBOLE

Même Goldfinger dans le *James Bond* de 1964 avait renoncé à s'emparer de l'or de Fort Knox ! Malgré son audace, celui-ci comptait juste l'irradier pour faire monter les cours avant que Sean Connery n'intervienne et ne ruine son plan. De fait, les États-Unis n'ont pas vraiment besoin de l'espion britannique pour assurer la garde de leur or. En effet, il semble difficile de trouver un lieu plus adapté pour stocker le métal de la réserve d'or américaine, car Fort Knox est tout simplement situé au cœur d'une base militaire de plus de 440 kilomètres carrés. À l'intérieur de celle-ci se trouve l'United States Bullion Depository, un immense bâtiment dont l'allure de mausolée géant illustre mieux que tout autre la fonction. Achevé en 1936, le Gold Vault (coffre d'or) est une énorme construction cubique aux murs de granit protégée par une porte de 22 tonnes. Doté d'innombrables capteurs, entouré de barbelés et de gardes affectés à sa surveillance, il semble à vrai dire imprenable. Sa plus grande protection ne venant sans doute pas de sa conception en elle-même mais bien de la présence humaine, puisque le bâtiment est entouré de près de 30 000 militaires, avec chars et hélicoptères ! Coffre à tout faire des États-Unis, il a aussi abrité les originaux de la Déclaration d'indépendance, les trésors de nombre de pays européens durant la Seconde Guerre mondiale, et même des réserves d'opium conservées à l'abri en cas de conflit armé pour servir d'antidouleurs. À part les membres du Congrès, accompagnés du directeur des lieux, très peu de personnes sont autorisées à y entrer, à tel point que le secret qui l'entoure a provoqué bien des théories complotistes insinuant que les États-Unis auraient depuis longtemps vidé leurs réserves.

La Réserve fédérale de New York. ▲

LE SILENCE EST D'OR...

Pendant la guerre froide, la crainte de subir une invasion venue de l'Est a poussé le gouvernement de la RFA à placer l'or du pays en dehors de Berlin et loin des lieux connus des Soviétiques. Si une partie de l'or allemand a alors été mise en sécurité à Paris et New York, une autre a été stockée dans un endroit tenu secret.

De 1964 à 1988, le coffre-fort de la Bundesbank était en fait dissimulé dans le jardin d'un médecin de province, dans la vallée de la Moselle. À partir de 1961, dans le plus grand secret et sous couvert d'installations civiles, des ouvriers et des ingénieurs ont ainsi creusé un abri de 1 500 mètres carrés conçu pour résister au plus important des bombardements atomiques. Si les habitants de Cochem ont bien compris qu'on avait installé quelque chose d'important dans leur commune, nul n'a jamais su qu'y étaient entreposés près de 15 milliards de Deutsche Marks !

NEW YORK, UNE VILLE EN OR

Si l'or des États-Unis se trouve à Fort Knox, la plus grosse réserve mondiale est à New York. En effet, c'est dans le coffre souterrain de la Réserve fédérale que de très nombreux États ainsi que certaines institutions internationales, telles que le FMI, entreposent leurs réserves. Cette dernière stocke ainsi 530 000 lingots, représentant près de 6 500 tonnes d'or, à 24 mètres sous les gratte-ciel qui dominent la ville.

Coffre-fort contenant des lingots d'or. ▲

OR, ARGENT, DIAMANTS, ÉMERAUDES, RUBIS ET AUTRES RESSOURCES PRÉCIEUSES ONT TOUJOURS SUSCITÉ LA CONVOITISE DES PEUPLES ET DES SOUVERAINS DE LA PLUS HAUTE ANTIQUITÉ JUSQU'À L'ÂGE D'OR DE LA COLONISATION, AU XIXe SIÈCLE.

Monnaie d'argent frappée de la chouette, animal consacré à Athéna.

DANS L'ENFER DES MINES

Les métaux précieux sont particulièrement nécessaires à la frappe de la monnaie, qui est l'apanage des souverains : des drachmes athéniennes marquées de la chouette aux profils des empereurs sur les avers des aureus romains, la frappe de la monnaie est l'acte régalien par excellence. Des filons plus ou moins célèbres ont marqué l'âge d'or de bien des civilisations. Mais la terre recèle également des métaux bien plus rares, qui annoncent déjà une recomposition des puissances de notre temps.

ALMADÉN, LA FONTAINE DE MERCURE

Au cœur de la communauté autonome de Castille-La Manche, une des régions les plus désolées d'Espagne, battue par les vents, se tient un site qui porte tout simplement le nom de « mine » en arabe : Almadén. C'est ici que depuis plus de deux mille ans on extrait le cinabre, principalement pour l'un de ses composants : le mercure. C'est la plus ancienne mine de mercure du monde, elle a fourni le tiers du poids total exploité durant toute l'Histoire de ce si précieux métal blanc et liquide appelé « vif-argent » par les Romains. Longtemps utilisé dans les thermomètres, et interdit aujourd'hui pour sa toxicité, il entrait dans le processus d'amalgamation – qui consiste à combiner le mercure avec l'or et l'argent pour les extraire de leurs minerais – dans les mines du Nouveau Monde, vers lequel il était exporté depuis le port de Séville. Après les empereurs romains, ses premiers propriétaires, puis une courte occupation arabe, la mine passe dans l'escarcelle des rois d'Espagne, et notamment du très puissant Charles Quint, qui la concède à des marchands d'Augsbourg, grands entrepreneurs et banquiers de l'Europe de la Renaissance : les Fugger. Au XIXe siècle, ce sont les Rothschild qui investissent des fonds dans cette mine, toujours aussi stratégique à l'heure des révolutions industrielles.

L'exploitation des roches est un travail harassant qui réclame une main-d'œuvre docile et endurante. Aux esclaves de l'Antiquité succèdent les forçats enrôlés aux XVIe et XVIIe siècles qui préfèrent rester sur la terre ferme plutôt que de rejoindre les galères du roi d'Espagne. Aux XVIIIe et XIXe siècles, ce sont des « travailleurs libres » – mais en réalité des mineurs exploités – qui poursuivent le travail et manipulent les roches dans les fours pour en extraire le métal précieux mais très toxique – entre 1774 et 1975, date de la fermeture de la mine, nombreux sont ceux qui ont en effet rejoint l'hôpital royal des mineurs de Saint-Raphaël, qui accueillait les malades atteints de graves troubles nerveux causés par le mercure. Il aura donc fallu attendre la transition démocratique, l'arrivée de la gauche au pouvoir en Espagne, et surtout l'arrivée sur ce marché des pays du tiers-monde, pour mettre fin au calvaire des infortunés mineurs espagnols. Aujourd'hui, Almadén présente les différents aménagements miniers depuis l'Antiquité. Ce site unique au monde est inscrit au patrimoine mondial de l'Unesco depuis 2012.

Mine d'Almadén en Espagne. ▲

Usine de la Compagnie française des mines du Laurion, à côté d'Athènes, aux alentours de 1890. ▲

L'ÂGE DE L'ARGENT

Sans les mines du Laurion, la cité d'Athènes n'aurait jamais pu constituer une des flottes les plus puissantes du monde antique ni animé la ligue de Délos. Sans les mines de Potosi, dans le Haut-Pérou, l'empire de Charles Quint n'aurait jamais eu son éclat. Avant la mise en place du « gold standard » (l'étalon-or) par les États-Unis en 1891, l'argent était roi. Il avait d'ailleurs donné son nom à la monnaie parce qu'il représentait justement la principale monnaie d'échange de l'Europe jusqu'en Chine, et accompagna la première mondialisation, entamée au XVIe siècle, après les Grandes Découvertes.

Mais remontons à l'Athènes antique. La célèbre drachme athénienne frappée de la chouette d'Athéna provient déjà de l'argent extrait des mines du Laurion, dans le sud-est de la péninsule de l'Attique. Exploité depuis le néolithique, le site sera jalousement gardé de l'âge d'or d'Athènes, au Ve siècle avant notre ère, à l'époque byzantine. Dans l'Antiquité, on dit que c'est le grand stratège athénien Thémistocle lui-même qui, par une idée de génie, va propulser cette petite cité grecque sur le devant de la scène et de l'Histoire.

Une fois un nouveau filon découvert, plutôt que de répartir le fruit de butin entre les citoyens, il propose d'armer une flotte de cent trirèmes pour définitivement se débarrasser de la menace perse. On connaît la suite : les victoires de Salamine et de Marathon, en 490 et 480, puis les victoires de la ligue de Délos et son trésor entreposé dans le Parthénon, au sommet de l'Acropole.

Athènes a bien atteint son âge d'or grâce à la maîtrise de l'argent. Le site du Laurion, qui a été occupé par une compagnie française d'extraction au XIXe siècle, est aujourd'hui fouillé par des universitaires français et belges, qui tentent d'explorer ces kilomètres de galeries qui ne dépassent parfois pas les 30 centimètres de hauteur. Les archéologues sont souvent très émus lorsqu'ils découvrent de petites lampes à huile qui prouvent que plus de deux millénaires avant eux, les premiers mineurs luttaient contre l'obscurité, le manque d'air et la chaleur pour arracher à la terre son précieux butin.

▲ Vue panoramique des mines d'argent du Cerro Rico, de l'église et couvent San Francisco à Potosi en Bolivie.

POTOSI, AUTRE MINE, AUTRE ÉPOQUE

Potosi (actuelle Bolivie) représentait une des perles de l'empire de Charles Quint et lui a apporté prestige et liquidités en fournissant pas moins de 40 % de l'argent mondial entre 1590 et 1600. À son apogée, à la fin du XVIe siècle, cette véritable ville-champignon atteint les 200 000 habitants et s'illustre déjà comme la ville la plus peuplée du Nouveau Monde, bien devant Mexico. Les conquistadores espagnols venus avec leurs outils et leur soif de richesse et de gloire peuvent surtout compter sur une main-d'œuvre indienne qui va payer un lourd tribut sur les flancs et dans les galeries du Cerro Rico, la « Montagne riche ». Charles Quint accorde même un blason à celle qu'il considère comme une ville impériale : « Je suis la riche Potosi, le trésor du monde, la reine des montagnes et la convoitise des rois », peut-on lire sur le fronton de *l'alcaldia* (la mairie), sur la Plaza Mayor. Une fois extraits et fondus, les lingots d'argent sont descendus des Andes à dos de mulet et chargés sur les célèbres

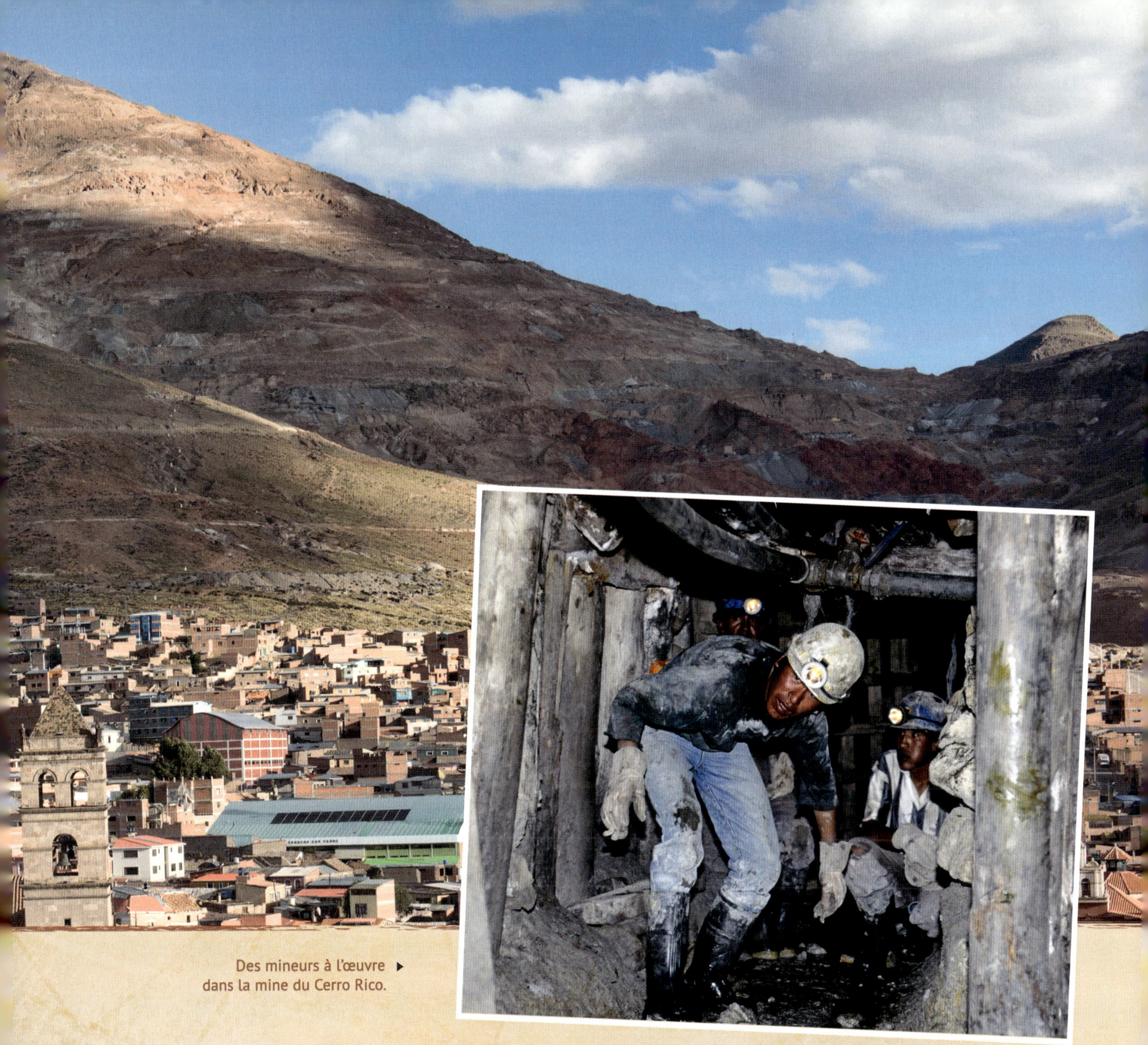

Des mineurs à l'œuvre dans la mine du Cerro Rico.

galions espagnols, qui prennent deux directions. Partant d'Acapulco, en Nouvelle-Espagne, ils rejoignent Manille de l'autre côté du Pacifique, où l'argent est échangé contre les porcelaines et les soieries de Chine qui feront après quelques mois de traversée la joie de la cour espagnole. Charles Quint et surtout son fils Philippe II peuvent compter sur cette immense trésorerie qui sert à honorer la dette contractée auprès des grands banquiers et capitalistes européens : les marchands allemands comme les Fugger, ceux de Lyon ou d'Anvers. Les Espagnols bénéficient de facilités de caisse et sont toujours pénalisés par des retards de paiement. Certains historiens affirment même que c'est à cause de l'argent du Nouveau Monde que l'Espagne a préféré acheter au lieu de produire et a finalement pris sur les royaumes de l'Europe du Nord un retard qu'elle ne rattrapa jamais !

UN NOUVEL OR NOIR : LES TERRES RARES

Quel est le point commun entre un smartphone, une voiture hybride, un système de guidage de missiles et un laser médical utilisé dans la lutte contre le cancer ? Le nouvel or gris : les terres rares. En 1992, Deng Xiaoping, dirigeant de la Chine qui succéda à Mao, en fin connaisseur de la métallurgie – dans sa jeunesse, il avait travaillé dans une fonderie du Creusot lors d'un voyage de formation –, s'extasie sur cette « nouvelle ressource », qui fera de la Chine le Moyen-Orient du XXIe siècle. Malgré leur appellation de « terres rares », ce sont des métaux figurant dans la classification périodique des éléments et ils ne sont pas si inhabituels dans la nature ; mais ils s'y trouvent en quantité tellement infime qu'il a fallu attendre la fin du XVIIIe siècle pour découvrir l'existence du premier, et la moitié du XXe pour le dernier ! C'est en effet en 1787 que, dans le village d'Ytterby, un minéralogiste suédois découvrit un nouveau minerai qu'il baptisa yttrium. Et la dernière terre rare répertoriée n'est autre que le prométhium, isolé en 1947 à partir de l'uranium, et qui n'existe pratiquement pas à l'état naturel. Les noms donnés à ces métaux évoquent déjà quelque chose de presque surnaturel : dysprosium vient du grec *dysprositos*, qui signifie « difficile à atteindre », et lanthane, du grec *lanthanos*, « caché » ; tandis que le lutécium évoque l'antique Lutèce et le thulium la mythique Thulé…

▾ Yttrium sublimé dendritique pur à 99 %, placé à côté d'un cube de 1 cm d'arête.

◂ Terres rares : oxyde de cérium, oxyde d'yttrium et oxyde de neodyme.

▲ Champ de déchets toxiques à proximité de l'usine de Baogang, spécialisée dans le traitement des terres rares en Chine.

Les États-Unis seront les premiers à se lancer dans l'exploitation et surtout la séparation et l'isolation de ces métaux rares sur leur site de Mountain Pass, en Californie. Ils produisent alors 99,99 % de l'europium, composant essentiel des tubes cathodiques à l'époque où les pays industrialisés s'équipent en masse de téléviseurs. Les Américains, rejoints par l'Australie, autre grand pays minier, dominent le marché des années 1950 aux années 1980.

La Chine, qui dispose d'immenses ressources en la matière, fait enfin son entrée dans le monde des terres rares au début des années 2000 et écrase en quelques années ses rivaux occidentaux. La mine de Mountain Pass, dépassée par l'ultracompétitivité chinoise, doit fermer ses portes en 2002. Car la Chine a patiemment élaboré un savoir-faire hors du commun et peut compter sur un site unique au monde.

◂ Mine de Molycorp, à Mountain Pass en Californie, pour l'extraction des terres rares.

BAYAN OBO, LA MÈRE DES MINES

Près de la ville de Baotou, en Mongolie-Intérieure, en plein désert de Gobi, la Chine possède une mine de fer qui, quand on eut identifié toutes les terres rares, dans les années 1950, se révéla en contenir 80 % des réserves mondiales. Cette région considérée à l'époque comme un État du tiers-monde est pourtant assise sur un tas d'or… Mais encore faut-il trouver le procédé pour extraire ces fines particules des marbres dolomitiques qui courent le long d'une faille géologique sur à peine quelques kilomètres.

C'est un chimiste chinois du nom de Xu Guangxian, considéré depuis comme le « père des terres rares », qui trouve la solution. Grand universitaire, il commence ses études en Chine mais prépare son doctorat à Columbia, aux États-Unis, puis revient en Chine enseigner à l'université de Pékin. En 1969, lui et sa femme, comme nombre de grands intellectuels du pays, subissent les foudres de Mao Zedong et de la Révolution culturelle. Ils sont arrêtés et envoyés en camp de travail jusqu'en 1972. Peu rancunier et véritable patriote, Xu Guangxian reprend ses recherches à sa libération et découvre une nouvelle méthode d'extraction et de purification des métaux à l'aide de solvants. La machine chinoise se met en route et broie tout sur son passage grâce à une combinaison de facteurs qui explique en bien d'autres points le succès industriel du pays : des gisements énormes, une main-d'œuvre nombreuse et bon marché, un appareil productif concentré, spécialisé et bénéficiant d'un soutien sans faille de l'État. La Chine est aujourd'hui le premier producteur, distributeur et consommateur de terres rares, elle commence même à rationner ses rivaux occidentaux pour mieux s'imposer comme l'acteur essentiel de la révolution technologique en marche depuis la fin du XXe siècle.

CACHETÉS ET REMIS SOUS LE MANTEAU, GLISSÉS DANS UN SECRÉTAIRE À DOUBLE FOND OU DANS UNE ARMOIRE DE FER INVENTÉE PENDANT LA RÉVOLUTION FRANÇAISE, LES DOCUMENTS DE POUVOIR SONT DEPUIS DES LUSTRES ASSOCIÉS À LA DISSIMULATION ET AU SECRET D'ÉTAT, ET LES LIEUX OÙ ILS SONT ARCHIVÉS NOURRISSENT TOUS LES FANTASMES.

Cassette contenant le traité d'Amiens, ratifié le 18 septembre 1527. ▲

DANS LE SECRET DES ARCHIVES

Popularisé par les ouvrages de Dan Brown, dont le *Da Vinci Code* ou *Anges et Démons*, l'enfer du Vatican n'est pourtant au départ qu'une bibliothèque où sont archivés et conservés des documents mis au service des souverains et de leur administration. L'amour de l'Histoire au XIXe siècle en fait le repère des historiens, qui trouvent là le matériau de prédilection de leur science. La pièce originale est avant tout considérée comme une source soumise à un travail critique qui deviendra éventuellement récit.

Les archives sont ainsi par essence un lieu de paradoxe : fermées et protégées pour assurer la conservation de documents, elles garantissent un secret nécessaire à la protection de l'État ou des personnes, tout en assurant une consultation qui est leur raison d'être. Avec l'avènement de la démocratie, à l'ère du secret a succédé celle de la transparence. Il existe cependant aujourd'hui quelques rayonnages encore interdits dont nous ne pouvons qu'esquisser les contours.

DES PANS ENTIERS DE NOTRE HISTOIRE

Où se trouvent aujourd'hui les documents les plus précieux de l'histoire de France ? Comment sont-ils conservés ? Sont-ils accessibles ? L'histoire des Archives nationales est longue et faite de destructions, de pillages et de déplacements qui commencent au Moyen Âge. Contrairement à l'image d'Épinal, cette période est bien plus amoureuse du droit que de la guerre et de la violence. Les barons, les comtes et les souverains sont tout autant attachés à leurs titres de propriété et aux documents authentifiés par leurs sceaux qu'à leur armure et leur bouclier.

C'est une défaite militaire qui va être à l'origine des archives des rois de France. En 1194, à Fréteval, le roi Philippe Auguste, qui voyage avec son trésor, son or, ses sceaux et ses documents, les voit pillés et détruits par son rival Richard Cœur de Lion. Sa décision est prise : ses archives seront désormais conservées en sûreté dans le donjon du Palais-Royal, sur l'île de la Cité. Les siècles suivants, les officiers et les juristes du Parlement, dont le « gardien du trésor des chartes » accumulent, classent et consultent

Les Archives nationales ouvertes au public lors des Journées du patrimoine, Paris, Marais. ▲

Entrée du siège des Archives nationales à Paris. ▶

toutes les pièces, qui sont autant de preuves de la propriété légitime du roi sur toutes les terres qui tombent dans son escarcelle par échange, mariage ou héritage.

Au moment de la Révolution française, les révolutionnaires remplacent le roi par la nation et créent l'institution des Archives nationales. C'est Napoléon Ier qui fait le choix d'un somptueux hôtel particulier du Marais, l'hôtel de Soubise, pour accueillir les archives impériales volées à toutes les nations qu'il aura conquises. En 1810, ses rayonnages abritent même les archives du pape, qui vont beaucoup souffrir du voyage et ne seront rétrocédées au Vatican que sous la Restauration. C'est dans les couloirs et les salles de lecture de ce haut lieu que des générations d'historiens, dont les célèbres Guizot et Michelet, vont consulter les documents qui leur permettront d'écrire l'histoire de France. Le roi Louis-Philippe ordonne ensuite le réaménagement intérieur du lieu et en fait, au même titre que le château de Versailles, un des temples de la nation. L'archive réconcilie l'homme présent avec le passé, le royaliste avec le républicain.

Les Archives nationales sont aujourd'hui accessibles à tout citoyen, à condition qu'il réserve une place et ses documents avant 15 heures, les derniers étant livrés à 16 h 20. Loin des secrets royaux, la République française est une démocratie soucieuse d'ouvrir au plus grand nombre la consultation des pièces du passé.

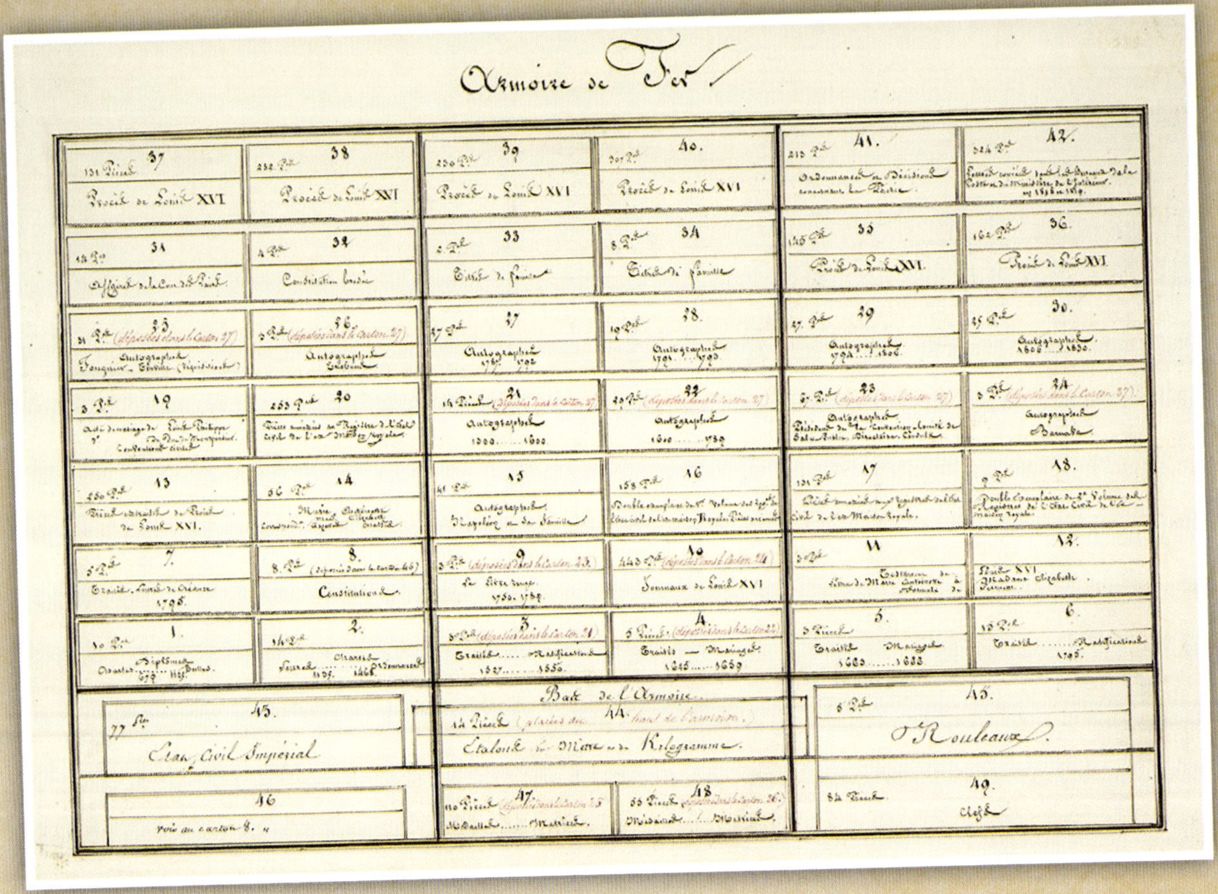

Plan de l'armoire de fer des Archives nationales à Paris. ▲

DANS LE SAINT DES SAINTS

Il existe cependant deux lieux singuliers, prestigieux et nettement plus confidentiels dans cette auguste institution. C'est le cas de la célèbre armoire de fer inventée pendant la Révolution. Véritable coffre-fort de la République, elle s'ouvre par quatre serrures et trois clés. Dans ses rayonnages, de petites boîtes en maroquin rouge renferment les pièces les plus prestigieuses de notre histoire depuis 1790. Le serment du Jeu de paume, qui consacre la naissance du concept de souveraineté nationale, est le premier document à y trouver refuge, au même titre que la Déclaration des droits de l'homme et du citoyen adoptée à la fin août 1789 et que tous les exemplaires originaux des textes des Constitutions et des grandes lois de la République, comme l'abolition de la peine de mort adoptée sous François Mitterrand, en 1981.

Installée dans la salle des grands dépôts sous le second Empire, cette armoire est avant tout un lieu de réconciliation nationale où se côtoient les testaments de Napoléon Ier et de Louis XIV ainsi que le mètre-étalon et le kilogramme-étalon en platine. Ce saint des saints des Archives nationales n'est ouvert qu'en de très rares occasions, le curieux se contentera donc de consulter les fac-similés et les documents numérisés et accessibles au format pdf sur le site de l'institution.

Autre lieu moins connu mais tout aussi inaccessible : le Magasin 502, qui accueille les archives versées par les présidents de la République à la fin de leur mandat. L'Histoire retiendra que c'est le président Valéry Giscard d'Estaing qui en est à l'origine. Après son élection, en 1974, il n'a pas eu droit à la traditionnelle passation de pouvoir avec son prédécesseur, Georges Pompidou, mort de maladie, et il s'étonne de ne pouvoir consulter les pièces des dossiers en cours. Pour qu'une telle chose n'arrive plus, le plus jeune président de la Ve République ainsi que tous ses successeurs verseront leurs pièces aux Archives nationales. La durée de consultation est au départ fixée à soixante ans, elle est ramenée à vingt-cinq ans

Alphonse de Lamartine, *Louis XVI éclaire le serrurier François Germain*, 1865-1866.

après le décès du premier des Français. Les liasses des mandats de Jacques Chirac et de Nicolas Sarkozy sont en cours d'inventaire et de classement, il faudra attendre encore de nombreuses années avant de pouvoir les consulter… à moins de demander une dérogation, certainement très difficile à obtenir pour des raisons non tant politiques que pratiques. L'archivage est un travail long et fastidieux et celui qui a été réalisé pour le fonds Mitterrand est de loin le plus fourni de la Vᵉ République. Le premier président socialiste s'était entouré d'une équipe d'anciens professeurs et de gens de lettres pour classer une immense collection de papiers qui provient d'une pratique singulière du pouvoir. Celui-ci avait obligé tous ses collaborateurs à verser leurs documents dans les cartons de son mandat. On y trouve donc aujourd'hui les liasses d'hommes comme Jacques Attali ou encore François de Grossouvre, disparu dans des conditions mystérieuses dans son bureau de l'Élysée. Il avait pour habitude de faire travailler plusieurs personnes sur le même sujet avant de confronter les avis un par un pour finalement trancher. On imagine mieux la pyramide de documents ainsi constituée !

TOP SECRET !

Quel est le délai légal de conservation des documents dits « sensibles » ? Difficile de répondre à cette question. Il existe cependant un principe fondateur dans notre démocratie : tout document officiel doit théoriquement être consultable pour le citoyen, c'est d'ailleurs un principe réaffirmé par la loi Cada de 1978 et la grande loi sur les archives adoptée en 1979. Les délais assez longs avant qu'une pièce soit consultable ne sont pas toujours le fait de ce que l'on a l'habitude d'appeler le « secret défense »,

L'armoire de fer aux grands dépôts des Archives nationales à Paris.

mais s'expliquent également par des conditions matérielles très contraignantes : l'inventaire des pièces et leur classement étant très délicats, l'archiviste ne faisant souvent le choix que d'une minorité de documents à conserver. En réalité, archiver, c'est aussi détruire ! Il existe différents seuils de préservation du secret des archives : trente ans, mais le plus souvent soixante ans, qui correspondent en général à l'espérance de vie des protagonistes des événements concernés. La règle de communicabilité des archives est plutôt simple, et elle vise avant tout à protéger les individus ou l'État. On peut par exemple citer les cent ans nécessaires avant que ne soit autorisée la consultation des documents judiciaires, les cent vingt ans pour les dossiers du personnel, et les cent cinquante ans concernant les dossiers médicaux. Hippocrate est tout aussi jaloux de ses secrets que les concepteurs de la bombe atomique !

Pour conclure, on ne peut que penser à la célèbre échelle de classification mise en place pour les documents secret défense. Ceux-ci sont accessibles par dérogation, mais marqués d'un « confidentiel défense », « secret défense » ou « très secret défense ». À l'intérieur de cette dernière catégorie, on peut citer le « très secret cosmic » pour les documents liés à l'OTAN, le « très secret rubis » pour les militaires et le « très secret diamant » pour la dissuasion nucléaire. Un label supplémentaire, « spécial France » en interdit l'accès aux ressortissants étrangers ! Au-dessus des ministres concernés, surtout ceux de la Défense et des Affaires étrangères, c'est le Premier ministre qui détermine les critères de classification des documents stratégiques. Ceux qui sont relatifs à la dissuasion nucléaire sont de fait incommunicables, ce qui n'empêche pas les avocats ou les associations de victimes des essais nucléaires en Polynésie française, par exemple, d'avoir demandé depuis des années déjà une « déclassification » de certaines pièces, qu'ils ont d'ailleurs obtenue.

DANS L'ENFER DU VATICAN

Les archives du pape au Vatican sont de loin un des lieux qui suscitent le plus de fantasmes dans le monde, et a fortiori depuis les best-sellers de l'Américain Dan Brown, des ouvrages qui ont joué un grand rôle dans l'inflation des théories du complot les plus folles, dont la plus célèbre est celle des illuminati. Il est vrai que les archives accumulées par l'évêque de Rome ont quelque chose de fascinant : c'est la plus ancienne collection de documents conservés sans discontinuer, puisqu'elle remonte au VIIIe siècle.

La basilique Saint-Pierre au Vatican. ▼

Les archives secrètes du Vatican. ▲

Le pape étant le chef de l'Église mais aussi celui de l'État du Vatican, il a donc toujours entretenu des relations avec l'ensemble du monde catholique et bien au-delà. Pièces du procès des Templiers ou de Galilée, ouvrages de sorcellerie et de magie noire, manuscrits de la grotte de Qumrân ainsi que le plus vieux manuscrit complet de la Bible y sont conservés dans les 87 kilomètres linéaires de rayonnages du « bunker » situé sous la cour des musées du Vatican et inauguré par le pape Jean-Paul II le 18 octobre 1980.

Au-delà de sa dimension universelle, la bibliothèque est en théorie la collection personnelle du pape, qui peut selon son bon vouloir autoriser ou non la consultation des pièces les plus sulfureuses. En leur sein, une partie des collections a de quoi faire rêver ou frissonner, le terme d'« enfer » désignant dans toute bibliothèque le lieu réservé aux ouvrages les plus dangereux et les plus néfastes. La papauté a ainsi accumulé tout ce qui mérite d'être surveillé et condamné : des traces imprimées des pires hérésies jusqu'aux ouvrages que la morale réprouve le plus, de quoi faire pleurer Jean-Paul II le jour de l'inauguration ! C'est le pape Léon XIII qui, en 1881, a ouvert aux chercheurs et historiens du monde entier ces archives qui deviendront un des centres de recherche historique les plus importants.

Deux hommes sont à la tête des collections papales : le Portugais José Tolentino Mendonça dirige la Bibliothèque apostolique vaticane avec ses ouvrages parmi les plus précieux du monde, mais c'est surtout Monseigneur Sergio Pagano qui, en tant que préfet des Archives secrètes du Vatican, détient la clé et l'immense privilège de pouvoir accéder à l'enfer derrière ces grilles qui sont tout aussi inaccessibles que les bunkers des présidents des grandes puissances de ce monde. Le délai de communicabilité est fixé à soixante-dix ans, mais c'est le pape seul qui pourra donner l'autorisation d'accès aux archives postérieures à la Seconde Guerre mondiale, et ainsi permettre par exemple de lever le voile sur le rôle controversé de Pie XII dans l'Italie de Mussolini et l'affaire de la déportation des Juifs d'Europe.

LES TRÉSORS, LES VRAIS, SE TROUVENT AU MUSÉE. MAIS CE QUI EST MONTRÉ AU PUBLIC NE REPRÉSENTE SOUVENT QUE LA FACE ÉMERGÉE DE L'ICEBERG. POUR DES RAISONS DE PLACE, À CAUSE DE LA FRAGILITÉ DES ŒUVRES OU DANS L'ATTENTE D'UNE RESTAURATION. CE QUE NOUS VOYONS ACCROCHÉ SUR LES CIMAISES OU ENFERMÉ DANS LES VITRINES NE REPRÉSENTE GÉNÉRALEMENT QU'UNE INFIME PARTIE DE CE QUI EST CONSERVÉ DANS LES ENTRAILLES DES MUSÉES : À PEINE 5 % DES COLLECTIONS EN MOYENNE !

INTERDIT AU PUBLIC !

Le véritable trésor est donc enfoui en sous-sol, dans ces réserves interdites au public. Et si elles tiennent parfois de la caverne d'Ali Baba ou du cabinet de curiosités, elles font aussi office de véritable coffre-fort et d'hôpital pour les œuvres d'art… Il s'agit de lieux essentiels où s'effectue en secret l'entretien de tous ces trésors.

▲ Les réserves du Louvre, interdites au public.

ENTRE FANTASME ET RÉALITÉ

C'est un fait, les grands musées ne peuvent exposer qu'une toute petite partie de ce qu'ils conservent. Il faut dire que certains d'entre eux sont les gardiens de collections gigantesques. Si le Louvre possède une surface d'exposition de près de 72 000 mètres carrés, seules 38 000 des 550 000 œuvres qui sont sous sa garde sont montrées en permanence au public. Le Metropolitan Museum of Art de New York, lui, n'expose que 250 000 œuvres sur les 2 millions que recèlent ses réserves.

À Londres, l'encyclopédique British Museum conserve pour sa part 7 millions d'objets d'art de toutes natures mais, malgré les agrandissements successifs, seuls une centaine de milliers sont visibles. Quant au musée d'Orsay, il a beau posséder la plus belle des collections de peinture du XIXe siècle, il n'en offre qu'un tiers au regard des visiteurs. Cacher autant d'œuvres peut paraître scandaleux, mais la réalité est tout autre !

La salle des archives du musée du Louvre-Lens dans le Pas-de-Calais. ▲

En effet, tous les chefs-d'œuvre des réserves ne sont pas toujours exposables. Beaucoup sont à restaurer et bien d'autres, comme les dessins, les fusains ou les photographies, s'avèrent trop sensibles à la lumière et/ou trop fragiles pour figurer en permanence dans les salles. Pour les préserver de façon durable, on fait « tourner » les différentes collections en organisant des expositions temporaires. D'autre part, bien des œuvres, si elles possèdent un réel intérêt scientifique, ne présentent pas d'attrait pour le public, à l'instar des dizaines de milliers de tablettes d'argile sumérienne conservées par le Louvre ou des innombrables bifaces et autres pierres taillées qui dorment dans les sous-sols du British Museum.

DES ŒUVRES BIEN ENCOMBRANTES

Si elles témoignent de la richesse de certains établissements, ces œuvres mises en réserve sont aussi parfois bien volumineuses, car les collections des grandes institutions ne cessent de croître au gré des acquisitions et des legs, et il s'agit de bien les conserver. Or, si on les a longtemps entreposées dans de simples caves et galeries souterraines aménagées, celles-ci ne répondent plus aux nouvelles conditions de conservation, qui consistent à protéger les œuvres des risques majeurs qu'elles peuvent encourir, catastrophes naturelles, accidents ou risques d'attentats. Des drames récents, comme la destruction du Musée national de Rio, ont montré l'extrême fragilité de collections pourtant centenaires. Croulant sous la masse de leurs collections, de nombreux musées ont donc décidé de délocaliser leurs réserves. C'est le cas du musée des Arts et Métiers, qui entrepose et restaure ses œuvres à Saint-Denis, mais aussi du Louvre, qui vient de construire un immense entrepôt ultra-sécurisé de 17 000 mètres carrés à Liévin, près de Lens, pour accueillir ses collections menacées par les crues de la Seine.

UNE VILLE SOUS LE LOUVRE

Au Louvre, il y a ce que le public voit et surtout ce qu'il ne voit pas mais qui est essentiel à son fonctionnement et à l'exécution de ses missions. Si l'entrée dans les réserves est l'apanage des conservateurs et des restaurateurs, celles-ci sont entourées d'une multitude d'ateliers qui forment une véritable ville sous le musée où travaillent plus d'un millier de personnes. Car loin de se contenter de stocker les œuvres, on les étudie, on les nettoie, on les photographie et on les soigne. C'est aussi en sous-sol que l'on prépare et que l'on emballe les œuvres avant leur exposition.

De nombreux artisans spécialisés, menuisiers, serruriers, ébénistes, métallurgistes, tapissiers, décorateurs… de grand talent s'activent ainsi dans leurs ateliers respectifs. Mais il n'y a pas que les œuvres que l'on restaure, il faut aussi s'occuper des décors peints du musée, ou encore des cadres anciens, dont le Louvre possède l'une des plus belles collections du monde. Au pavillon de Flore, le Louvre compte en outre le fameux atelier de restauration des musées de France. Équipé de matériel de pointe, comme l'accélérateur de particules AGLAE, c'est une référence internationale dans son domaine qui permet d'analyser, mais aussi de mieux protéger et comprendre les pièces étudiées.

Parmi les lieux les plus insolites du musée, on peut aussi évoquer la présence d'un abri antiatomique édifié après la Seconde Guerre mondiale. Au deuxième sous-sol, la circulation intérieure s'effectue via la VDI (voie de desserte intérieure), véritable route de plus de 1,5 kilomètre qui relie les différentes ailes du bâtiment et que l'on emprunte à bord de voiturettes électriques. Sous haute surveillance, la VDI permet aussi d'accéder à un coffre-fort géant protégé par une épaisse porte blindée. Il s'agit de la pièce où l'on entrepose les œuvres au moment de leur arrivée ou de leur départ vers leur lieu d'exposition, une sorte de sas entre les mondes visible et invisible, en quelque sorte.

SOUS UN AUTRE ANGLE

Aujourd'hui, bien des musées proposent de visiter leurs réserves lors des journées du Patrimoine ou de manière plus régulière. Autant pour rentabiliser les investissements liés à l'entretien de leurs collections que pour offrir de nouvelles expériences aux visiteurs, ils ont en effet décidé de dévoiler ce que pendant des siècles ils ont caché jalousement.

Rendre une partie des réserves accessibles, ou du moins visibles, fait partie intégrante de la conception du musée du quai Branly, réalisé par Jean Nouvel et

Le musée des Arts premiers, réalisé par l'architecte Jean Nouvel, quai Branly, à Paris. ▼

La fondation Schaulager, à Bâle, en Suisse. ▲

Les archives française du film stockées dans le fort de Bois-d'Arcy. ▶

achevé en 2006. La visite du musée des Arts premiers permet ainsi d'admirer une partie des réserves d'instruments de musique, dont 10 000 sont disposés dans une tour de verre de 27 mètres de haut donnant une idée de l'étendue de ses richesses. À Rotterdam, les nouvelles réserves du musée Bojimans Van Beuningen, riche de 130 000 œuvres, seront bientôt intégralement visitables par le public. À Bâle, Le Schaulager, à l'allure de bunker, est à la fois un musée, une réserve et un institut d'histoire de l'art dans lequel il n'y a plus de distinction entre les différentes fonctions du lieu.

POUR VISITEURS AVERTIS

Pour autant, il est par essence des réserves qui ne peuvent être montrées. C'est ainsi que vous ne verrez jamais les lieux où sont stockées les bobines des archives françaises du film dans l'enceinte du fort de Bois-d'Arcy. On y conserve l'une des plus grandes collections au monde de films mais, outre le peu d'intérêt qu'il y a à contempler des boîtes de pellicules, nombre de ces bobines sont en nitrate de cellulose, une matière aux propriétés haute-

Museum national d'Histoire naturelle, galerie de Paléontologie et Anatomie comparée, Jardin des Plantes, Paris. ▲

ment inflammables qui a déjà provoqué des explosions et l'incendie de nombreuses salles de cinéma. De même, certains musées conservent des pièces qui nécessitent un regard averti ou un accompagnement spécifique, à l'instar de celles du musée de l'école de médecine de Paris, du musée de l'Homme ou encore du Quai Branly. Car il n'y a pas que des œuvres d'art dans les réserves des musées.

On y trouve aussi beaucoup d'objets macabres, témoins de la période coloniale ou de l'esprit scientifique du XIXe siècle, par exemple, qui transforment parfois les lieux en véritables galeries des horreurs. Outre les dizaines de milliers d'échantillons humains ou animaux conservés dans des bocaux de formol, il y aurait ainsi entre 400 et 500 momies dans les réserves des musées français. On trouve aussi des

UN INVENTAIRE DU MONDE

Réservées principalement aux 500 chercheurs qui y travaillent, les réserves du Museum d'histoire naturelle de Paris ont de quoi stupéfier : ce sont les plus riches du monde avec celles du Smithsonian et du British Museum. Elles forment un véritable inventaire de la planète, composé des 62 millions de spécimens de type animal, végétal et minéral conservés depuis 1793. Rien que l'Herbier national représente à lui seul un volume de 8 millions de spécimens collectés depuis trois siècles.

écorchés, des squelettes en pagaille et des crânes à ne plus savoir qu'en faire ! Les réserves ne sont pas des cimetières, mais la place de ces crânes dans les musées aujourd'hui questionne, et leur exposition n'est plus possible sans de très importantes précautions scientifiques et éthiques, qu'il s'agisse des fameuses têtes réduites ou *tsantzas* des Jivaros, ou des momies incas.

DES TRÉSORS PERDUS OU IGNORÉS

Les sous-sols de certains musées réservent encore bien des surprises et recèlent sans doute des trésors ignorés. C'est ainsi qu'on a récemment retrouvé un Courbet dans les réserves du musée du Granville et un rare Mantegna dans celles de l'Accademia Carrara de Bergame ! Nul doute que nombre de chefs-d'œuvre dorment encore dans l'attente d'être exhumés par quelques conservateurs attentifs, car les réserves sont aussi de lieux d'exploration.

En 1995, on a ainsi redécouvert un extraordinaire groupe de sculptures Cham au musée de Lyon. Ces très rares œuvres asiatiques du VIIIe siècle trônaient pourtant dans les couloirs de service de l'Institution depuis plus de cent ans mais personne ne savait de quoi il s'agissait vraiment ! Présentées sur leur fiche du XIXe siècle comme des « têtes de monstres en grès, d'origine inconnue », elles étaient en réalité les seules survivantes de l'expédition du docteur Morice en 1877. Les autres œuvres envoyées par le chercheur avaient en effet disparu au large de la Somalie dans le naufrage du navire qui les ramenaient et personne ne savait qu'un second navire avait pris en charge une partie de la cargaison.

LES OCÉANS CONSTITUENT TRÈS CERTAINEMENT AUJOURD'HUI LE PLUS BEAU MUSÉE DU MONDE. LES TRANSPORTS MARITIMES REPRÉSENTENT DEPUIS LA PLUS HAUTE ANTIQUITÉ LA PRINCIPALE VOIE DE COMMERCE ENTRE LES DIFFÉRENTS ROYAUMES ET EMPIRES. TRIRÈMES, GALÈRES, JONQUES, GALIONS, CARAVELLES OU PAQUEBOTS N'ONT CESSÉ DE TRANSPORTER ARMES, HOMMES, MARCHANDISES ET SURTOUT TRÉSORS D'UN CONTINENT À L'AUTRE. SI UN NAUFRAGE EST TOUJOURS UN DRAME HUMAIN, IL PEUT AUSSI ÊTRE UN VÉRITABLE BONHEUR POUR L'HISTORIEN, L'ARCHÉOLOGUE ET SURTOUT LE CHASSEUR DE TRÉSORS AVIDE DE RICHESSES.

◂ Émeraudes.

TRÉSORS
DES PROFONDEURS

L'Unesco évalue à plus de 3 millions le nombre des épaves non découvertes disséminées au fond des mers. La France, qui possède un domaine maritime de 11 millions de kilomètres carrés, serait par exemple à la tête d'un patrimoine de 150 000 à 200 000 sites sous-marins. Avec les progrès technologiques actuels, on peut imaginer la course aux trésors qui ne fait que commencer. Les mers recèlent des centaines d'épaves, dont très peu sont célèbres, qui ne demandent qu'à être explorées.

OÙ CHERCHER ?

Mais si les océans regorgent d'épaves, pour augmenter ses chances de trouver un trésor, il vaut mieux chercher dans quelques lieux privilégiés, tels que les Antilles, la mer de Chine méridionale, au large des Philippines, et surtout le détroit de Floride, entre les États-Unis et Cuba. Pourquoi ? Parce que ce sont les anciennes routes commerciales de la marine espagnole, qui a payé un lourd tribut aux caprices de la mer et a vu sombrer plus d'un bateau victime des intempéries – on estime à près d'un navire sur trois le taux de perte entre le XVIe et le XVIIIe siècle !

Tous les navires étaient enregistrés dans les bureaux des Archives générales des Indes, et les registres sont éloquents. Voilà qui a donné plus d'un cheveu blanc aux rois qui se sont succédé sur le trône d'Espagne, de Charles Quint à Philippe IV ! Ce que redoutaient le plus les Espagnols à l'époque étaient les pirates et les flottes des autres nations. Pour se protéger, ils organisaient de vastes convois qui empruntaient systématiquement les mêmes routes aux mêmes périodes de l'année. La Plata Flota (la Flotte de l'argent) était ainsi composée de 30 à 40 galions chargés de pierres précieuses, d'or et d'argent qui, depuis le Nouveau Monde et ses mines prestigieuses, étaient escortés par une dizaine de bâtiments plus légers et solidement armés jusqu'à la

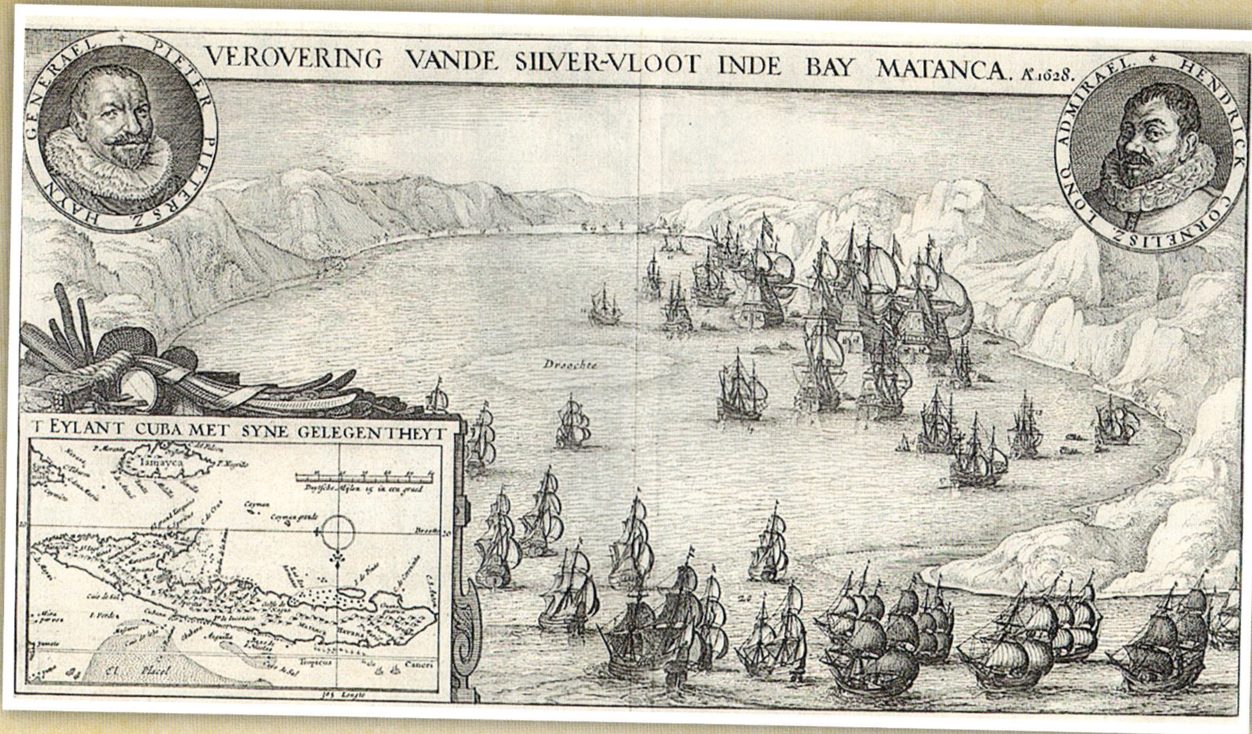

▲ Gravure de la Plata Flota (Flotte de l'argent), XVIIe siècle.

mère patrie et les ports de Séville puis Cadix. Mais il suffisait qu'un seul navire rencontre un problème pour mettre tout le convoi en retard et, à quelques jours près, essuyer une tempête tropicale ou l'arrivée d'un ouragan qui pouvait être fatal ! Les années 1567, 1591 et 1702 furent ainsi des années noires. Quand ce n'étaient pas les tempêtes des Antilles, c'étaient les Anglais ou les Hollandais qui harcelaient la flotte espagnole jusqu'au large des Açores ou de l'Espagne. Voilà pourquoi les chasseurs de trésors aujourd'hui, plutôt que de s'épuiser à rechercher une épave prestigieuse et le lieu d'un naufrage célèbre, préfèrent ratisser ces eaux pour multiplier les chances de tomber sur un navire moins connu mais tout aussi intéressant pour des équipes qui ont engagé des frais souvent très importants.

À QUI APPARTIENT LE TRÉSOR ?

Répondre à cette question équivaut à démêler un sacré sac de nœuds… de marin. Il existe autant de législations que de pays, un droit international qui en est à ses balbutiements, et la revendication d'un trésor relève souvent d'une longue bataille judiciaire et d'un rapport de forces. L'« inventeur » du trésor est celui qui l'a localisé. Pour les trésors engloutis, les chercheurs de trésors sont en fait des compagnies spécialisées qui savent mêler recherches dans les archives et détection hautement sophistiquée. Ces compagnies se rapprochent des pays qui exercent leur souveraineté sur les eaux où gît l'épave, et souvent un accord s'établit. Il est à noter que la cartographie de la souveraineté maritime s'est considérablement affinée depuis l'invention des zones économiques exclusives lors de la conférence de Montego Bay, à la Jamaïque, en 1982. Les choses se compliquent pour les eaux internationales, car l'inventeur est censé pouvoir revendiquer la totale propriété de sa découverte. Mais les vieilles puissances maritimes, dont l'Espagne, revendiquent souvent le « principe d'immunité souveraine », selon la convention des Nations unies sur le droit de la mer. En somme, les navires de guerre et les sous-marins, bien qu'échoués, appartiennent de fait à la nation qui les a armés. Un tel imbroglio motive des batailles judiciaires qui durent parfois des années et ralentissent considérablement la remontée des précieux biens.

◄ Pierre précieuse verte.

LE TRÉSOR DU SAN JOSÉ, AU CŒUR DE TOUTES LES CONVOITISES

Quelle histoire que celle de l'épave du San José ! Il y eut deux batailles sanglantes le concernant : l'une navale et l'autre judiciaire. Comme souvent, l'histoire débute dans le silence des archives : en 1975, l'historien américain Eugene Lyon mène son enquête à Londres, et surtout à Séville, aux Archives générales des Indes, pour connaître la vérité sur les derniers moments d'un des plus célèbres galions espagnols et le lieu exact de son naufrage. Après divers recoupements, une zone de recherche est définie au large de Carthagène, en Colombie, et un accord est passé entre le pays riverain et une compagnie détenant tous les moyens techniques de localiser et remonter le trésor, la Sea Search Armada (SSA).

Nous sommes en 1979 et la pêche s'annonce miraculeuse. Les restes du navire reposent à 300 mètres de profondeur et contiennent un des trésors les plus somptueux de l'Histoire : 583 439 pièces d'or, des caisses pleines d'argent des célèbres mines de Potosi, 116 coffres regorgeant d'émeraudes, des perles des Antilles, les joyaux du vice-roi du Pérou et les cassettes de près de 300 passagers qui avaient fait fortune en Amérique du Sud. De quoi rembourser la moitié de la dette de la Colombie et faire tourner quelques têtes.

Inconscients du trésor à bord, les Anglais, au lieu de l'arraisonner, avaient coulé le galion commandé par le comte de Casa Negre en 1708. Et le roi d'Espagne Philippe V a attendu pendant des mois ce chargement qui aurait pu soulager les finances de son royaume. En vain. Au XXe siècle, le gouvernement colombien, lui, revient sur sa parole et, au lieu des 50 % promis à la SSA, revendique 95 % du trésor ! Aux dernières nouvelles, la bataille est toujours en cours, le gouvernement colombien campe sur ses positions. La compagnie américaine a révélé depuis de nombreuses années la localisation exacte de l'épave et l'Espagne s'est mêlée de l'affaire, considérant au nom du droit de la mer qu'elle est propriétaire du fier galion. Le plus dur quand on chasse un trésor n'est pas tant de le localiser, mais plutôt de le remonter et… de le partager !

◂ Samuel Scott, *Combat naval au large de Carthagène*, 28 mai 1708.

PENDANT CE TEMPS-LÀ, SOUS LA MER DE CHINE…

Le grand commerce mondial est trop souvent réduit aux seuls Européens. Le profane ignore la plupart du temps que, un siècle avant les Espagnols et les Portugais, les Chinois s'étaient lancés à l'assaut des mers et avaient envoyé leurs vaisseaux en Corée, au Japon, aux Philippines et en Afrique. Et quels vaisseaux ! Au XIIIe siècle déjà, Marco Polo s'extasie, dans son *Livre des merveilles*, sur ces immenses jonques qui feraient passer les caravelles de Christophe Colomb ou les galions du XVIe siècle pour de ridicules petites barques. Les sources chinoises parlent de *shenzhou*, des « navires surnaturels » dont la fonction était d'embarquer les futurs ambassadeurs.

Ces jonques comptaient jusqu'à cinq mâts et pouvaient abriter des potagers et contenir un équipage de 500 à 1 000 personnes. Ces véritables villes flottantes partaient pour des navigations qui pouvaient durer deux ans afin d'exporter ce que la Chine faisait de mieux : ses célèbres soieries et, surtout, ses porcelaines, qui représentèrent une marchandise très convoitée dès le Moyen Âge dans toute l'Asie et jusque sur les tables des cours d'Europe. La porcelaine chinoise, fabriquée à partir du kaolin, une argile blanche originaire du village de Gaoling, était rendue inaltérable grâce à sa cuisson et sa vitrification.

C'est un véritable trésor de savoir-faire réputé pour son étanchéité parfaite et sa solidité, mais surtout pour ses délicats décors colorés, dont l'époque Ming ne représente qu'un épisode d'une longue histoire technique et esthétique. Les bols, vases et autres plats passaient par 70 étapes successives pour un prix au kilo qui avoisinait celui de l'or. Or nombre de jonques chargées de ce précieux trésor reposent aujourd'hui au fond de la mer de Chine méridionale, véritable carrefour par lequel les Chinois convoyaient la marchandise. Ils l'apportaient directement à leurs clients ou l'acheminaient vers les enclaves dominées par les Portugais, comme à Macao, à Ormuz (actuel Iran) ou aux Philippines, tête de pont des Espagnols dans le Pacifique.

Trésor du San Diego. Ensemble d'objets chinois de l'époque Ming et du règne Wanli. ▲

En 1997, une immense jonque a par exemple été repérée dans le cadre de la prospection pétrolière assurée par les géologues d'Elf Petroleum Asia au nord de Bornéo. Ce sont les équipes de Michel L'Hour, archéologue en chef, assisté de Franck Goddio, un intrépide chasseur de trésors, qui se chargèrent de l'inventaire et de la remontée à la surface de pièces hors du commun.

Une immense exposition a alors été organisée par le sultanat du Brunei, qui voyait dans ces pièces un motif de fierté pour tout le monde asiatique et de célébration d'une mondialisation qui a en réalité plus de quatre cents ans. Grâce aux forages pétroliers et à une prospection de la mer en pleine expansion dans cette partie du globe, les profondeurs devraient nous livrer durant des siècles encore de somptueuses cargaisons.

Découverte de porcelaines de la dynastie Ming. ▶

QUI SONT LES CHASSEURS DE TRÉSORS ?

Un chasseur de trésors a souvent un pied dans les archives, et l'autre dans la technique de détection et dans l'archéologie sous-marine. En plus de solides qualités intellectuelles et d'une intrépidité indéniable, il lui faut des talents de négociateur pour s'entendre avec les États qui le chargent, en tant qu'acteur privé, de faire remonter à la surface des biens de plus en plus convoités. La chasse au trésor est donc logiquement une aventure collective. La plupart des compagnies de chasseurs de trésors sont basées aux États-Unis, et plus particulièrement en Floride. Et ce n'est pas un hasard ! Les Américains ont les moyens techniques et cet esprit d'entreprise qui caractérisent si bien cette nation de self-made-men, mais surtout les eaux parmi les plus riches en épaves. Le golfe du Mexique et la région au large de la Floride et de Cuba ont vu sombrer nombre de galions espagnols et s'imposent, depuis les années 1960 et l'invention du scaphandre par le commandant Cousteau, comme le terrain de jeu privilégié de ces aventuriers investisseurs.

Exploration de récifs et vieilles épaves. ▲

Le sous-marin japonais I-52. ▼

UN SOUS-MARIN EN OR

Aujourd'hui encore, 2,2 tonnes d'or et autant de lingots d'étain et de métaux rares reposent au fond de l'Atlantique à l'ouest du Cap-Vert par 5 420 mètres de fond…

À la fin de la Seconde Guerre mondiale, le sous-marin I-52, surnommé le « sous-marin d'or », doit rallier le port de Lorient depuis le Japon. Car les échanges technologiques et de matières premières vont bon train entre les deux grands alliés de l'Axe : le Japon dans l'aire pacifique et l'Allemagne nazie, encore maîtresse de l'Europe tout entière. Mais grâce à la machine Enigma, les codes allemands et japonais sont percés à jour par les Alliés. Le fameux sous-marin est localisé, bombardé et coulé en cette funeste journée du 24 juin 1944, quelques jours après le Débarquement, avec son précieux chargement et ses 112 hommes d'équipage. L'épave est localisée le 30 mai 1995 par une équipe russo-américaine. Elle gît dans les eaux internationales, et le Japon se montre alors peu intéressé par le renflouage. L'équipe d'inventeurs peut déjà se frotter les mains. Cependant, un problème majeur se pose : si la valeur de l'or à bord avoisine les 20 millions de dollars, le coût du renflouage de l'épave à cette profondeur et avec les techniques disponibles frise, lui, les 7 millions ! Le vaisseau japonais devra rester inviolé encore quelques années, le temps qu'un investisseur se décide… ou que le coût du renflouage baisse sérieusement.

LIEUX ABANDONNÉS & VILLES ENGLOUTIES

Qui n'a jamais rêvé de parcourir la jungle à la recherche des vestiges d'une cité perdue ? D'errer dans les villes fantômes de l'Ouest américain ou de visiter de mystérieux palais abandonnés ? Car si des cités mythiques comme celle de l'Eldorado n'ont vécu que dans l'esprit enfiévré des conquistadores, les capitales oubliées existent bel et bien, les cités disparues ne sont pas que des métaphores littéraires. Il y en a des dizaines, immergées dans les océans ou ensevelies sous les laves des volcans.

Abandonnés ou détruits, ces lieux qui furent autrefois pleins de vie et ont pour certains rayonné dans toute une partie du monde offrent le spectacle étrange des ruines et du silence. La nature reprend ainsi bien vite ses droits sur des constructions humaines qui, même d'acier et de béton armé, ne résistent pas au temps et au déchaînement des éléments. Certaines sont encore bien difficiles à visiter, mais d'autres, restaurées et quasiment reconstituées, offrent à nouveau de brillants témoignages des cultures disparues.

Il arrive aussi que la redécouverte ou l'exploration de ces lieux devenus mythiques soit une aventure en elle-même, preuve s'il en faut de la fascination que nous éprouvons depuis des siècles pour ces vestiges qui nous renvoient à la fragilité de l'aventure humaine.

Le site de Fort Rock dans l'Oregon, États-Unis. ▶

PARFOIS, IL SUFFIT DE PEU DE CHOSE POUR QUE LES PLUS BRILLANTES RÉALISATIONS HUMAINES SOMBRENT DANS L'OUBLI. IL EN VA AINSI DES CIVILISATIONS COMME DE LEURS CAPITALES. MÊME LES PLUS IMPORTANTES PEUVENT S'ÉVANOUIR, SE VOIR ABANDONNÉES OU DÉTRUITES, LIVRÉES PAR LA FORCE DES CHOSES À UNE NATURE QUI REPREND VITE SES DROITS AU POINT DE FAIRE DISPARAÎTRE DES MÉMOIRES CE QUI FUT POURTANT LE TÉMOIGNAGE DE L'AMBITION DÉMESURÉE DES HOMMES, DE LEUR FOI ET DE LEUR POUVOIR ÉPHÉMÈRE.

UNE CITÉ PEUT EN CACHER UNE AUTRE

Troie, Akhenaton, Ur, Aksoum, Volubilis, Lagash… autant de noms qui résonnent dans notre imaginaire comme ceux de cités mythiques. Au-delà des aventures du célèbre Indiana Jones, de vrais archéologues travaillent d'arrache-pied pour les exhumer, les restaurer ou tenter de comprendre les raisons de leur chute. Aujourd'hui, une bonne poignée d'entre elles nous ont révélé leurs secrets et nous mettent en garde contre les excès de nos sociétés contemporaines.

PERDUE DANS LA JUNGLE CAMBODGIENNE

En 1860, lorsque le naturaliste et explorateur Henri Mouhot, mandaté par la Royal Geography Society, s'aventura dans la jungle cambodgienne, il s'attendait certes à trouver les ruines d'une cité khmère, mais pas à découvrir les vestiges du plus vaste ensemble religieux au monde, restés enfouis sous la jungle durant plus de cinq cents ans ! Il faut dire qu'à son apogée, au XIIIe siècle, la capitale de l'Empire khmer était peuplée de près de 700 000 habitants. Elle comptait près de 100 temples, parmi lesquels le fameux sanctuaire d'Angkor Vat, dont la tour centrale s'élève à 42 mètres ! Et pourtant, le déclin du royaume khmer, au XIVe siècle, les aléas climatiques ainsi que les affrontements avec les Thaï puis les Cham ont conduit à l'abandon progressif de la cité, qui n'est plus fréquentée que par de rares paysans y faisant paître leurs bêtes et par quelques moines ermites encore attirés par l'aura de ces temples.

Paradoxalement, c'est sans doute ce qui a fait sa puissance qui a perdu la cité de la jungle. La civilisation d'Angkor reposait en effet sur un pouvoir efficace et organisé qui a su bâtir un système complexe d'irrigation et de canaux permettant de gérer les périodes de mousson et de sécheresse, et la cité ne pouvait résister longtemps au manque d'entretien de ses infrastructures. L'envahissante forêt tropicale a fait le reste. Dissimulée sous les feuillages, recouverte par une végétation dévorante qui a horreur du vide, elle s'est peu à peu évanouie, au point qu'on ne distinguait plus qu'au travers des racines les visages sereins des grands bouddhas et des figures du panthéon hindouiste disloqués par les racines des ficus et usés par la mousson.

Site d'Angkor, classé au patrimoine mondial de l'Unesco. ▲

Redécouverte au moment de la conquête française, la cité d'Angkor a très vite fasciné. Exhumée de la jungle et restaurée par les membres de l'école française d'Extrême-Orient, elle est même devenue l'étendard culturel de la colonisation française en Indochine et la mascotte de l'Exposition coloniale de 1931 à Paris, sous la forme d'une reconstitution grandeur nature en bois et carton-pâte qui a fasciné les 8 millions de visiteurs d'alors. Malgré la guerre du Viêt Nam et la terrible guerre civile qui a meurtri le Cambodge jusqu'au début des années 1990, le site n'est pas retombé dans l'oubli. Très récemment, des images satellite ont d'ailleurs permis de mesurer l'ampleur réelle de cette cité perdue qui s'étendait sur 3 000 kilomètres carrés et était sans doute l'une des plus grandes villes de l'ère préindustrielle.

Des racines d'arbres entourent l'entrée du temple Ta Prohm. ▶

Temples mayas situés sur la Grande Place du Parc national de Tikal. ▲

TIKAL : LA CITÉ MAYA

Elles sont des dizaines, du Guatemala au Honduras en passant par le Nicaragua, à exciter l'imagination des explorateurs qui, depuis Hernán Cortés, n'ont cessé d'en chercher les traces. Et si l'eldorado mythique et ses rues pavées d'or ne font plus partie des rêves des spécialistes, les cités des civilisations précolombiennes continuent de les fasciner.

Parmi celles-ci, Tikal est sans doute l'une des plus spectaculaires. Cette cité maya célèbre pour ses temples a connu son apogée entre le IIIe et le IXe siècle de notre ère, lorsqu'elle était sans doute l'une des plus grandes métropoles de Méso-Amérique. Les raisons exactes de son abandon demeurent encore mystérieuses, mais c'est probablement à cause des guerres et de la destruction des espaces agricoles et forestiers nécessaires à nourrir ses 60 000 à 90 000 habitants. D'aucuns soutiennent aussi que les inégalités sociales étaient devenues telles que l'organisation politique a été remise en cause, et que cela a conduit à un écroulement du système politique et social. On sait que les palais ont été brûlés et que, peu à peu, le site a été déserté, comme si, après avoir construit ces gigantesques sanctuaires et splendides monuments royaux, les Mayas étaient retournés à la vie rurale, abandonnant leurs bâtiments de pierre pour des huttes de bois disséminées dans une multitude de petits villages alentour.

Comme pour Angkor, c'est le XIXe siècle conquérant qui annonça le renouveau du site. Après dix siècles d'oubli, l'explorateur John Lloyd Stephens et son ami le dessinateur Frederick Catherwood, guidés par des Amérindiens, ont révélé l'existence de Tikal à l'Occident dans les années 1840, entraînant le dégagement des bâtiments et des temples au cours des décennies suivantes. Il faut dire que, situé au milieu de la jungle et difficile d'accès, Tikal a de quoi surprendre. Ses grandes pyramides aux sommets blancs semblent irréelles au milieu d'une forêt qui a tout d'impénétrable. En 1977, ce fut l'un des lieux de tournage choisis par George Lucas pour servir de décor à la base rebelle dans l'épisode IV de *Stars Wars*, comme si Tikal cherchait encore à échapper à l'Empire…

LA « VIEILLE MONTAGNE », OUBLIÉE DES CONQUISTADORES

Situé à 2 500 mètres de hauteur, sur une crête entourée de deux sommets culminant à 2 700 mètres au-dessus de la forêt amazonienne, le Machu Picchu a de quoi alimenter tous les fantasmes et rêves d'aventures. De fait, cette cité, l'une des plus éphémères des cités incas, devenue l'une des destinations touristiques les plus célèbres au monde, est pourtant restée très longtemps dans l'oubli. Destinée à servir de résidence et de sanctuaire à l'empereur inca Pachacutec vers 1440, elle est contemporaine de la conquête espagnole mais, contrairement à ce qu'on pourrait imaginer, Pizarro et ses hommes n'ont aucune responsabilité dans sa chute. Et pour cause, ses « ruines » sont en fait un chantier inachevé ! Le site n'aurait été habité qu'une quarantaine d'années par un millier de personnes. Quasi ignorée des conquistadores, abandonnée de ses élites et des paysans qui avaient été forcés de la bâtir mais sont retournés cultiver leurs terres dans la vallée, elle ne fut véritablement redécouverte et explorée qu'en 1911, lorsque l'historien de Yale Hiram Bingham s'y rendit et commença à dégager le site, qu'il rendit célèbre avec la parution de son livre *Lost City of the Incas*, en 1913.

Le Machu Picchu. ▼

SUR LES TRACES DE LA CITÉ D'ABRAHAM

Si la jungle est un redoutable ennemi pour les constructions humaines, le désert ne l'est pas moins ! Depuis l'Antiquité la plus tardive, nombre des grandes villes de Mésopotamie ont été recouvertes par le sable du désert, telles Babylone, Ninive ou Mari. Mais la plus fascinante de toutes est sans aucun doute Ur. Son nom est inscrit dans la Bible, ce fut peut-être la patrie d'Abraham, et certainement l'une des toutes premières villes créées par l'Homme, et l'une des plus puissantes aussi !

Au IIIe millénaire avant Jésus-Christ, quand les Paléo-Babyloniens en ont fait la capitale de leur puissant empire, érigeant en son cœur une ziggourat, haute tour de forme hélicoïdale dédiée au dieu Lune Nanna/Sîn qui a sans doute inspiré la fameuse tour de Babel. Mille sept cents ans plus tard, la ville désertée en raison de l'assèchement des cours d'eau alentour commence à être recouverte par les sables du désert, et l'on perd sa trace. Il faut attendre 1854 pour que le consul britannique à Bassora (actuel Irak) J.E. Taylor identifie l'étrange montagne de Tell al-Muqayyar comme étant un vestige de la ziggourat d'Ur.

Entre 1922 et 1924, les fouilles menées par l'archéologue britannique Leonard Woolley mettent au jour des centaines de tombes royales, dans lesquelles les serviteurs étaient enterrés auprès de leur souverain ; celles-ci ont livré ce qui compte parmi les plus beaux trésors de Mésopotamie que l'on peut aujourd'hui admirer au British Museum.

La ziggourat d'Ur. ▼

Plan de l'oppidum d'Alésia.

Reconstruite et restaurée, la ziggourat a depuis subi les affres de la guerre d'Irak et de combattants peu soucieux de patrimoine archéologique, mais elle continue de dominer le désert du haut de ses 30 mètres, tandis que les fouilles ont repris en 2012, évitant à la cité de retomber dans son sommeil plurimillénaire.

EN FRANCE AUSSI !

La France ne compte ni jungle ni désert, mais elle a aussi sa cité perdue ! Et depuis le XIXe siècle, l'emplacement de cette cité est l'un des objets de débat les plus virulents de l'archéologie française ! Mais où est donc située Alésia, la ville gauloise, la cité des Mandubiens, le célèbre oppidum où Vercingétorix fut vaincu par César en 52 avant Jésus-Christ ? Il faut dire que l'enjeu est de taille, car retrouver Alésia, c'est un peu se réapproprier l'un des fondements de ce qu'on considérait alors comme le début de l'histoire de France, l'origine de l'identité nationale. Rien moins que la naissance de la France, en somme !

Autant dire qu'à partir des années 1850, quand l'archéologie scientifique prend son envol, des centaines de sites postulent à ce titre de gloire. On en trouve jusqu'en Savoie, car tout repose sur l'interprétation des écrits de Jules César, et surtout de Dion Cassius, qui situe la place forte « sur le territoire des Séquanes », lui-même difficile à délimiter clairement…

En 1861, Napoléon III lance de grandes fouilles sur le site d'Alise-Sainte-Reine, sur le mont Auxois, qui livrent de très nombreux objets pouvant attester qu'il s'agit bien du lieu de la bataille. Mais l'historien et archéologue Jules Quicherat soutient quant à lui que le site ne peut se trouver qu'en Franche-Comté, et pourquoi pas à Alaise, dans le Doubs, ou à Chaux-en-Crotenay, dans le Jura ? L'empereur a beau faire ériger une statue monumentale de presque 7 mètres de haut en l'honneur du chef arverne Vercingétorix sur le site bourguignon, le duel entre les partisans des différents sites dure plus d'un siècle. Il ne s'achève définitivement qu'au début des années 2000, quand un comité d'experts tranche définitivement en faveur d'Alise-Sainte-Reine, si bien qu'un musée retraçant l'histoire de lieux, des fouilles et l'importance des mythes qui l'entourent y est inauguré en 2012. On a enfin retrouvé Alésia !

BÂTIES EN QUELQUES MOIS OU QUELQUES ANNÉES SEULEMENT POUR LOGER DES OUVRIERS, DES AVENTURIERS OU DES MINEURS MUS PAR DES RÊVES DE FORTUNE, CERTAINES VILLES ONT CONNU LEUR HEURE DE GLOIRE MAIS ONT FINI PAR SOMBRER DANS UN DÉCLIN IRRÉMÉDIABLE. AU POINT DE VOIR TOUS LEURS HABITANTS DISPARAÎTRE EN ABANDONNANT LEURS MAISONS ET LIVRANT LA VILLE AUX FANTÔMES DU PASSÉ SANS QUE LA NATURE N'Y SOIT POUR RIEN, SANS QU'AUCUNE CATASTROPHE CLIMATIQUE OU POLITIQUE NE SOIT RESPONSABLE DE LEUR DÉCHÉANCE.

À LA DÉCOUVERTE DES VILLES FANTÔMES

Les vestiges de ces cités qui furent parfois bien vivantes se transforment alors en décors de cinéma qui hantent notre imagination, car elles font figure de véritables *memento mori* architecturaux dans lesquels déambulent parfois touristes et randonneurs fascinés par ces traces de civilisations qui soulignent la fragilité des implantations humaines et de notre existence.

IL Y EN A DES MILLIERS !

La plupart ont sombré dans l'oubli, mais certaines sont célèbres car leurs noms ont souvent été à l'affiche des films américains des années 1950 et 1970, telles Calico ou Tombstone, lieu de la fameuse fusillade d'O.K. Corral en 1881. Elles évoquent la conquête de l'Ouest, les bagarres de saloon et les ambiances propres aux westerns spaghetti et aux réalisations de John Ford. Si elles ont fait les beaux jours des écrans Technicolor, elles attirent encore les touristes le temps d'un après-midi. Mais une fois les derniers autocars partis, elles retrouvent le silence des villes abandonnées. De fait, il y a aux États-Unis, davantage de villes fantômes que nulle part ailleurs ! La plupart d'entre elles ont disparu en même temps que les pionniers qui les avaient bâties, une fois la fièvre de l'or passée.

BODIE, LA PLUS CÉLÈBRE

Située à plus de 2 500 mètres d'altitude et à 100 kilomètres du lac Tahoe, Bodie est le témoin le mieux conservé de la fièvre de l'or qui s'est emparée de la Californie à la fin du XIXᵉ siècle. Fondée vers 1876, à la suite de la découverte de filons prometteurs, elle atteint très vite les 10 000 habitants au début des années 1880.

À voir les baraques posées dans cet endroit quasi désertique, on a du mal à croire que cette cité de chercheurs d'or comptait à son apogée plus de 60 saloons, des écoles, des banques, une voie de chemin de fer et une usine fonctionnant à l'électricité.

Bodie, ville fantôme, en Californie. ▲

Intérieur d'une maison à Bodie. ▶

Et les lieux de divertissements ne manquaient pas puisque son artère principale, longue de 1,5 kilomètres, abritait un théâtre, les locaux de trois journaux imprimés sur place, une salle de danse et même une piscine dont l'eau était régulièrement changée !

La raison d'être de Bodie se situait avant tout dans les centaines de mines exploitées alentour, d'où ont été extraits pour plus de 35 millions de dollars d'or et d'argent transformés en lingots dans l'une des neuf usines à proximité. Comme pour mieux coller à l'image de ce Wild West hollywoodien, Bodie abritait toute une bande de personnages peu recommandables attirés par l'or des chercheurs, ses bars, ses lupanars et autres fumeries d'opium. La violence était omniprésente et les assassinats si fréquents qu'aux États-Unis l'expression « Bad man from Bodie » est encore utilisée aujourd'hui dans le langage courant.

Cette Babylone californienne a cependant commencé à décliner moins de vingt ans après sa fondation, peu à peu désertée dès les années 1900 à la suite de la chute du cours de l'or et de l'épuisement des filons. Mais malgré deux incendies dont l'un a ravagé le centre en 1932, les derniers habitants n'ont quitté la ville qu'après la Seconde Guerre mondiale. Cette longévité relative fait de Bodie la mieux conservée des villes fantômes. Mais s'il en reste tant de vestiges, c'est aussi parce que la ville minière est devenue en 1961 le cœur du National Historic Landmark. Elle a alors été classée monument historique en tant que témoin parmi les mieux préservés de cette époque si caractéristique de l'épopée américaine.

Vue panoramique de Fordlândia. ▲

FORDLÂNDIA, LA CITÉ DE LA JUNGLE

À l'autre bout du continent, le nord du Brésil abrite un étonnant vestige de la démesure du capitalisme triomphant. En 1928, alors que l'automobile devient le symbole du rêve américain et afin de ne plus dépendre d'un approvisionnement venu de Malaisie, Henry Ford décide d'élever une véritable ville au milieu de l'Amazonie, dans l'État du Pará, afin d'exploiter directement le caoutchouc naturel essentiel à la fabrication des pneus de ses automobiles.

Destinée à devenir la plus grande plantation de caoutchouc au monde, Fordlândia est bâtie en quelques mois à grand renfort de matériel et d'ingénieurs. La nouvelle ville ne doit pas seulement être un lieu d'exploitation de matières premières, c'est aussi une véritable cité idéale, destinée à « développer cette terre merveilleuse et fertile » et organisée selon des préceptes de rationalité chers à l'industriel américain.

Golf, hôtel, bibliothèque, hôpital et habitat moderne devaient assurer le confort des contremaîtres chargés de mettre en place une organisation du travail à la hauteur du père de la Ford T. Mais la ville du caoutchouc est également conçue comme un lieu d'ordre. Prohibition de l'alcool et de la cigarette, surveillance des mœurs et police privée assurent le respect de la société puritaine et hygiéniste défendue par le milliardaire.

Le château d'eau. ▲

Cependant, Fordlândia connaît le destin de bien d'autres constructions utopiques et s'avère rapidement un échec total. Le climat extrêmement difficile de la région, la méconnaissance du milieu et de la culture indigène condamnent bien vite la ville et ont tôt de fait de rendre inutiles les installations nouvellement créées. Outre l'apparition quasi simultanée à quelques kilomètres de lieux de plaisir et de boisson, une révolte éclate dès 1930 chez les ouvriers indiens peu désireux de se voir imposer un ordre moral qui n'est pas le leur, entraînant même une intervention de l'armée brésilienne. Malgré quelques tentatives pour faire redémarrer la ville, c'est la mise au point du caoutchouc synthétique en 1945 qui clôt définitivement l'aventure de Ford au Brésil. Si quelques quartiers de Fordlândia sont vite réinvestis par les populations locales, la ville moderne d'Henry Ford, ses entrepôts et ses machines sombrent à leur tour dans le silence.

UNE STATION DE SKI EN AUSTRALIE !

Kiandra a été la ville de tous les contrastes, mariant l'or jaune et l'or blanc. Cette cité minière de la ruée vers l'or australienne, qui fut jusqu'en 1954 la plus haute ville du pays et une station de ski renommée, n'est plus aujourd'hui qu'une cité abandonnée au cœur du parc national du Kosciuszko. Située à 1 400 mètres d'altitude dans les Snowy Mountain, Kiandra est fondée par les chercheurs d'or et atteint vers 1870 près de 15 000 habitants, dont de nombreux Chinois venus y travailler.

Dès 1861, c'est pourtant une autre activité qui assure le dynamisme de la petite ville de montagne : elle devient la première et principale station de ski du pays, lieu de fondation du plus ancien club de ski du monde ! À son apogée, Kiandra ne compte pas moins de 14 hôtels et une vingtaine de pubs qui accueillent tout ce que l'Australie compte d'amateurs de sport alpin.

Skieurs à Kiandra. ▼

LA FIN DE L'OR BLANC

Avec la fin des filons aurifères et la fermeture de la dernière mine, en 1905, la ville décline, au point que le palais de justice et le commissariat sont reconvertis en hôtels en 1937. Et si on y installe la première remontée mécanique en 1957, Kiandra, pénalisée par des neiges de plus en plus incertaines, connaît aussi la fin de l'or blanc, précipitant le destin de la ville, qui est définitivement abandonnée en 1974. Ses équipements sont transférés à Selwyn Snowfield, dans un environnement plus enneigé, et de nombreux bâtiments abandonnés sont détruits peu à peu par les autorités du parc, qui ne conservent et restaurent que les plus monumentaux, tel l'ancien palais de justice.

Le cimetière abandonné de Kiandra, au cœur du parc national de Kosciuszko. ▼

HASHIMA, L'ÎLE BATEAU

Depuis 2009, il est possible, en partant du port de Nagasaki, d'emprunter un ferry pour visiter une partie de l'étrange île d'Hashima, qui était jusqu'alors interdite. Il faut dire que ce petit bout de terre de moins de 1 kilomètre carré, à la fois île et ville fantôme, sur la côte ouest de Kyūshū, a de quoi effrayer.

Aménagée à partir de 1890 par Mitsubishi pour y exploiter le gisement de charbon situé au centre et foré jusqu'à 1 000 mètres de profondeur, agrandie par des remblais artificiels, Hashima est rapidement devenue une véritable ville couverte d'immeubles et de bâtiments nécessaires aux activités minières, mais aussi à la vie des ouvriers et de leur famille. Durant la Seconde Guerre mondiale, elle fait office de prison où sont forcés de travailler un millier de prisonniers coréens et chinois, maltraités et étroitement surveillés, et dont beaucoup meurent épuisés par le travail, ou torturés suite à leurs tentatives d'évasion. Précieuse dans un pays où tout est à reconstruire, son activité repart dès 1945, au point qu'elle compte près de 5 500 habitants dans les années 1950 et figure parmi les lieux les plus densément peuplés du monde, jusqu'à la fermeture de la mine et au départ des derniers ouvriers, en 1974. Navire de béton surnommé « île cuirassée » ou « Gunkanjima », Hashima n'est plus aujourd'hui qu'un immense ensemble de tours d'habitation et de bâtiments abandonnés aux fenêtres brisées et aux balcons effondrés.

Hashima, île et ville fantôme. ▲

Inscrite au patrimoine mondial de l'humanité en tant que témoin du passé trouble du Japon durant la guerre autant que de sa révolution industrielle, cette ville fantôme et apocalyptique sert de décor pour le tournage de nombreux films.

KIJONG-DONG,LA VRAIE FAUSSE VILLE FANTÔME

Les maisons sont éclairées la nuit, les rues sont balayées... En théorie, le village nord-coréen de Kijong-dong, créé dans les années 1950 à la frontière DMZ (la zone coréenne démilitarisée), compte près de 200 habitants, une école, un hôpital et un mât géant de 160 mètres de hauteur où flotte le drapeau nord-coréen. Et pourtant !

D'après les observateurs sud-coréens qui ont pu le scruter à l'aide de jumelles très puissantes, il semblerait bien que le village modèle de Kijong-dong soit avant tout un décor de propagande sans activité aucune. Quant à ses habitants, tout laisse penser qu'il s'agit en fait de soldats déguisés ne venant assurer un semblant de vie que durant la journée, ce qui explique sans doute pourquoi aucun bâtiment n'a de vitres aux fenêtres !

TOUTES LES CIVILISATIONS SONT MORTELLES, C'EST CE QUE NOUS RAPPELLENT LA POIGNÉE DE CITÉS ENSEVELIES OU SUBMERGÉES QUE COMPTE LE MONDE. SI LA PLUS CÉLÈBRE D'ENTRE ELLES EST POMPÉI, D'AUTRES VILLES ONT ÉGALEMENT SUBI LES COLÈRES D'UNE NATURE QUI PROVOQUE DES CATACLYSMES RENVOYANT L'HOMME À SA GRANDE VULNÉRABILITÉ.

À LA RECHERCHE DES CITÉS PERDUES

Certaines catastrophes sont particulièrement bien documentées, d'autres demeurent plus mystérieuses. Si pour leurs habitants ces événements ont été dramatiques, pour les historiens et les archéologues, ils constituent une véritable aubaine. À Pompéi, Herculanum ou Akrotiri, dans les Cyclades, le temps s'est comme arrêté.

La villa des Mystères, Pompéi, Italie. ▼

▲ Le site archéologique de Pompéi, classé au patrimoine mondial de l'Unesco, Italie.

POMPÉI ET HERCULANUM, VICTIMES DU VÉSUVE

La légende de Pompéi repose sur un site exceptionnel mais aussi sur un témoignage inestimable. La catastrophe nous est décrite par un témoin de l'époque, Pline le Jeune, en voyage en Campanie accompagné de son oncle Pline l'Ancien en ces funestes journées de la fin de l'été de l'an 79 de notre ère, début du règne de l'empereur Titus.

Il est alors âgé de 17 ans et racontera le terrible spectacle et la perte de son oncle à l'historien Tacite dans deux lettres qui fournissent une chronologie assez précise de l'événement.

L'éruption débute au matin du 24 août par de faibles explosions, mais elle prend de l'ampleur vers 13 heures : une, très violente, projette à plusieurs dizaines de kilomètres d'altitude des roches, des cendres et des gaz sous forme d'immenses pins parasols. Cette phase sera dite « plinienne » d'après le nom de ces deux infortunés voyageurs. Peu après, c'est une autre explosion, plus basse, qui dévale les flancs du volcan pour fondre sur les cités de Pompéi et d'Herculanum. Ce jet plus lourd et plus dense est la nuée ardente qui va brûler les habitants de Pompéi.

▲ Plâtre du corps d'un homme à l'intérieur du macellum (marché), Pompéi, Italie.

Pendant plusieurs jours, les pierres ponces et les cendres vont recouvrir les cités des flancs du volcan et les emprisonner dans un sarcophage de roches qui ne sera percé que près de mille six cents ans plus tard. Mais Pline le Jeune, qui a écrit son récit de l'événement plus de vingt ans après les faits, s'est peut-être trompé de date : différents indices retrouvés lors des fouilles situeraient la catastrophe au mois d'octobre, comme en témoignent les jarres de vin tout juste scellées ou les tuniques des victimes retrouvées dans la cendre, un peu trop épaisses pour l'été.

Les sites de Pompéi et de sa petite sœur Herculanum sont saisissants par leurs dimensions, mais ce sont surtout des traces inestimables de la vie des hommes de l'Antiquité romaine. Loin de la Rome de marbre que l'on s'imagine souvent, Pompéi nous dévoile la vie quotidienne des habitants de ces opulentes cités de Campanie, avec leurs théâtres, leur forum et surtout leurs maisons, *villae* et *insulae*, l'ingénieux système de plots en basalte qui permettait aux piétons de traverser la rue sans se salir, ces villes ne possédant pas d'égout.

Au-delà des mosaïques présentes dans tout le bassin méditerranéen, les fouilles ont mis au jour de superbes maisons avec toute une variété de décors en trompe l'œil en couleurs, et notamment ce rouge pompéien qui va tant inspirer les artistes du XIXe siècle. Après les fouilles entreprises par le roi de Naples au milieu du XVIIIe siècle, la mode sera à l'Antiquité, c'est le début du néoclassicisme.

Ruines d'Herculanum, Naples, Italie. ▼

Une ruelle d'Herculanum, Naples, Italie. ▲

On découvre alors des villes figées. On retrouve des cordages, des pains encore dans le four, mais le plus saisissant sans doute est l'empreinte des victimes de cette terrible journée restée imprimée dans la roche. Il a suffi de remplir de plâtre les cavités laissées par les corps pour révéler les postures et les attitudes de ces pauvres habitants. À Pompéi, les victimes ont agonisé dans une lente asphyxie provoquée par les poussières et les cendres. À Herculanum, au contraire, la mort à travers cette nuée ardente a saisi et brûlé les corps en une fraction de seconde.

AKROTIRI ET LE MYTHE DE L'ATLANTIDE

On a pour habitude de surnommer la cité d'Akrotiri, sur l'île de Santorin, dans les Cyclades, la Pompéi grecque. Le site est cependant beaucoup plus modeste que son homologue italienne, mais le mystère qui l'entoure est beaucoup plus épais. Près de dix-sept siècles avant Pompéi, pendant l'âge de bronze, une immense éruption provoque l'effondrement du volcan de Santorin sous la forme d'une énorme caldeira. Une partie de la ville sombre dans les flots, tandis que l'autre est recouverte de cendres qui vont protéger pendant trois millénaires des fresques comptant parmi les seules traces qu'a laissées la civilisation minoenne.

On sait peu de chose sur ces peuples qui occupaient la Crète et les Cyclades avant les Grecs, tout juste qu'ils vivaient groupés autour de palais, étaient de bons marins et commerçaient avec l'Égypte, à laquelle ils ont d'ailleurs emprunté les codes de représentation du corps humain : des figures de profil à la peau ocre. Le site laisse beaucoup de questions en suspens : contre toute attente, on n'y a pas trouvé de corps ni d'objets. Peut-être ses habitants ont-ils eu le temps de fuir lors des tremblements de terre qui ont précédé le cataclysme ? À moins qu'ils aient été emportés par le terrible tsunami qui a touché toute la Méditerranée orientale ? Tsunami, guerres intestines, attaques des Grecs descendus du nord ayant profité d'un moment de faiblesse ? Peut-être ces phénomènes se sont-ils combinés pour provoquer la chute d'une civilisation qui a certainement inspiré l'Atlantide, cette île peuplée de brillants navigateurs et bâtisseurs décrite par Platon et qui fut punie par Zeus pour son impiété et engloutie par les flots…

Fresque représentant ▲
deux jeunes boxeurs, Akrotiri, Grèce.

Le village d'Imerovigli, perché sur le rebord ▼
du cratère, sur l'île de Santorin, en Grèce.

Vue sur la baie de Saint-Pierre et la montagne Pelée, Martinique. ▲

La destruction de Saint-Pierre après l'éruption de la montagne Pelée, le 8 mai 1902. ▶

SAINT-PIERRE DE LA MARTINIQUE, LE PETIT PARIS DES ANTILLES

L'éruption de la montagne Pelée en 1902, dans le nord de la Martinique, est une des plus grandes catastrophes naturelles de l'histoire de France et des Antilles. Et si son déclenchement est naturel, les responsabilités sont bel et bien humaines. Après plusieurs jours d'activité en grande partie dissimulée par les autorités, une nuée ardente brûle littéralement la ville de Saint-Pierre et ses 30 000 habitants, provoquant un brasier qui va se consumer trois jours durant.

Saint-Pierre était pourtant une cité paisible, d'une opulence presque insolente. Surnommée le « petit Paris des Antilles », c'est alors la véritable capitale de l'île, accrochée aux pentes fertiles du volcan et protégée par sa superbe rade. Elle possède sa cathédrale, son port, les seuls lampadaires électriques de toute la Caraïbe, un tramway tiré par un cheval, et surtout le siège de onze des quinze journaux martiniquais, dont les unes des premiers jours de mai sont en réalité le décompte funeste des derniers jours de la ville. Les 2 et 3 mai, les premières fumées apparaissent, mais pour les autorités, il ne faut point s'alarmer.

On est en pleines élections législatives. Fernand Clerc, le candidat de l'Alliance républicaine, est au coude-à-coude avec le radical-socialiste Louis Percin, et le deuxième tour est fixé au 11 mai. Pourtant la population s'inquiète et va à confesse. Le 4, c'est la panique quand l'usine Guérin est détruite par une coulée de boue. Mais le gouverneur, arrivé par bateau le 7 mai, interdit toute évacuation. C'est justement le lendemain, à la fin de la messe, à 8 h 02 précisément, que le volcan explose et jette son nuage de mort sur la ville martyre. On ne compte qu'une poignée de survivants, dont le cordonnier et un ouvrier agricole âgé de 27 ans, Louis-Auguste Cyparis, qui ne doit son salut qu'aux murs épais de la prison où il avait été incarcéré en état d'ébriété. Il deviendra une célébrité, notamment aux États-Unis, en rejoignant la troupe du cirque Barnum and Bailey, où il est présenté comme le seul homme qui a « survécu au Jugement dernier » !

Voilà plus de cent ans que le drame s'est déroulé. Mais si le calme est revenu, et si Saint-Pierre occupe encore une place centrale dans l'imaginaire des Martiniquais, ce n'est plus désormais qu'une petite bourgade de 2 000 habitants qui ne retrouvera jamais sa splendeur d'antan. Beaucoup de légendes circulent encore aujourd'hui sur la ville chez les anciens comme chez les plus jeunes. Elle aurait été maudite à cause d'un blasphème. Des habitants auraient commis l'irréparable : ils auraient singé les prophètes et endossé les vêtements de l'évêque pour le carnaval peu avant l'éruption…

HÉRACLÉION ET CANOPE SOUS LES EAUX

L'Égypte est trop souvent réduite à ses pyramides, à la vallée des Rois et à ses pharaons. Au IVe siècle avant notre ère, pourtant, une autre Égypte prend son essor : celle du delta du Nil et de son littoral. La cité la plus célèbre n'est autre qu'Alexandrie, fondée par Alexandre le Grand, dont elle abritait le tombeau ainsi que la légendaire Grande Bibliothèque et le phare qui comptait parmi les Sept Merveilles du monde antique. Mais les souverains qui prennent la suite, les Lagides, ne sont plus tout à fait pharaons et encore moins égyptiens. Cléopâtre est en réalité une Gréco-Macédonienne appartenant à une dynastie et une population coloniale qui fonde de nombreuses cités grecques dans ce delta reliant la vallée la plus fertile et la plus prospère de Méditerranée avec le seul univers qui sied aux Grecs : la mer.

À la suite d'un séisme, deux de ces cités sont submergées au VIIIe siècle dans la baie d'Aboukir : Héracléion et Canope. Décrites par les auteurs antiques et mentionnées sur les nombreuses stèles redécouvertes à la suite de la mission française en Égypte, ces petites sœurs d'Alexandrie ne sont localisées respectivement qu'en 1997 et en 2000.

Quand les archéologues sous-marins, sous la direction de Franck Goddio, explorent les fonds marins, ils découvrent un spectacle saisissant : des statues de pharaons en bronze ou en gneiss, une tête de prêtre scarifié en grès qui n'a rien perdu de sa gravité ni de son hiératisme en près de 2 500 ans.

Les archéologues ont remonté un à un, non sans une certaine émotion, les objets des mystères d'Osiris, une grande fête religieuse célébrée dans toute l'Égypte mais particulièrement vivace sur ces deux sites. Une procession de navires partait tous les ans du temple d'Amon à Héracléion pour le sanctuaire de cette divinité majeure de l'Égypte ancienne situé à Canope. Des sables des profondeurs marines ont été extraits des statuettes du dieu et différentes offrandes : de petites boîtes, des braseros, des barques votives – véritables maquettes en plomb des navires qui participaient à cette procession nautique. On a retrouvé également une barque en bois de 11 mètres de long et, surtout, une stèle noire de 2 mètres en parfait état. Par chance, la face gravée de hiéroglyphes est restée contre le sable et a ainsi été protégée des courants marins. Elle comporte deux mots : Thônis et Héracléion, les noms égyptien et grec de la même ville.

Cette découverte permet ainsi de lever le voile sur une énigme vieille de deux mille ans : la célèbre ville de Thônis, citée par les Anciens, n'est autre que l'Héracléion mentionnée par l'historien grec qu'était Hérodote.

Tête du dieu Sérapis, avec un calathos.

DEPUIS LES ANNÉES 1990, DES AUDACIEUX LASSÉS DE LA SPÉLÉOLOGIE OU DE LA RANDONNÉE EN MONTAGNE SE SONT FAIT LES SPÉCIALISTES DE L'URBEX (POUR « EXPLORATION URBAINE ») : LA VISITE DES LIEUX ABANDONNÉS À L'INTÉRIEUR MÊME DE NOS VILLES OU AUX ALENTOURS.

FIGÉS dans le temps

Usines, stations de métro désaffectées, souterrains oubliés ou hôpitaux abandonnés sont légion et se trouvent parfois au coin de notre rue. Frisson garanti et exploit sportif sont au rendez-vous quand il s'agit de pénétrer dans ces lieux pour la plupart interdits au public et souvent dangereux.

Mais l'adrénaline et le goût de l'aventure sont les plus forts. Ces ruines insolites réservent des surprises et dégagent parfois une sorte de poésie empreinte de nostalgie pour qui aime imaginer la vie disparue dans les décombres et se laisse envahir par l'étrange atmosphère qui émerge du silence.

Les ouvriers devant le chantier de la maison du Parti communiste bulgare, en 1977. ▲

UN OVNI COMMUNISTE

Spécialistes des réalisations démesurées destinées à nourrir la propagande, les Soviétiques ont conçu nombre de bâtiments de prestige aujourd'hui abandonnés, victimes de leur dimension idéologique, de leur architecture « brutaliste », de leur entretien coûteux ou, plus simplement, de leur inutilité dans le monde de l'après guerre froide.

Certaines de ces réalisations étaient pourtant d'une grande originalité architecturale. C'est le cas de l'ancienne maison du Parti communiste bulgare, une salle des congrès que l'on a parfois qualifiée de « bateau amiral de l'architecture totalitaire en Europe ». Située au sommet de la Bouzloudja, une montagne haute de 1 440 mètres qui fut à la fois le lieu du dernier grand affrontement entre Bulgares et Turcs

Vue aérienne de la Bouzloudja, bâtiment communiste abandonné dans les montagnes des Balkans, en Bulgarie.

La faucille et le marteau : emblèmes communistes au centre du monument.

en 1868 et celui des rencontres secrètes des premiers socialistes de ce pays à la fin du XIXe siècle. Inaugurée en 1981, elle fut pourtant abandonnée à peine huit ans plus tard, à la chute du régime soviétique.

La maison du Parti communiste bulgare a néanmoins de quoi impressionner. Rien n'est plus étrange et insolite que cette construction délirante au milieu de la chaîne des Balkans. Il a fallu sept ans de travaux, 75 000 tonnes de béton et l'emploi de dizaines d'artistes pour achever ce monument en forme de soucoupe volante. Le revêtement extérieur de l'immense coupole, constitué de 30 tonnes de cuivre, a aujourd'hui disparu, tandis que la tour située à côté demeure, ornée d'une gigantesque étoile rouge visible par temps clair depuis la Roumanie et la Grèce !

Celui qui ose pénétrer à l'intérieur de l'édifice peut admirer le sol de marbre blanc et l'immense auditorium. Il peut aussi arpenter les couloirs ornés de peintures et observer les grands panneaux de mosaïques qui retracent l'histoire de la Bulgarie et du communisme. À la lueur des torches, on peut enfin découvrir çà et là de grands portraits de Marx, Engels et Lénine, ou des scènes mettant en avant les partisans communistes.

Mais la visite n'est pas sans risques, car certaines parties du bâtiment s'affaissent tandis que des poutres métalliques cèdent sous le poids de la rouille. Et si de récentes campagnes de mobilisation lancées par l'Unesco ou certaines ONG tentent de sauver cet édifice qui s'effondre peu à peu, l'ampleur des moyens à mettre en œuvre et le peu d'intérêt que les Bulgares lui portent le condamnent presque certainement à disparaître.

DETROIT EN FAILLITE

Si la fin de l'URSS a conduit à l'abandon de bien des lieux symboliques du monde socialiste, aux États-Unis, c'est la difficile reconversion de l'industrie automobile qui a mené à la chute de la ville de Detroit, dans le Michigan. Autrefois capitale de l'automobile et cité emblématique de ce que l'on appelait la Manufacturing Belt (ceinture des usines), Detroit était le berceau des « Big Tree », Ford, General Motors et Chrysler. Mais la crise du début des années 1970 et

L'usine automobile Packard à Detroit. ▲

la concurrence japonaise ont peu à peu condamné la ville à la faillite. Elle incarne aujourd'hui la déchéance de cette région rebaptisée la Rust Belt (ceinture de la rouille) avec la crise, car la capitale industrielle était aussi une cité profondément inégalitaire et violente. Polluée, touchée par la pauvreté et divisée par de très fortes tensions sociales et raciales qui ont conduit aux graves émeutes urbaines de 1967, la « Motors City » a vu sa population blanche fuir en masse, passant de 2 millions d'habitants en 1950 à moins de 700 000 aujourd'hui. Elle est ainsi devenue le symbole de la déshérence urbaine et la ville la plus dangereuse des États-Unis… jusqu'à sa mise en faillite en 2017 !

UNE VILLE À L'ABANDON

Outre les usines et les grands bâtiments publics abandonnés, de nombreux quartiers se sont vidés de leur population et de leurs commerces, tandis que le vieillissement des infrastructures a multiplié les pénuries d'eau et d'électricité. 40 % de l'éclairage public n'est plus assuré, la police met en moyenne cinquante-huit minutes pour intervenir, et la nature repousse sous le bitume, donnant naissance à des paysages urbains surréalistes qui font désormais la joie des artistes et des amateurs d'urbex.

La ville compte ainsi plus de 80 000 bâtiments abandonnés, dont certains figuraient parmi les plus prestigieux de la cité. L'immense Michigan Central Station, la gare principale de la ville, a vu le dernier train quitter ses quais en 1988. Gigantesque, ce bâtiment construit en 1913 et classé à l'inventaire des monuments historiques américains, offrait 46 000 mètres carrés de surface sur 18 étages, dont une salle d'attente en marbre aux décors inspirés par les thermes romains !

À quelques centaines de mètres de là s'alignent les villas vides, parfois de style Art nouveau, envahies d'herbes et de broussailles, qui attendent d'être démolies car leurs propriétaires ont été victimes de la crise des *subprimes* et que personne n'a les moyens ni l'envie de les leur racheter. À son apogée à l'époque Art déco, la ville possédait un patrimoine architectural considérable, mais même les lieux les plus luxueux n'ont pas résisté à la crise : la grande agence de la Banque nationale de Detroit, le théâtre Michigan et les grands hôtels comme le Lee Plazza et le Fort Shelby, ou encore le Detroit Vanity Ballroom, où se sont produits les plus grands musiciens américains, sont désormais laissés aux squatteurs.

Les bâtiments publics ne sont pas en reste, puisque nombre d'écoles, de salles de sport, de bibliothèques et même d'églises ont été abandonnées telles quelles, rayonnages et mobilier encore en place, créant la sensation d'être dans un décor de films apocalyptiques.

Maisons abandonnées dans une rue de Detroit. ▼

Démolition des ruines du parc d'attractions Wonderland en Chine.

DES PARCS D'ATTRACTIONS SANS VISITEURS

Parmi les lieux abandonnés, certains sont plus effrayants que d'autres. On peut ainsi évoquer les anciens hôpitaux, sanatoriums et autres centres psychiatriques, souvent gigantesques. Leur taille, leur sinistre réputation, leur histoire tragique et leur conception particulière en font des lieux difficiles à réhabiliter. C'est pourquoi beaucoup d'entre eux demeurent longtemps à l'abandon avant qu'on se décide enfin à les démolir, à moins que des promoteurs audacieux prennent le risque de leur donner une nouvelle vie. Il est en revanche bien difficile de recycler un parc d'attractions !

Coûteux à entretenir, ces immenses parcs de jeux font parfois faillite à la suite d'accidents mortels ou de catastrophes climatiques sans que leurs propriétaires n'aient les moyens de les démonter. Ils donnent alors naissance à de véritables parcs fantômes dignes de films fantastiques et de séries B.

Pays des tremblements de terre et des excentricités les plus folles, le Japon est aussi criblé de lieux abandonnés, et ses habitants utilisent aujourd'hui le même mot pour parler des ruines et de l'exploration urbaine : *haikyo*. Le Japon a donné naissance à des dizaines de parcs à thème farfelus qui n'ont pas vraiment rencontré le succès ! C'est le cas du Western Village, à deux heures de Tokyo, qui reproduit l'univers du Far West américain et où l'on peut même admirer une copie du mont Rushmore, mais qui a fermé dans les années 1990. Il y a aussi le parc chinois d'Hokkaido, fermé depuis 1999, ou encore le village russe d'Akita, qui semble désormais vraiment perdu dans la toundra ! Parmi les plus étonnants, on peut évoquer le Gulliver Kingdom de Yamanashi. S'il offrait une vue imprenable sur le mont Fuji, ce parc a fermé en 2001, après seulement quatre années d'existence. Il a depuis été en partie démoli ; il ne reste que d'immenses personnages, des têtes géantes et des maisons à colombages entourés d'une ville de carton-pâte évoquant l'univers des *Voyages de Gulliver*, écrit par Jonathan Swift en 1701. Plus à l'est mais toujours en Asie, l'un des parcs abandonnés les plus insolites est le Wonderland chinois. Situé à une trentaine de kilomètres de Pékin, il devait s'étendre sur 49 hectares et être le plus grand parc d'attractions d'Asie. Mais suite à des problèmes financiers et à des conflits avec les autorités locales, les travaux ont dû s'arrêter net en 1998. Il ne reste aujourd'hui qu'un immense château de béton en ruine, tel celui de la *Belle au bois dormant*, émergeant au milieu des champs cultivés.

Western Village. ▲

PARC AUX FANTÔMES

L'Europe n'est pas en reste. Et si le parc Astérix et Disneyland Paris sont bien vivants, ils sont encore loin d'avoir vécu aussi longtemps que le fameux Spreepark de Berlin, qui fut une véritable institution !

Ouvert en 1969 sous le nom de Kulturpark, il était l'un des rares parcs d'attractions de l'ancienne RDA et est resté le seul à Berlin après la réunification. Alors qu'il accueillait encore près de deux millions de visiteurs par an dans les années 1980, il n'a pas su évoluer et a dû fermer ses portes en 2002. Mais, abandonné, celui-ci a pris une allure si inquiétante qu'il a provoqué un regain d'intérêt et attire à nouveau les foules ! En payant le même prix que lorsque le parc fonctionnait, les visiteurs en quête de sensations fortes peuvent ainsi déambuler au milieu des manèges en ruine. Son immense roue rouillée qui domine la région à 45 mètres de haut, ses peintures multicolores délavées en font aussi un formidable décor de films d'horreur, si bien qu'il a servi depuis à de nombreux tournages !

◂ Grande roue du parc d'attractions Kulturpark à Berlin.

DES STATIONS SANS MÉTRO

Chaque grande métropole équipée d'un réseau de métros possède ses stations abandonnées ! À New York, on connaît entre autres la très élégante City Hall, sur la ligne 6, de style néo-roman, qui est fermée depuis 1945. À Londres, la station de Down Street n'a pas vu de train longer ses quais depuis 1932 mais a servi de lieu de réunion secrète à Churchill durant la Seconde Guerre mondiale. Berlin en possède de très nombreuses, car le réseau de la ville a été divisé après la création du mur, en 1961. Paris en compte une dizaine sur les 300 en service, dont Croix-Rouge, sur la ligne 10, qui fut fermée en 1939 et n'a jamais rouvert, tout comme Porte-des-Lilas qui n'a plus vu de véritables voyageurs depuis 1939 mais que vous avez sûrement aperçue à l'écran, car la RATP loue régulièrement cette « station cinéma » pour les tournages.

▲ Croix-Rouge, station fantôme sur la ligne 10 du métro parisien.

À L'HEURE OÙ LES SATELLITES ENCOMBRENT L'ESPACE ET PEUVENT PHOTOGRAPHIER LA MOINDRE PARCELLE VISIBLE, ON POURRAIT PENSER QUE LA TERRE A ÉTÉ EXPLORÉE DANS SES MOINDRES RECOINS, QU'ELLE EST DEVENUE SANS SURPRISE, EN SOMME. MAIS IL N'EN EST RIEN ! IL RESTE AU CONTRAIRE ENCORE DES ENDROITS INEXPLORÉS, DES TERRES VIERGES DE PRÉSENCE HUMAINE OU INCONNUES DE LA GRANDE MAJORITÉ DES HOMMES. CERTAINS SCIENTIFIQUES ESTIMENT MÊME QUE 17 % DES TERRES DE LA PLANÈTE RESTENT À EXPLORER, ET QUE CE CHIFFRE S'ÉLÈVE À 90 % POUR LES SURFACES SOUTERRAINES, SANS PARLER DES FONDS MARINS, QUI RESTENT LARGEMENT MÉCONNUS ET INACCESSIBLES.

SAUTS DANS L'INCONNU

L'époque où Louis XIV se perdait en forêt de Saint-Germain est depuis longtemps révolue, mais il existe encore des espaces forestiers que l'Homme n'a jamais foulés ! Inextricables, gigantesques, démesurées, aux quatre coins du monde, certaines forêts ont conservé leur mystère. Parmi elles, les jungles de Bornéo et de Birmanie, une partie de la forêt tropicale du Congo, le Makay à Madagascar et, bien sûr, la plus grande partie de l'Amazonie.

▲ Forêt tropicale amazonienne, Manaus, Brésil.

PERDUS DANS LA JUNGLE

Étendue sur neuf pays, l'Amazonie constitue à elle seule plus de la moitié de la surface de forêts tropicales du monde, soit près de onze fois la France. Aussi redoutable soit-elle, la jungle amazonienne n'est néanmoins pas exempte de présence humaine. Au Brésil, 2 000 individus, appartenant à quatorze tribus, vivraient par exemple à l'écart du monde, dans la vallée de Javari, à la frontière avec le Pérou. Interdit d'accès, cet endroit n'est surveillé par les autorités que par avion. Mais bien d'autres petits groupes humains se partagent cet immense territoire qu'ils sont les seuls à savoir maîtriser.

Comme les autres grandes forêts tropicales, le poumon vert de la planète est d'une richesse biologique inégalée. Elle concentrerait 10 % des espèces animales connues, et nombreuses sont celles qui restent à découvrir. Mais paradoxalement, il s'agit aussi d'une forêt menacée. Riche en ressources naturelles, elle suscite en effet la convoitise des grands groupes industriels, qui exploitent son sous-sol, coupent ses arbres, créent de grandes exploitations agricoles et l'attaquent à coups de bulldozer, repoussant d'autant le « front pionnier ». Chaque année, l'on défriche près de 30 000 kilomètres carrés de forêt, anéantissant les espèces qui y vivent et condamnant les populations indigènes, maltraitées et dépossédées, à voir disparaître leur mode de vie ancestral.

AVIS DE RECHERCHE

Des dizaines de scientifiques et d'aventuriers ont disparu dans la jungle en tentant d'en percer le mystère. Parmi eux, le fameux Percy Fawcett, parti en 1925 dans l'Amazonie brésilienne à la recherche de la mythique cité de « Z » et qui aurait été tué par les Indiens Kalapalo. On peut aussi évoquer le cas célèbre de Michael Rockefeller, disparu en 1961, et que l'on n'a jamais retrouvé malgré les énormes moyens mis en œuvre. Fils cadet du vice-président américain Nelson Rockefeller, ce membre de la richissime famille de milliardaires était féru d'anthropologie et était parti collecter des armes et des objets traditionnels chez les Indiens Asmat pour organiser une exposition aux États-Unis. Redoutables chasseurs, ces derniers n'ont peut-être pas apprécié son entreprise…

▲ Indiens isolés au Brésil, près de la frontière péruvienne.

Couverture de Raymond Maufrais, *Aventures en Guyane*, Julliard, Paris, 1952. ▶

En 1950, on perd aussi la trace du Toulousain Raymond Maufrais, parti en Guyane explorer la forêt amazonienne. Si l'on a retrouvé ses carnets et d'autres effets personnels, on ne saura jamais ce qui est arrivé à ce jeune Français gagné par ses rêves d'ailleurs.

INEXPLORÉS MAIS SACRÉS

Si le plus haut sommet du monde a été vaincu en 1953 par Edmund Hillary et si la plupart des hautes montagnes sont désormais de véritables autoroutes pour les alpinistes du monde entier, certaines d'entre elles demeurent encore vierges. Ou quasiment. Certaines se situent au Canada et en Amérique du Sud, mais la majorité des montagnes inexplorées se trouvent en Asie. En particulier au Tibet, où rien que dans la chaîne de Nyainqêntanglha, longue de 600 kilomètres, on compte 164 sommets de plus de 6 000 mètres, dont 159 demeurent inviolés, parmi lesquels le Gangkhar Puensum, (7 570 mètres), plus haute montagne non vaincue par l'homme, suivi du Labuche Kang Est (7 250 mètres) et du Karjiang (7 221 mètres).

Ces massifs demeurés très difficiles d'accès sont aussi situés dans une région éminemment stratégique. Les versants chinois sont ainsi sous étroite surveillance de l'Armée populaire, tandis que le Bhoutan a interdit leur ascension depuis 2003 en raison de leur dimension sacrée pour les populations locales.

Le Labuche Kang Est (7 250 mètres), situé sur le bord de l'Himalaya au Tibet. ▲

Vue aérienne de l'île de North Sentinel. ▲

INTERDICTION D'ENTRER !

Il existe plus de 450 000 îles sur notre planète. Mais si beaucoup d'entre elles, à l'instar de Clipperton – aux confins du Pacifique et la plus isolée du monde – sont inhabitées, rares sont celles où il est interdit de se rendre. C'est pourtant le cas de North Sentinel, dans le golfe du Bengale, où vivrait la dernière tribu totalement coupée du monde moderne. Ce territoire interdit fait partie des îles Andaman et n'occupe qu'une superficie de 72 kilomètres carrés mais est considéré comme souverain, sous la protection de l'Inde. Isolés depuis des millénaires et refusant tout contact avec d'autres populations, ses habitants n'hésitent pas à tuer quiconque désire s'approcher. Plusieurs pêcheurs égarés, et plus récemment un missionnaire illuminé, en ont fait les frais en recevant pour prix de leur audace une pluie de flèches mortelles. Mais les féroces guerriers sentinelles, qui vivent de la chasse et de la cueillette, sont aussi très vulnérables. Ils ne sont en effet probablement qu'une grosse centaine à vivre sur cet îlot préservé. La consanguinité, leur sensibilité extrême aux maladies venues de l'extérieur ou les catastrophes naturelles, tel le tsunami de 2004, en font une population fragile et à l'avenir incertain.

Bien que l'île de Queimada Grande soit située à peine à 35 kilomètres de São Paulo, elle est également interdite à tous, sauf aux herpétologues ! De fait, les habitants de Queimada sont eux aussi très dangereux : il s'agit de jararaca-ilhoa (ou trigonocéphales insulaires), une espèce de serpents dont le venin est l'un des plus puissants du monde et tue en moins d'une heure. Il y en aurait plus d'un par mètre carré sur Queimada Grande, ce qui en fait un lieu hautement inhabitable et lui vaut le surnom bien mérité d'île aux Serpents.

▲ Le jararaca-ilhoa, un des serpents les plus dangereux du monde.

L'île de Queimada Grande, surnommée « l'île aux Serpents ». ▲

AUX CONFINS DES OCÉANS

Les océans recouvrent plus de 70 % de la surface du globe, et si la navigation en surface n'a plus de mystères pour l'homme, les fonds marins, eux, restent largement inconnus. En réalité, on connaît mieux le sol de la Lune que celui des océans ! Ainsi, seulement 10 % des fonds marins au-delà de 200 mètres sont cartographiés, on ignore même encore la profondeur réelle de certaines fosses marines. Il faut dire qu'il s'agit de surfaces immenses soumises à des contraintes que l'homme maîtrise encore mal. À 150 mètres sous la surface, 99 % de la lumière terrestre est déjà absorbée, c'est le domaine de la nuit et des animaux marins. Un domaine où il faut disposer d'équipements extrêmement coûteux et complexes ainsi que d'un sacré goût pour l'aventure. On n'a ainsi répertorié que 275 000 espèces marines alors qu'il y en aurait près de 4 à 5 millions et qu'on en découvre plus de 150 par an. Il a ainsi fallu attendre les années 1970 pour découvrir qu'il existe une vie dans les abysses, là où la pression est plus de mille fois supérieure à celle de la surface. Mais si la biodiversité marine est méconnue, les sous-sols des océans le sont encore davantage. Alors que les terres rares sont en surface l'apanage de quelques pays et que certaines ressources commencent à manquer, les fonds marins en regorgent.

Rien que dans le Pacifique Nord, il y aurait selon l'IFREMER (l'Institut français de recherche pour l'exploitation de la mer) 6 000 fois plus de cobalt, thallium, manganèse et nickel que sur la terre ferme. Quant au pétrole off shore, il représente déjà 30 % de la production mondiale. Si ces ressources peuvent être une chance pour l'homme, leur exploitation met cependant en danger des espaces pour le moins fragiles.

Car avant même d'être connus, les fonds marins sont déjà menacés : la surpêche détruit les écosystèmes, tandis que certains chalutiers peuvent envoyer leurs filets racler et détruire les sols à plus de 1 800 mètres de profondeur, des millions de tonnes de plastique sont jetées dans la mer, en même temps que de nombreux produits toxiques et autres matières radioactives...

◂ Un poisson-football, uniquement présent dans les abysses.

Les salles souterraines du massif karstique de Mulu, ▲
à Sarawak, en Malaisie, sur l'île de Bornéo.

DANS LES GALERIES

S'il y a un monde largement inconnu sur la Terre, c'est celui qui se cache dans ses entrailles. Les grottes et les cavernes où les explorateurs sont avant tout des spéléologues constituent un espace dangereux mais fascinant. Pour approcher du plus grand des réseaux souterrains, il faut se rendre à Sarawak, l'un des deux États de Malaisie orientale, sur l'île de Bornéo. Le massif karstique de Mulu cache en effet les salles souterraines les plus vastes du monde. La majeure partie d'entre elles, couvrant une superficie de plus de 170 kilomètres carrés, pourraient accueillir la tour Eiffel ! Mais si cet ensemble fascine, il est aussi complexe à visiter, si bien que moins de la moitié des grottes ont été explorées. En Patagonie, les îles de Madre de Dios et de Diego de Almagro dissimulent elles aussi de vastes grottes encore vierges de tout passage humain. Battues par les vents, exposées à des conditions climatiques extrêmement rudes, elles fondent littéralement de plusieurs millimètres par an, si bien qu'elles sont surnommées les « glaciers de marbre ». Même le sous-sol français réserve des surprises ! En 2017, des spéléologues ont ainsi découvert une grotte longue de 22 kilomètres, la Falconette, dans l'Ain.

BIENVENUE AU CLUB DES EXPLORATEURS

Le Club des explorateurs de Paris (ou Société des explorateurs français), né en 1937, est à lui tout seul la preuve qu'il existe encore des terres inconnues. Ses membres sont célèbres pour avoir gravi les plus hautes montagnes, parcouru le Sahara, exploré les pôles ou les vallées tibétaines… Ils ont pour noms Paul Coze, Maurice Herzog, Théodore Monod, Paul-Émile Victor ou Alexandra David-Néel… Celui de New York compte actuellement des personnalités telles qu'Elon Musk, ou Jeff Bezos, deux milliardaires qui se consacrent à repousser les limites de l'exploration spatiale, ou encore Edith Walter, qui continue d'explorer les abysses.

Les grottes de marbre en Patagonie. ▼

- 4 -

RÉSERVÉS AUX INITIÉS

Des mystères de la secte des assassins au club des Sans-Nez, des fameuses triades chinoises aux adeptes des cultes à mystère de l'Antiquité, il a toujours existé des groupes occultes et autres sectes désireuses de pratiquer leurs activités à l'abri des regards. Certains lieux, moins inquiétants, demeurent tout aussi difficiles d'accès, soit parce qu'ils sont considérés comme sacrés, à l'instar des sanctuaires les plus importants, soit plus simplement parce que ce qui s'y déroule doit rester à l'abri des regards, à l'image des célèbres maisons closes parisiennes des Années folles qui dissimulaient derrière leurs façades souvent anodines des temples de l'érotisme et de l'exotisme !

Pourtant, nul n'attire autant le regard que celui qui cherche à s'y dérober ! Si bien que quels que soient leurs raisons et desseins, on prête à ceux qui se regroupent en ces lieux mystérieux toutes sortes d'influences. Les secrets des clubs et des sociétés secrètes font couler beaucoup d'encre, et les amateurs de théories du complot leur prêtent le plus souvent bien davantage que ce qu'ils méritent, leur attribuant volontiers des pouvoirs occultes qui dépassent de loin la réalité, quand il ne s'agit pas de pure invention.

Il faut dire que les initiés de tous bords, qu'ils soient millionnaires ou prêtres, étudiants ou amateurs de choses rares, partagent un puissant goût des symboles et des rituels. Car rien n'est plus efficace que de cultiver les codes et les rites de passage pour mieux se distinguer et se protéger du monde. Et si ces pratiques peuvent paraître étranges au commun des mortels, elles prennent tout leur sens pour ceux qui savent les déchiffrer…

Détail d'un temple de Khajurâho, ▸ dans le Madhya Pradesh, en Inde.

LE TERME DE « SANCTUAIRE », COMME CELUI DE « TEMPLUM » POUR LES ROMAINS, RENVOIE À LA DÉLIMITATION D'UN ESPACE TERRESTRE DÉDIÉ À LA DIVINITÉ QUI LE SITUE PARADOXALEMENT HORS DU MONDE. LE SECRET ET L'INTERDIT SONT LA QUINTESSENCE DE SA NATURE SURNATURELLE ET TRANSCENDANTALE. INTERDIT AU COMMUN DES MORTELS, IL PEUT PARADOXALEMENT ATTIRER LES PÈLERINS, QUI SONT TOUT DE MÊME TENUS À L'ÉCART. CETTE POSITION EST HAUTEMENT RÉVÉLATRICE DE LA CONCEPTION QUE L'HOMME A DU DIVIN : IL SUSCITE UNE IRRÉPRESSIBLE ATTRACTION MAIS RESTE INACCESSIBLE.

DANS **LE SAINT** DES SAINTS

Les trois grandes religions du Livre, le judaïsme, le christianisme puis l'islam, ont reconnu un Dieu unique et défini une conception de l'espace qui revisite en bien des points l'organisation des temples et des rites de l'Antiquité païenne. Ces lieux se concentrent dans le berceau du monothéisme, au Proche-Orient, et plus particulièrement à Jérusalem. Ces espaces de spiritualité sont également des lieux de convoitise, de rivalité, voire parfois de violence. Inversement, d'autres espaces gagnent en sacralité grâce à leur isolement ; c'est le point commun entre le lieu le plus saint des orthodoxes, sur la péninsule du mont Athos, en Grèce, et le rocher d'Ayers Rock, perdu dans l'immensité de l'outback australien, qui, derrière son image de carte postale, compte parmi les sanctuaires les plus récemment reconnus.

Flavius Josèphe, *Les Antiquités judaïques*, Pompée et ses soldats pénètrent dans le temple de Jérusalem.

JÉRUSALEM, VILLE TROIS FOIS SAINTE

Si Jérusalem concentre les lieux de culte et les sanctuaires des trois grandes religions monothéistes, elle est aussi une terre d'invasions et d'occupations continues. Le Temple, décidé par le roi David et construit par son fils Salomon, fait d'elle le centre religieux du royaume d'Israël. Mais la « maison de Yahvé », qui abrite dans le saint des saints l'Arche d'alliance, a été détruite à trois reprises. Une première fois par le roi Nabuchodonosor en 587 avant Jésus-Christ. Un deuxième temple est construit au retour d'exil de Babylone. Puis c'est au tour du souverain séleucide Antiochus IV de le piller et de le profaner en réalisant un sacrifice en l'honneur de Zeus sur l'autel des holocaustes. Un troisième temple est édifié sous Hérode le Grand au début de notre ère, mais Titus, le fils de Vespasien, le détruit pour la dernière fois. Depuis, il ne reste plus que les murs de soutènement de son esplanade, plus connus sous le nom de « mur des Lamentations ».

Le mur des Lamentations, à Jérusalem.

Au IVe siècle, l'empereur Constantin entend rendre son âme chrétienne à la ville en construisant l'église du Saint-Sépulcre sur le lieu où le corps de Jésus a été lavé après la Crucifixion. Quand les Arabes conquièrent la ville, au VIIe siècle, ils détruisent plusieurs églises et édifient deux mosquées sur l'esplanade du Temple, dont le dôme du Rocher, qui abrite la pierre de la chevauchée céleste de Mahomet, et la mosquée Al-Aqsa. Pendant les croisades, les Francs reconstruisent le Saint-Sépulcre, qui n'en reste pas moins un point de rivalité entre chrétiens, Grecs orthodoxes, Arméniens et catholiques, mais également coptes, syriaques et Éthiopiens, qui s'affrontent pour des questions de préséance et se battent parfois à coups de candélabre dans l'église. Une solution est trouvée à partir de 1852, pendant la domination ottomane : les clés de l'église sont confiées à deux familles musulmanes !

L'ARCHE D'ALLIANCE EST À NOTRE-DAME DE SION !

On perd la trace de l'Arche d'alliance au Ier siècle avant Jésus-Christ : quand Pompée, le rival de Jules César, entre dans le saint des saints, il trouve la salle vide. Les Éthiopiens, majoritairement chrétiens, comptent une des seules communautés juives en Afrique, les flachas, qui prétendent aujourd'hui la détenir. L'Arche aurait été volée par Ménélik Ier, fils de Salomon et de la reine de Saba, et aurait échoué à Notre-Dame de Sion. Entreposée dans la chapelle face à l'église, dans la ville d'Aksoum, elle est gardée par le grand prêtre, un moine qui, jusqu'à la fin de ses jours, ne peut quitter le jardin qui entoure la chapelle et qui désignera un jour son successeur, comme les vingt-neuf précédents gardiens. Mais nul au monde ne peut voir la relique : ni le primat de l'Église orthodoxe, ni le pape, ni le président éthiopien !

Chapelle de l'Arche d'alliance dans l'enclos de l'église Sainte-Marie de Sion, à Aksoum.

HÉBRON : AU CROISEMENT DES RELIGIONS

D'autres villes font l'objet de convoitises en Terre sainte, telle Hébron. Pour les Hébreux, cette cité fait partie du grand Israël décrit dans la Bible, ce qui pousse un grand nombre de colons juifs à s'y installer, en dépit des frontières élaborées par le plan de partage de l'ONU en 1947. Les Arabes de Palestine, population dominante en Cisjordanie, la nomment Al-Khalil.

Mais la ville abrite surtout un site funéraire prestigieux que les musulmans appellent « la mosquée d'Abraham » et les Juifs, « le caveau des Patriarches ». Son centre est un véritable volcan où les flambées de violence sont récurrentes et particulièrement meurtrières. Pour les Juifs, le caveau situé dans la vieille ville est le lieu où le roi David a été oint et a régné jusqu'à la prise de Jérusalem. Selon leurs croyances, Abraham, ses fils Jacob et Isaac et leurs épouses respectives sont enterrés dans le caveau.

Au Moyen Âge, une église y est construite et se verra détruite suite à l'invasion arabe. Le site est ensuite transformé en mosquée ; Saladin y ajoute même un minaret à chaque coin de l'enceinte pour marquer définitivement l'empreinte de l'islam sur cette enclave contestée. La population juive s'en voit interdire l'accès jusqu'à la création de l'État d'Israël.

▼ « Le caveau des Patriarches », situé dans la ville d'Hébron, au sud-ouest de la Cisjordanie.

La tombe de Sara, femme du patriarche Abraham.

Cependant, avec la victoire de la guerre des Six-Jours en 1967, l'État d'Israël met la main sur une partie de la Cisjordanie et sur la ville. L'armée israélienne tente néanmoins de satisfaire les deux communautés religieuses en organisant des accès parallèles : deux entrées séparées permettent d'entrer sur le site sans se croiser. Mais pour les extrémistes, toute cohabitation est impossible. Le vendredi 25 février 1994, un intégriste juif originaire des États-Unis, Baruch Goldstein, tire sur 29 musulmans en pleine prière du ramadan. En 2012, douze Israéliens sont tués dans une embuscade. Face à cette montée de violence, l'armée a décidé de limiter l'accès à 150 personnes par jour.

Située au bout d'ouvertures scellées, la grotte du caveau, censée contenir les ossements des patriarches, est un des lieux archéologiques les plus mystérieux du monde. À ce jour, seulement deux groupes de personnes y ont accédé : des moines au XIIe siècle et le général israélien victorieux Moshe Dayan.

La Kaaba, miniature, 1340.

SOUS LE VOILE NOIR DE LA KAABA

Dans les cinq piliers de l'islam, le pèlerinage à La Mecque représente un moment d'exception, de plénitude mystique et un aboutissement pour beaucoup de croyants, qui peuvent ainsi approcher le centre de gravité de l'*oumma* (la communauté musulmane) et une trace matérielle des premiers temps de l'islam. Ce lieu strictement interdit aux non-musulmans est longtemps resté un mystère pour les Occidentaux, qui ont dû se contenter de gravures et, comme souvent pour l'Orient, d'une grande dose d'imagination. Selon le Coran, la Kaaba, ce « cube noir » qui est aussi la « demeure inviolable », a été érigée par Abraham. Comme souvent pour les lieux sacrés, histoire et symboles se rejoignent : ce lieu de la péninsule arabique attirait déjà les Bédouins bien avant la religion mise en place par le prophète Mahomet, au VIIe siècle de notre ère.

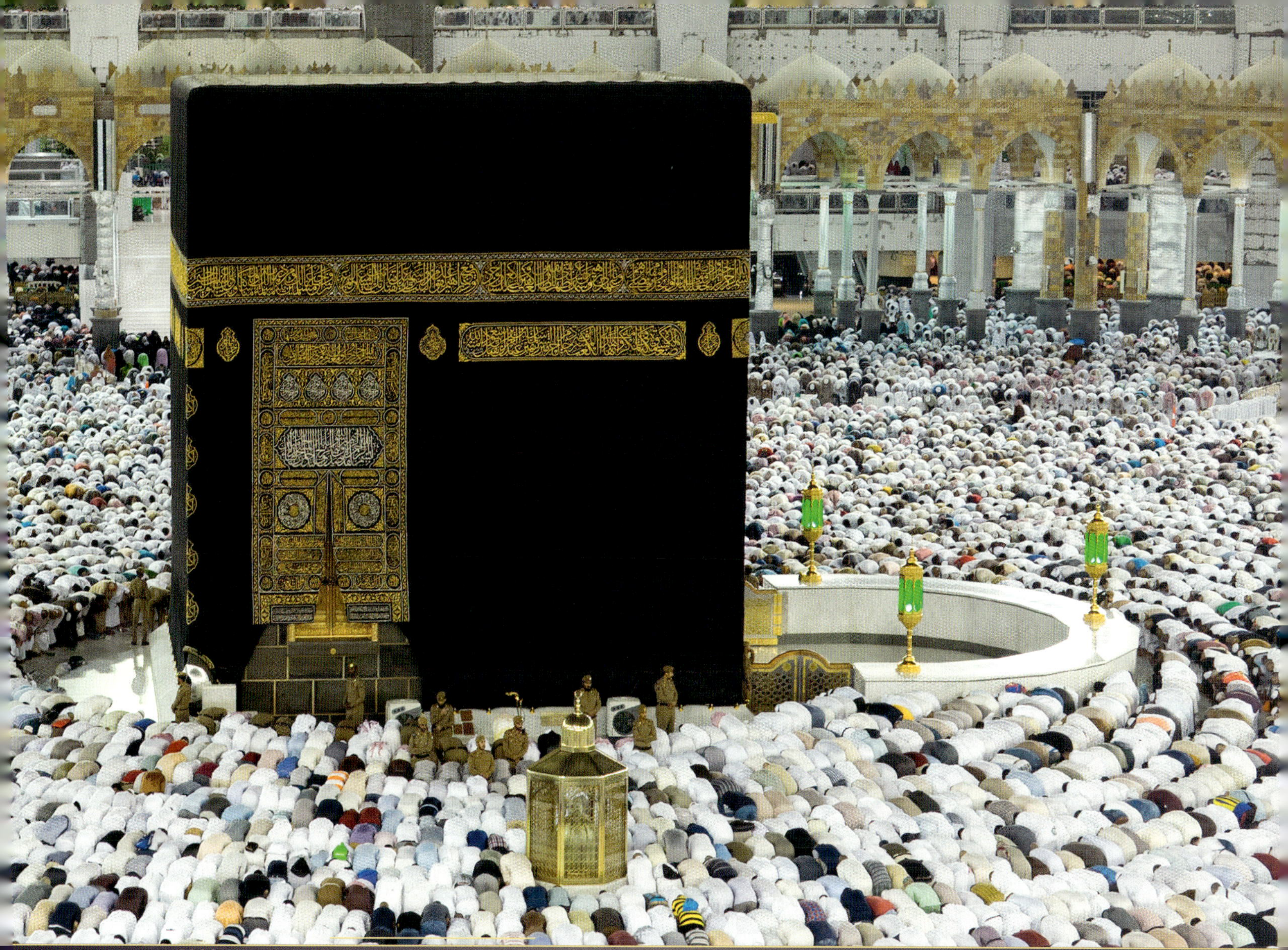

À l'intérieur du cube, enchâssée dans un cadre d'argent, la célèbre pierre noire est fixée depuis des siècles. Souvent présentée comme une météorite, elle est assimilée à un « don de Dieu lancé depuis le ciel », quand elle n'est pas directement rapportée du paradis par Adam ou Djibril (l'archange Gabriel). Le scientifique, lui, y verra plutôt une pierre basaltique, une des nombreuses idoles vénérées dans l'Arabie préislamique et intégrée dans la nouvelle religion fondée par Mahomet. Le Prophète, qui avait bénéficié de l'enseignement des Juifs de Médine, avait repris de nombreux aspects du culte et du texte des Hébreux pour fonder son nouveau monothéisme. Après sa brouille avec cette communauté, il lui fallait choisir un endroit en lieu et place de Jérusalem où faire converger les prières et ramener à sa cause des tribus bédouines qui venaient à La Mecque pour déambuler et invoquer la pluie.

▲ Des musulmans prient autour de la Kaaba, à La Mecque, durant le mois de jeûne du ramadan.

Ayers Rock au sein du Parc national d'Uluru-Kata, en Australie. ▲

AYERS ROCK, LE ROCHER SACRÉ

Avec l'Opéra de Sydney, Ayers Rock est l'un des sites touristiques les plus emblématiques de l'Australie. La silhouette de cet immense rocher en forme de cœur rouge vif de 348 mètres de haut et d'une circonférence de 9,5 kilomètres a en effet quelque chose de saisissant. Il est d'ailleurs devenu l'un des « must see » d'un tourisme mondialisé en quête de cartes postales et de paysages à selfies. Mais c'est faire peu de cas des premiers occupants de l'île : les Aborigènes, présents sur place depuis 40 000 ans, et notamment la tribu Anangu qui s'estime propriétaire du site. En 1985, le pays qui a entamé un processus de réflexion sur son passé et son identité coloniale organise une cérémonie médiatique censée réparer plusieurs siècles de mépris et de violence symbolique. Lors du handback, le gouverneur général, sir Ninian Stephen, au nom de Sa Majesté la reine Élisabeth, remet le titre de propriété d'Uluru, le plus ancien nom du site, au chef de la tribu.

Pour les Aborigènes, le monolithe est le lieu à partir duquel le monde aurait été créé ; ses cavités rocheuses et ses plans d'eau représentent une carte sacrée et sont autant de couches où dorment leurs ancêtres. De nos jours, dans un souci de conciliation, les touristes sont amenés à prendre connaissance de l'histoire du site et à ne plus gravir ses pentes. Finalement, Aborigènes et Occidentaux se retrouvent sur un point : le lieu a des qualités naturelles, esthétiques ou même mystiques, quelle que soit la religion de chacun. Ici comme ailleurs, la notion de patrimoine permet de se retrouver.

LE MONT ATHOS, INTERDIT AUX FEMMES

Dans le nord de la Grèce, en Chalcidique, s'avance dans la mer une péninsule qui est un des lieux les plus emblématiques mais aussi les plus singuliers du pays : le mont Athos. Cette terre de 45 kilomètres de long accueille depuis le Xe siècle une des formes les plus radicales de la vie chrétienne. Aux premiers ermites isolés dans des petites grottes succèdent bientôt des monastères, dont le plus célèbre n'est autre que Lavra, la Grande Laure, fondé par saint Athanase. Le mont compte aujourd'hui vingt monastères, qui constituent en quelque sorte une république autonome dans un pays où l'Église jouit d'un statut particulier depuis le XIXe siècle.

La loi n'en autorise pas un de plus et organise un système politique fondé sur l'équilibre entre ces édifices fortement liés aux pays d'origine des moines : la Grèce évidemment, mais aussi la Serbie, la Russie, la Bulgarie. Pour entrer sur la sainte montagne, messieurs, il vous faudra un passeport que les autorités peuvent refuser de délivrer sans motif particulier. Quant à vous, mesdames, il vous faudra rebrousser chemin et patienter sur une des plages d'Ouranopolis ou d'Ierissos, les stations balnéaires les plus proches, car les femmes ont interdiction d'entrer sur cette terre sacrée !

Le monastère de Simonopetra du mont Athos, en Grèce.

FANTASME OU RÉALITÉ ? DANS L'IMAGINAIRE COLLECTIF, LES SOCIÉTÉS SECRÈTES SONT AU CŒUR DES THÉORIES DU COMPLOT. ELLES POSSÉDERAIENT DES RAMIFICATIONS PARTOUT ET DES LIEUX SECRETS OÙ LEURS MEMBRES MASQUÉS SE RETROUVERAIENT POUR DIRIGER LE MONDE EN SOUS-MAIN QUAND ILS NE SE RECONNAISSENT PAS ENTRE EUX PAR DE DISCRETS SIGNES ÉSOTÉRIQUES.

DANS **L'OMBRE** DES SOCIÉTÉS SECRÈTES

Le Bullingdon Club, en 1914.

Dans la réalité, derrière l'apparat et les rituels, leurs réunions et leurs buts s'avèrent pourtant nettement plus prosaïques. Il s'agit le plus souvent de fantasmes dénués de véritables fondements mais largement entretenus par des complotistes de tout poil et des médias avides de sensations. Et même si certaines d'entre elles poursuivent des desseins pour le moins inquiétants, leur influence réelle est bien inférieure à ce que l'on se plaît à imaginer.

La plupart de ces sociétés ont été fondées dans la première moitié du XIXe siècle, à une époque où sciences, occultisme et utopies se mêlaient dans l'esprit d'intellectuels épris de romantisme et de symbolisme, nourris par le roman gothique et la redécouverte d'un Moyen Âge revisité. Dès lors, le mystère qui entoure les sociétés secrètes, parfois savamment entretenu, demeure troublant et continue de fasciner ceux qui souhaitent en faire partie. Il est vrai que le secret et les initiations que reçoivent leurs membres laissent place à toutes les suppositions et sont une fantastique machine à faire rêver, ou à faire peur.

TOUS DES FRÈRES

Bien des sociétés secrètes sont avant tout des fraternités étudiantes. On connaît ainsi les Vandermonde du Conservatoire national des arts et métiers à Paris ou les Cambridge Apostles de la célèbre université anglaise. À Oxford, c'est le Bullingdon Club fondé en 1780 qui compte les étudiants les plus en vue ; à Columbia, c'est la St Anthony Hall Society qui recrute les futurs membres de l'*establishment* américain.

Toutes s'entourent de rites de passage spécifiques, destinés à intégrer les nouveaux membres. Bizutages violents ou excentriques, uniformes étranges, repas coûteux font partie intégrante des mystères entretenus par les sociétés secrètes. Les Cambridge Apostles avaient ainsi pour tradition de manger du steak de baleine, tandis que les membres du Bullingdon Club multipliaient eux les provocations, allant jusqu'à brûler des billets de banque. Dorénavant, les fraternités sont bien souvent des espaces de transgression où alcool et sexualité sont les composantes principales des soirées qu'elles organisent.

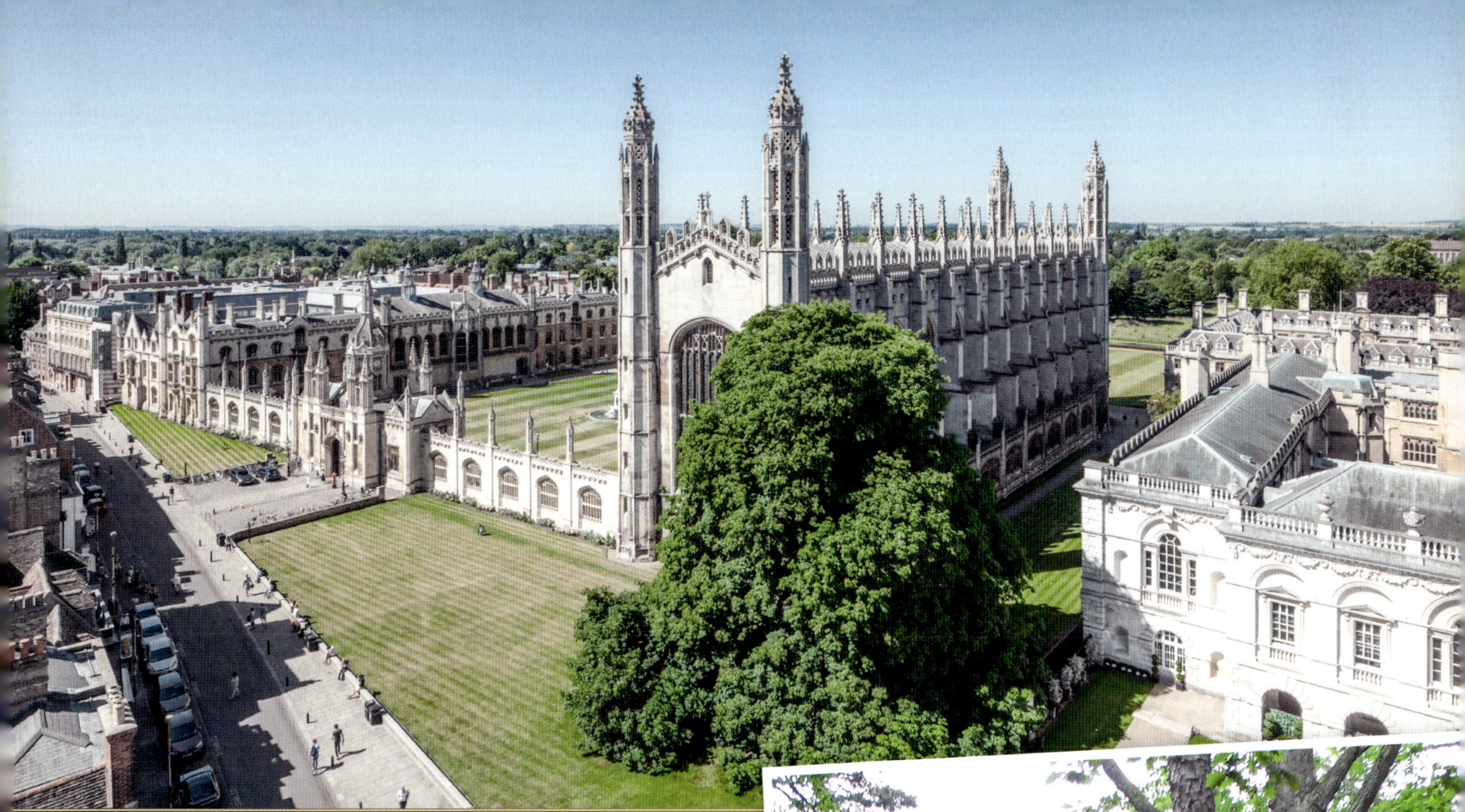

L'université de Cambridge, en Angleterre. ▲

Et si certaines sociétés telles que les Cambridge Apostles ont mis la libre-pensée et les débats intellectuels au centre de leurs réunions, la plupart d'entre elles sont en fait des clubs mondains avant tout destinés à cultiver l'entre-soi de gens fortunés qui vont constituer les futures élites économiques et politiques de leur pays. Le secret est au cœur de l'attraction qu'elles exercent et des privilèges qu'elles offrent.

Être membre d'une de ces sociétés secrètes, ce n'est donc pas vouloir diriger le monde, mais plus simplement une manière d'entrer dans un réseau dont les retombées peuvent se poursuivre tout au long de la vie professionnelle. Certains de ces réseaux peuvent néanmoins servir des intérêts douteux. Ainsi, dans les années 1950, plusieurs membres éminents des Cambridge Apostles, idéalistes et naïfs mais promis à de brillantes carrières au sein de l'administration britannique et même des Services secrets, furent recrutés par le KGB et devinrent de véritables espions pour l'Est. Une fois découverts, la majorité des Cinq de Cambridge se réfugièrent en URSS, provoquant un scandale sans précédent.

Le château de l'Order of Gimghoul. ▲

Mais les plus célèbres et mystérieuses de ces fraternités sont sans aucun doute celles fondées au sein des universités américaines, ces fameux Final Clubs, de Harvard et de Yale par exemple. Ces organisations dont les membres ne sont pas connus des administrations possèdent la plupart du temps des locaux dédiés où ils tiennent leurs réunions. Parmi ces lieux réservés aux initiés, l'un des plus spectaculaires est le « château » de l'université de Caroline du Nord, qui abrite depuis 1833 l'Order of Gimghoul, une société étudiante qui se revendique de la pratique de la chevalerie arthurienne.

SUIVEZ-MOI DANS LA TOMBE...

Les plus célèbres de ces sociétés secrètes sont celles de New Haven, sur le campus de l'université de Yale. Il en existe plusieurs : Berzelius, Book and Snake, ou encore la Scroll and Key. Mais la plus prestigieuse et la plus ancienne est la fameuse Skull and Bones, fondée en 1832. Si l'omerta règne sur le déroulé exact de ses cérémonies, on sait qu'une quinzaine de personnes sont choisies chaque année en fonction de leur passé familial et conviées à entrer dans « the tomb » (« la tombe »), le macabre mais imposant repaire sans fenêtres des Bonesmen.

Le sigle de la société secrète Skull and Bones. ▲

La société secrète Book and Snake ▲
de l'université de Yale, aux États-Unis.

Après avoir prouvé leurs qualités oratoires et de futurs leaders, les membres sont alors intronisés et rebaptisés de surnoms issus de la littérature, tels que Hamlet ou Sancho Panza.

Si personne ne sait vraiment à quoi ressemble l'intérieur de « la tombe », nul doute qu'il doit faire forte impression. Car durant leurs années universitaires, les Bonesmen doivent relever un certain nombre de défis, parmi lesquels voler ou dérober certains trophées aux autres fraternités, ces reliques y étant ensuite exposées dans des vitrines. Ils posséderaient ainsi les os du chef apache Geronimo, volés à Fort Sill en 1918, ou encore une cloche de l'église de New Haven. Mais au-delà des rituels macabres et des blagues potaches de plus ou moins bon goût, le prestige de cette société tient avant tout à la qualité de ses membres, parmi lesquels on compte des Rockefeller, des Goodyear, des Bush ou des Kerry, grands dirigeants d'entreprises et futurs présidents des États-Unis. Et si les Skulls ne défendent aucun engagement politique, leurs membres, de par leurs origines, comptent bien parmi les élites appelées à jouer un rôle majeur dans le destin de leur pays.

◄ Le repaire de la société secrète Skull and Bones de l'université de Yale aux États-Unis.

Une cérémonie d'initiation du Ku Klux Klan.

KKK, LA TERREUR BLANCHE

Si les fraternités étudiantes ne sont pas marquées politiquement, il en va tout autrement du fameux Ku Klux Klan, que ses actions racistes et assassines, les pendaisons de Noirs et les bûchers, ont rendu tristement célèbre. Son origine se trouve dans le développement des sociétés secrètes à l'instar des Chevaliers du camélia blanc, des Visages pâles ou encore des Chevaliers du Soleil, créés dans les États vaincus du Sud à la fin de la guerre de Sécession.

Fondé en 1865 dans le Tennessee, le KKK n'est à l'origine qu'une organisation inspirée par les sociétés étudiantes. Mais très vite, il ressemble à une armée secrète destinée à défendre « la nation blanche américaine » et à incarner une forme de résistance des États du Sud face à la domination des valeurs du Nord. Cachés derrière leurs cagoules de pénitents qui protègent leur anonymat et les rendent plus inquiétants encore, ils cherchent par le mystère qu'inspire leur accoutrement à créer « l'invisible empire du Sud ». Commandés par un « grand sorcier », ses membres sont baptisés de manière ésotérique en fonction de leur place et de leur rôle dans l'ordre secret. On y trouve ainsi des hydres, des dragons, des furies, des sentinelles et autres géants.

Un défilé du Ku Klux Klan.

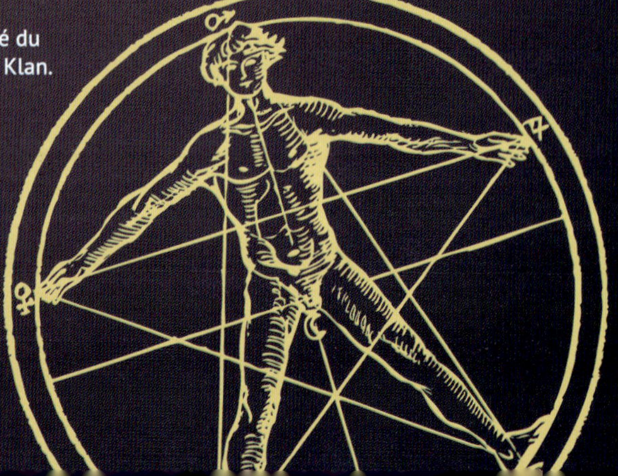

Faite de hauts et de bas, l'histoire du Ku Klux Klan semble indissociable de l'histoire politique des États-Unis. Dissous après 1870 en raison de ses actions violentes, le Ku Klux Klan renaît de ses cendres en 1915 et atteint plusieurs centaines de milliers de membres en 1925, noyautant presque tous les niveaux de l'Administration et des charges politiques dans le sud des États-Unis. En retrait à la fin des années 1930, il connaît cependant un regain de popularité dans les années 1950, au moment de la lutte des Noirs pour leurs droits civiques, avant de s'affaiblir à nouveau. Et s'il ne compte plus que quelques milliers d'adeptes aujourd'hui, ses effectifs sont à nouveau en augmentation et ses membres toujours dissimulés derrière leurs masques et habités par la haine.

LES ILLUMINATI, LES MAÎTRES DU MONDE ?

Le cinéma, les romans et Internet leur offrent beaucoup de publicité. À croire ce que l'on trouve sur la Toile, ils sont partout, même sur les billets de banque américains ! Les Illuminati domineraient le monde et compteraient des membres jusqu'au sommet des plus puissants États ! Et pourtant, la courte et véritable histoire de cette société secrète est bien plus modeste.

La secte n'a existé qu'une dizaine d'années, à la fin du XVIIIe siècle. Créée en 1776 par un professeur de droit de l'université bavaroise d'Ingolstadt, elle participe à la mode des sociétés secrètes ésotériques du siècle des Lumières, dans l'esprit de la franc-maçonnerie, dont le but était de promouvoir le progrès et les débats féconds. Si elle obtient un certain succès à Munich et dans ses alentours, elle ne compte qu'un millier de membres, bien loin de l'organisation tentaculaire que l'on décrit parfois. Mais comme toutes les autres sociétés secrètes, elle est interdite en 1785 par l'électeur de Bavière, le prince Charles-Théodore, qui s'inquiète de leur influence possible et fait même arrêter et condamner ses membres comme des criminels. Et si elle renaît depuis, ce n'est que dans les écrits des complotistes. Car les Illuminati sont vite devenus le réceptacle, au même titre que les francs-maçons, de toutes les théories conspirationnistes. Dès les années 1780, de nombreux écrits, comme ceux de l'abbé Barruel, évoquent la persistance du mouvement qui, associé à d'autres sectes, comploterait pour diriger le monde.

LA RÉVOLTE DES BOXERS

Si l'Europe du XIXe siècle a fourni le terreau nécessaire à l'éclosion des sociétés secrètes, la Chine en est elle aussi une traditionnelle terre d'élection. Marquées par le confucianisme ou le taoïsme, mafieuses ou spirituelles, les sociétés secrètes chinoises reposent sur la pratique des arts martiaux ou de la méditation. Elles se comptent par centaines : Sentinelles du ciel et de la terre, Abstinents, Bande rouge ou encore le fameux Lotus blanc, dont les origines remontent au XIIe siècle. L'une des plus célèbres est celle des Boxers ou Yihétuán, « les Poings de la justice et de la concorde », dont les membres ont tenté de s'opposer à l'influence occidentale et provoqué une immense révolte entre 1898 et 1901 qui a conduit au fameux siège de cinquante-cinq jours des légations étrangères de Pékin. Et si les Boxers ont presque tous été éliminés après l'intervention militaire de huit puissances occidentales coalisées, de nombreuses sectes et sociétés secrètes continuent d'exister dans la Chine d'aujourd'hui à l'instar des triades.

LA FRANC-MAÇONNERIE N'EST PAS UNE SOCIÉTÉ SECRÈTE, MAIS UNE FRATERNITÉ INITIATIQUE ANCIENNE ET MONDIALISÉE. UN UNIVERS À PART ENTIÈRE, QU'IL FAUT SAVOIR DÉCRYPTER.

Symbole maçonnique du compas et de l'équerre, outils du maître-maçon.

DANS LE SECRET DES LOGES

Il n'y a pourtant pas de secrets à proprement parler chez les francs-maçons, même si ses membres ne peuvent révéler l'appartenance de leurs frères à la confrérie ni dévoiler ce qui se dit dans ses loges. Et si les milliers de publications qui la concernent répondent assez bien aux interrogations qui entourent les pratiques et la dimension symbolique des rituels, elles ne peuvent percer les mystères qui résident dans la progression spirituelle et initiatique qui ne peut s'acquérir que par « l'art royal » : la pratique de la maçonnerie elle-même.

Malgré tout, plus de trois siècles après sa fondation, la franc-maçonnerie continue de susciter interrogations et fantasmes. Il faut dire que travailler sous le regard du « grand architecte de l'Univers » nécessite de respecter bien des règles, qui diffèrent selon les obédiences et les aspirations de ceux qui en sont membres.

HISTOIRE D'UNE LÉGENDE

Certaines traditions font remonter la franc-maçonnerie aux bâtisseurs de cathédrales, aux croisés, voire à la construction du temple de Salomon. Et si celle-ci s'inscrit de manière mythique dans la filiation des architectes des pyramides ou des philosophes et mathématiciens grecs tels qu'Euclide et Pythagore, elle ne naît cependant vraiment qu'à l'extrême fin du XVIe siècle en Écosse, puis en Angleterre quelques décennies plus tard, pour ne prendre son essor qu'au début du XVIIIe siècle. Cette fille de l'esprit des Lumières gagne toute une partie de l'Europe dès les années 1730. Et si elle ne regroupe à ses débuts qu'une poignée d'artisans et de bourgeois des villes qui se réunissent de manière amicale et modeste, la franc-maçonnerie devient rapidement un véritable phénomène de société ; dans les années 1770, on compte des centaines de loges en France comme en Grande-Bretagne, et plusieurs milliers au début du XIXe siècle.

Assemblée de francs-maçons pour la réception des maîtres.

Maison Orcel, prières et codes maçonniques, milieu du XIXe siècle.

Détail d'un billet de 1 dollar représentant le symbole de la pyramide et du triangle.

Dans l'Europe de l'Ancien Régime, à la liberté d'expression souvent très limitée, la franc-maçonnerie offre en effet des espaces de discussion uniques. On y retrouve des personnes de toutes conditions, rassemblées selon leur métier, leur quartier ou leur orientation philosophique. On connaît ainsi des loges de militaires, d'artisans, de marins, et même d'ecclésiastiques, alors même que l'Église les a très vite interdites et condamnées. Car la franc-maçonnerie est avant tout un espace de débat, structuré et organisé selon des rituels précis qui doivent permettre d'accéder progressivement, au fur et à mesure d'une avancée dans les grades, à des savoirs et à une réflexion approfondie sur le monde.

TOUT EST SYMBOLE

La loge est la confrérie au niveau local. On parle aussi d'ateliers, où les « frères » ont des grades qui témoignent de leur niveau d'initiation et des fonctions qui soulignent le rôle de certains membres dans le fonctionnement de l'assemblée. C'est dans le temple maçonnique que se tiennent les réunions rituelles, appelées « tenues » et que sont initiés les nouveaux membres. Si les temples peuvent être de modestes locaux, un aménagement et une décoration précis sont nécessaires pour que la tenue de l'assemblée se déroule conformément aux règles. Représentation du cosmos, le temple se présente sous la forme d'une pièce rectangulaire sans fenêtre et orientée – symboliquement, car la réalité peut être différente – d'ouest en est (c'est-à-dire de l'Occident ver l'Orient) dans sa longueur, et du nord au sud dan sa largeur, tandis que le plafond, souvent étoile symbolise la voûte céleste. On pénètre dans l temple en franchissant des parvis symboliques puis une « porte d'entrée », incarnée par la présenc de deux colonnes, nommées Jakin et Boaz – e référence aux colonnes d'airain sculptées pa Hiram pour le temple de Salomon à Jérusalem Les estrades destinées aux francs-maçons qu participent à la tenue sont situées sur les côtés « entre septentrion et midi » (nord et sud) Le centre de la pièce est quant à l couvert, en partie ou dans sa totalite de mosaïques en damier noir et blan qui symbolisent la dualité, l'harmoni et l'équilibre. Vers l'Orient se trouv enfin une estrade à laquelle on accède par trois marches menant à trois sièges et pupitres, dont celui du centre est réserv au « vénérable maître » qui préside la loge De nombreux symboles, tels que l'équerre, l compas, le triangle isocèle, la pierre taillée, décoren les lieux. Le temple comporte aussi d'autres pièces telles que celle destinée à l'initiation des profanes et nommée « cabinet de réflexion », ou celle dans laquelle se déroulent les repas, la « salle humide »

Si les temples sont bien souvent d'apparence modeste, certains, sièges des grandes loges ou loges historiques anciennes, peuvent posséder une architecture exceptionnelle. C'est le cas par exemple en Amérique du Nord où la franc-maçonnerie, déjà pratiquée par George Washington, est très active et volontiers monumentale.

LES SEPT MERVEILLES DU MONDE MAÇONNIQUE

La loge de Detroit, dans le Michigan, est la plus grande du monde. Construite au milieu des années 1920 dans un style mêlant Art déco et architecture gothique, elle a l'allure d'une véritable cathédrale. Loin d'être un simple local destiné aux tenues, elle possède un auditorium de près de 4 500 places, s'élève à 64 mètres de haut sur seize étages, compte 1 037 salles, sept temples et trois théâtres, soulignant l'importante de la fraternité à l'époque où cette ville était la capitale de l'automobile et d'une certaine forme de modernité. Presque aussi démesurés sont le temple de Montréal, avec son architecture Beaux-Arts, ou celui de Philadelphie, bâti dans le style normand du Moyen Âge. Les maçons américains aiment les références européennes !

À Washington, ville très marquée par l'empreinte de la franc-maçonnerie, les frères ont multiplié les références à l'Antiquité, et même aux Sept Merveilles du monde, chefs-d'œuvre des maîtres bâtisseurs. House of the Temple, le monumental temple principal, est ainsi inspiré du mausolée d'Halicarnasse et classé parmi les dix bâtiments les plus populaires du pays.

Grande loge du temple maçonnique de Philadelphie.

Le temple maçonnique de Philadelphie fut construit entre 1868 et 1973.

Mais la capitale fédérale compte bien d'autres monuments maçonniques, dont le plus impressionnant est sans nul doute le George Washington Masonic National Memorial, gigantesque tour de 101 mètres de haut érigée au début des années 1930 sur le modèle du phare d'Alexandrie. Même la loge de Hollywood, qui comptait parmi ses frères John Wayne, Cecil B. DeMille ou encore Douglas Fairbanks, a possédé son temple « hollywoodien », avec salle de billard et de danse. Désormais reconverti et transformé en salle de spectacles, il a été racheté par la Walt Disney Company en 1998 et est désormais utilisé pour le lancement de films tels que *Toy Story*.

Photo aérienne du George Washington Masonic National Memorial, Virginie, États-Unis.

Le siège du Grand Orient de France, rue Cadet, à Paris, est un ancien hôtel particulier qui abrite 21 temples.

En Europe, où la franc-maçonnerie est par tradition plus discrète, les loges sont davantage centrées sur leurs activités premières, ce qui n'empêche pas l'existence de temples monumentaux. À Paris, le Grand Orient de France est installé depuis 1853 rue Cadet, dans un hôtel particulier du XVIIe siècle. Au début des années 1970, sa façade a été recouverte par un mur-rideau métallique spectaculaire et éminemment moderne, qui évoque l'optimisme et l'esprit d'ouverture de la fraternité au monde contemporain. À l'intérieur se trouve un Musée maçonnique qui, au travers de son incroyable collection, répond aux questions de ceux qui souhaitent mieux comprendre l'histoire et l'esprit de cette fraternité.

ILS SONT PARTOUT !

L'autre musée maçonnique, ce sont les rues de Paris elles-mêmes. En effet, au fil des siècles, les maçons n'ont cessé de laisser ici ou là des traces de leur passage dans la capitale. Si certaines sont évidentes, d'autres n'ont de sens que pour l'esprit averti. Ainsi, la place de la Concorde et son hôtel de la Marine, le fronton de l'Assemblée nationale, le Louvre de Vivant Denon regorgent de représentations d'équerres, de compas et autres « étoiles flamboyantes », tandis que nombreux sont ceux qui ont vu dans les fameuses pyramides de verre du Louvre de l'architecte Ieoh Ming Pei des signes maçonniques, même si

La statue du *Triomphe de la République* place de la Nation, à Paris, regorge de symboles maçonniques, ici une équerre.

le bâtiment égyptien n'est pas un symbole franc-maçon officiel. Certains évoquent aussi la statue de la Liberté de l'île aux Cygnes et même la tour Eiffel ! S'il est indéniable que beaucoup de francs-maçons ont participé à la réalisation de ces édifices, il ne faut toutefois pas trop surinterpréter !

En revanche, d'autres monuments présentent des signes maçonniques évidents. C'est le cas de la statue du *Triomphe de la République*, place de la Nation, qui regorge de clins d'œil à la fraternité, et dont le rôle dans l'instauration de la République est bien connu. La statue de Marianne est ainsi entourée d'une ruche, d'une équerre et d'un acacia, sans parler de la présence à ses pieds d'un forgeron vêtu d'un tablier et protégeant un enfant qui porte sous le bras ciseaux et compas, des outils de maçon.

LA LOGE P2

Si la plupart des accusations complotistes qui ont souvent accablé les francs-maçons relèvent du classique fantasme qu'éveillent sociétés secrètes et fraternités, il est évident que certaines loges ont cultivé l'entre soi, tout comme certains maçons dévoyés y ont adhéré dans le seul but de nouer des relations d'affaires, loin des préoccupations philosophiques des frères.

Mais parfois, les dérives sont allées beaucoup trop loin. C'est le cas de la fameuse loge italienne P2 (Propagande Due). Fausse loge, illégale, mais vraie organisation criminelle, elle était composée d'hommes d'affaires, de personnalités politiques, militaires et médiatiques de premier plan. Son démantèlement au début des années 1980 et les révélations sur ses activités ont provoqué un immense scandale international.

EN CHINE, AU JAPON, EN CORÉE OU EN THAÏLANDE, LES SOUVERAINS ONT UNE DIMENSION RELIGIEUSE QUASI DIVINE, CES CIVILISATIONS IGNORANT LA SÉPARATION ENTRE LE POLITIQUE ET LE RELIGIEUX INCARNÉS EN OCCIDENT PAR LES FONCTIONS DE PRÉSIDENT, D'EMPEREUR ET DE PAPE. ILS OCCUPENT DE FAIT UNE POSITION À LA FOIS CENTRALE ET SUPÉRIEURE, ET LEUR DEMEURE EST SOUVENT UNE ALLÉGORIE, LA PROJECTION D'UN ÉQUILIBRE COSMOGONIQUE ET TERRESTRE DONT ILS SONT LES GARANTS.

DES CITÉS INTERDITES AU COMMUN DES MORTELS

Isidore Stanislas Helman, *Les Batailles de l'empereur de Chine*, gravure, 1788.

L'architecture de leur résidence est donc une véritable carte du sacré, un monde interdit au commun des mortels dont la réalisation la plus emblématique n'est autre que la célèbre Cité interdite de Pékin. Fermée au public jusqu'en 1924, celle-ci abritait des rituels aujourd'hui disparus et reste une des cours les plus fascinantes et prestigieuses de l'Histoire.

Bien qu'athée, républicaine et communiste, la Chine actuelle a tout de même conservé un certain culte du secret et une évidente continuité avec le temps pourtant révolu des « fils du Ciel ».

LA CITÉ POURPRE INTERDITE

La Chine, cet immense empire aussi ancien que l'Empire romain, opère un basculement historique au XVe siècle. Alors que l'Europe s'ouvre au monde avec les grandes découvertes, les empereurs chinois interrompent les expéditions maritimes, font construire la Grande Muraille au nord pour se protéger des invasions et transfèrent le siège du gouvernement de Nankin à Pékin, qui devient « capitale du Nord ». En 1406, l'empereur Yongle lance dans la nouvelle capitale un vaste chantier qui va durer quatorze ans.

La Chen Jin Zi (la Cité pourpre interdite) est plus qu'un palais, c'est un univers clos, avec ses 72 hectares, ses 800 bâtiments, enserré derrière ses remparts de 10 mètres de haut doublés de douves larges de 50 mètres. La couleur pourpre est la plus sacrée dans la culture chinoise, avec le jaune, qui est aussi réservé à l'empereur. Le pourpre est celui des murailles et des sceaux de l'empereur, mais surtout de l'étoile que nous appelons l'étoile Polaire. Le « fils du Ciel » assure l'homothétie entre les deux mondes ; il représente et organise ici-bas l'équilibre du monde et de l'Univers dans un rituel nettement plus abouti et complexe que celui du Roi-Soleil, Louis XIV.

Le palais de l'Harmonie suprême dans la Cité interdite à Pékin.

UN MONDE CLOS

Le site et la disposition des bâtiments sont hautement symboliques. Organisée selon les règles du feng shui, elle repose sur la circulation des énergies et les quatre points cardinaux. Protégés des influences néfastes du nord, les pavillons et les avenues sont organisés selon un axe nord-sud, les pièces regardant toujours vers cette direction méridienne. Les palais de l'est sont réservés aux princes héritiers, car là où le Soleil se lève réside l'avenir de l'empire. À l'ouest, le couchant accueille la veuve de l'empereur et ses anciennes concubines. Au centre, dans le palais de l'Harmonie suprême, se trouve le trône de l'empereur. D'immenses éventails et des boules à encens dans des gueules de lion donnent à l'ensemble une ambiance surnaturelle, renforcée par un environnement sonore singulier de pierres de jade et de cloches de bronze rythmant le temps immuable du pouvoir. C'est ici que l'empereur règne et donne ses ordres à une immense administration centralisée, qu'il lit et envoie ses missives dans toute la Chine, et qu'il reçoit en audience des visiteurs triés sur le volet. L'empereur amorce un moment de détente aux alentours de 11 heures, où il peut s'adonner à la poésie, la calligraphie ou la musique, avant de reprendre ses consultations. Le soir, un eunuque lui présente la liste de ses concubines gravée sur des fiches de jade, et l'élue voit sa fiche retournée.

Pour accéder à la Cité interdite, le visiteur doit entrer au sud par la porte de la Paix céleste, puis passer le second verrou : la porte du Midi, qui n'est franchie que par le souverain, l'impératrice le jour de son mariage et les rares lauréats des concours impériaux, ces mandarins qui peuvent arborer coiffe et robe dont la forme, la couleur et la hauteur correspondent à leur rang.

Pierre Loti, photographié en Chine, en costume de mandarin.

UNE CITÉ PILLÉE

Les premiers Européens à percer les secrets de la Cité interdite furent Marco Polo, dont la véracité du témoignage fait débat, mais surtout un jésuite du XVIe siècle, Matteo Ricci, qui offrit à l'empereur des pendules qui allaient devenir une véritable passion. Mais au milieu du XIXe siècle, la Chine subit de plein fouet l'irruption des Européens, et bientôt l'occupation de son territoire. Les armées européennes remportent une série de victoires dès 1860 : ils imposent à la Chine des traités commerciaux, la présence de délégations dans la capitale et dans la cité du Nord, et profanent la résidence de l'empereur.

L'irréparable est commis pendant la guerre des Boxers. Des armées russes, allemandes, anglaises, françaises et japonaises vont affronter les membres de cette secte nationaliste dans les villes chinoises, les rues de la capitale et forcer les portes de la Cité interdite une seconde fois. Il existe plusieurs témoignages de militaires français, des *fagoas*, comme les appelaient les locaux. Le plus connu est celui de Pierre Loti, voyageur infatigable et officier de marine, alors âgé de 50 ans. Il révèle son admiration pour la Chine et a du mal à masquer les horreurs de la guerre et l'ampleur des vols et des destructions. Le palais d'été, situé à quelques kilomètres de la ville, est pillé, tout comme la Cité interdite, dont la célèbre collection de montres et d'horloges et un nombre incommensurable d'objets précieux en jade, en porcelaine ou en métal précieux disparaissent. Combien de ces trésors ont été volés par les soldats et se sont retrouvés dans des salles des ventes depuis 1900 ? Les chiffres restent difficiles à évaluer. Aujourd'hui, le musée de la Cité interdite compte 1 807 558 objets, auxquels il faut ajouter les 600 000 pièces emportées à Taïwan par le leader nationaliste Tchang Kaï-check à la fin de la guerre civile. On a peine à imaginer l'océan de trésors dispersés de par le monde.

La Chute du château de Pékin. Des soldats britanniques et japonais assaillent les troupes chinoises, 1900.

UN EMPEREUR INVISIBLE

*Parfois, le souverain chinois était amené à sortir de la Cité interdite pour des cérémonies organisées dans des temples de la ville, et notamment pour gagner son palais d'été, en périphérie de Pékin, pendant les fortes chaleurs. Le personnel du palais devait alors redoubler de vigilance pour tenir l'empereur loin du regard des mortels. Il fallait donc organiser le convoi : « nettoyer les rues », tendre de tentures (*buzhang*) les rues sur son passage, l'isoler dans un palanquin et prévoir une double barrière d'hommes mobiles et immobiles sur les points cruciaux du trajet. Il n'existe quasiment aucune description de ces sorties, preuves de l'efficacité du stratagème ! On possède à ce jour une poignée de sources, dont le précieux témoignage de deux missionnaires orthodoxes, quelques gravures du XVIIIe siècle et surtout les photographies du Français René Thillot, un commerçant installé en Chine au début du XXe siècle.*

BUCKINGHAM À LA JAPONAISE

L'empereur du Japon n'a rien à envier à l'empereur de Chine : il est le successeur de la dynastie la plus ancienne du monde. L'actuel empereur Naruhito, monté sur le trône du Chrysanthème en mai 2019, est le 126e empereur du Japon et, selon les croyances, le descendant de la déesse du soleil Amaterasu, présente sur la bannière du pays sous la forme d'un disque solaire rayonnant. Le *tenno* (l'empereur) avait plutôt une fonction religieuse à l'époque où le *shogun* (chef de l'armée) dirigeait de fait l'empire depuis la nouvelle capitale, Edo, future Tokyo. Paradoxalement, la fonction impériale gagna en importance au XIXe siècle avec la Constitution Meiji, qui affirmait la nature divine de l'empereur. La première fois que les Japonais découvrirent la voix et la langue quelque peu archaïque de leur souverain, c'est au moment de la capitulation japonaise, après les terribles bombardements d'Hiroshima et de Nagasaki, en 1945.

Le Kōkyo ou Palais impérial de Tokyo. ▲

Jusqu'alors, celui-ci vivait reclus dans le Kōkyo, son palais de Tokyo, au cœur d'un écrin de verdure de 3 kilomètres carrés, entouré de douves qui rappellent le principe de la Cité interdite en Chine. Il devenait pourtant difficile pour l'empereur de rester à l'écart du vacarme des affaires du monde. Une situation provoquée notamment par le général américain MacArthur, qui avait décidé de faire du nouveau Japon le pivot et le symbole d'une unité nationale plus que jamais nécessaire en pleine guerre froide. Le souverain Hiro Hito revêtit donc le costume qui lui était taillé : celui d'un souverain à l'européenne dont le rôle n'était pas sans rappeler celui de la dynastie Windsor en Grande-Bretagne.

De nos jours, c'est l'Agence impériale qui veille sur les règles du protocole, comme lors des apparitions au balcon du Kōkyo, le jour de son anniversaire et pour les vœux de la nouvelle année. Il en va de même pour les catastrophes naturelles, comme le tsunami et l'accident nucléaire de Fukushima en 2011. L'empereur du Japon est donc aujourd'hui bien plus proche de la reine d'Angleterre que des ancêtres qui ont fondé sa dynastie au VIIe siècle !

ZHONGNANHAI, LA NOUVELLE CITÉ INTERDITE

Le site des « mers du Centre et du Sud » représente aujourd'hui le centre du pouvoir en Chine mais demeure un des endroits les plus secrets du monde. On sait très peu de chose de ces lieux ceints d'une haute muraille ocre et rouge aux abords de la place Tian'anmen, au sud de l'antique Cité interdite. Les personnalités et les délégations étrangères sont plutôt reçues à l'Assemblée nationale ou à la résidence de Diaoyutai. Le site est ultrasécurisé et confidentiel, le visiteur doit remplir des formulaires à l'avance et garer sa voiture à l'extérieur, puis prendre un minibus dont le parcours est prédéfini et minuté.

C'est une véritable cité administrative, composée de bâtiments de type soviétique construits après l'arrivée des communistes au pouvoir, au temps où les relations étaient au beau fixe avec l'URSS, dans les années 1950. Son architecture et sa localisation incarnent alors les ambitions du nouveau pouvoir : celles de la modernité en continuité avec un passé millénaire. Les communistes ont en effet maintenu la capitale dans la ville des empereurs de Chine, Pékin, pour mieux se distinguer des nationalistes de Tchang Kai-check, qui avaient opté pour Nankin. Le rouge remplacera le pourpre.

▲ Horloge de la Cité interdite, exposée au Palace Museum à Pékin.

Le régime concentre à Zhongnanhai ses plus hauts fonctionnaires, qui s'y installent avec leur famille. Un bon moyen de les distinguer tout en les contrôlant. C'est dans ces murs que Mao Zedong, entouré des hauts cadres du Parti, a vécu jusqu'à sa mort, en 1976, dans une maison à un étage, avec son bureau, sa bibliothèque, sa table de ping-pong et sa salle de cinéma privée, où il avait pour habitude de regarder des films pour adultes. Des jeunes filles choisies dans tout le pays pour leur beauté y faisaient office de concubines d'un soir. Aujourd'hui encore, le président Xi Jinping y travaille dans un bureau fonctionnel au mobilier sans charme. Il en va de même pour les dix membres de la Commission militaire et des hautes instances de la République et du Parti, qui s'y concentrent, quitte à s'y confondre comme dans tout régime de type communiste.

Mais Zhongnanhai est aussi un lieu d'intrigues et de violences politiques. C'est là que le dauphin de Mao, Liu Shaoqi, fut déchu, humilié, torturé et emprisonné. Il faut également imaginer une véritable ville souterraine d'une superficie de 6 hectares, avec ses cuisines, ses appartements et ses allées intérieures, que Deng Xiaoping a empruntées pour gagner l'Assemblée nationale au moment où la place Tian'anmen, en surface, était occupée par les étudiants révoltés. Les communistes chinois, malgré leur volonté de bâtir une société nouvelle, ont de fait perpétué en bien des points les pratiques du pouvoir impérial !

Mao Zedong, Zhou Enlai, Chen Yi, Zhang Wentian à Zhongnanhai. ▸

Zhongnanhai, la nouvelle Cité interdite. ▾

S'IL EXISTE UN PEU PARTOUT DANS LE MONDE DES LIEUX RÉSERVÉS AUX INITIÉS ET QUE L'ON CACHE AU REGARD DES PASSANTS, CE SONT BIEN CEUX QUI SONT PLACÉS SOUS LE SCEAU DE L'AMOUR CHARNEL ET DE LA PORNOGRAPHIE. DES ENDROITS OÙ EST MONTRÉ CE QUE L'ON NE DOIT PAS VOIR, OÙ L'ON COMMET CE QUE LA MORALE RÉPROUVE. CAR BIEN AVANT L'INVENTION DES SEX-SHOPS AUX NÉONS TAPAGEURS ET AUX VITRINES SORDIDES QUI NE SE CACHENT PLUS ET FONT PEU D'EFFORTS POUR DISSIMULER LES CORPS DÉNUDÉS, LES LIEUX ÉROTIQUES ÉTAIENT DÉJÀ BIEN PRÉSENTS DANS NOS VILLES. PARCE QU'ILS PORTAIENT ATTEINTE À LA PUDEUR, ILS DEMEURAIENT CEPENDANT LE PLUS SOUVENT DISSIMULÉS OU MODESTEMENT SIGNALÉS PAR DE PETITS SIGNES RÉVÉLATEURS CONNUS DES SEULS AMATEURS OU PAR DES LANTERNES ROUGES, COMME POUR LES MAISONS CLOSES PARISIENNES. RIEN DE PROVOCANT NÉANMOINS, CAR TOUT SE PASSAIT À L'INTÉRIEUR...

INTERDIT

▸▸▸ AUX **MOINS DE 18 ANS !**

DES RELIEFS HAUTS EN COULEUR

En Inde, la sexualité n'est pas moins taboue qu'en Occident... sauf quand il s'agit de la représenter sur les murs des temples hindous ! En tout cas, cela ne posait aucun problème entre le IXe et le XIe siècle, lorsque les temples de Khajurâho furent édifiés. C'est ainsi qu'en 1840, lorsque le capitaine anglais T.S. Burt les a dégagés de la jungle qui les recouvrait depuis trois cents ans, il manqua de défaillir, « horrifié » par « les sculptures extrêmement choquantes » qu'il venait de découvrir.

Posture de Kamasutra sculptée sur le temple du Kandariya, à Khajurâho en Inde.

Les temples de Khajurâho, en Inde. ▲

Dans la culture hindoue, cette sexualité sans limites qui ne craint pas de mettre en avant le plaisir sexuel et même homosexuel n'est pas choquante. Du moins lorsqu'elle est figurée sur les façades des temples. Au contraire, les *maithuna* ont des vertus protectrices : elles rendent visible l'éros, qui est l'un des quatre buts de toute créature dans la vie, et louent la beauté de l'Univers incarné par les temples. Mais attention, car si le regard occidental y voit des scènes hautement érotiques ne mettant en avant que la performance des corps et la jouissance personnelle, les *maithuna* soulignent surtout, pour l'hindou, la fusion du divin avec l'âme des hommes, qui protège des forces négatives, tout autant que l'alliance du féminin et du masculin, qui compose l'Univers de manière complémentaire.

BIENVENUE DANS LA CHAMBRE DES OBSCÈNES

À en croire les archéologues, Pompéi aurait été un lieu de perdition ! Une seconde Sodome, livrée à la luxure et à la dépravation, au point que les premiers à avoir fouillé le site, au XVIIIe siècle, ont pu interpréter l'éruption du Vésuve en 79 comme un châtiment divin en punition des mœurs débridées de ses habitants. La raison ? La découverte de très nombreux phallus dessinés, sculptés ou gravés sur les murs, mais aussi des multiples statues et fresques érotiques décorant les pièces des villas ensevelies par la lave. En réalité, l'érotisme n'est pas toujours là où on le pense, et tout porte à croire que Pompéi et Herculanum ne différaient en rien des autres cités de l'Empire. En effet, dans un monde romain où la notion chrétienne de péché n'existait pas, le sexe masculin pouvait être représenté dans tous ses états, car cela n'avait rien d'impudique : il s'agissait d'un vieux symbole de

▼ Scène érotique, Pompéi

▲ Fresque érotique provenant des thermes suburbains de Pompéi.

fertilité, et donc d'abondance, une sorte de porte-bonheur ayant le pouvoir d'éloigner le mauvais sort et de protéger les maisons, loin de toute obscénité.

Mais les peintures retrouvées dans certains des 34 lupanars de Pompéi ne sont pas de même nature. Dans une ville où la prostitution était chose courante, elles avaient pour fonction d'exciter les clients et de provoquer le désir en suscitant l'imagination. Les mieux conservées viennent de Vicolo del Lupanare, entre le forum et la via Stabania. Qu'il s'agisse de scènes homosexuelles ou hétérosexuelles, tout y est représenté de manière explicite, dressant au fil des peintures une sorte d'inventaire de l'amour à la romaine qui a stupéfié les premiers découvreurs, pas toujours conscients de fouiller les vestiges d'un lieu de prostitution. Effrayés par ces vestiges bien éloignés de l'image que l'on pouvait se faire de la « virtus » antique, ils ont dès lors tout fait pour les cacher au public. C'est pourquoi, encore aujourd'hui, les pièces érotiques les plus fameuses de Pompéi ne sont pas dans la ville. Il faut aller les voir à Naples, au Musée archéologique. Depuis la fin du XVIIIe siècle, elles sont en effet conservées dans ce que l'on a nommé selon les époques le « cabinet secret » ou le « cabinet des obscènes » ou encore la « chambre pornographique ». Dès la fin du XVIIIe siècle et sur ordre du roi Ferdinand IV, confirmé par François Ier, près de 250 pièces jugées érotiques ont été placées dans cinq pièces de ce musée. L'accès en a d'abord été réservé à une poignée de visiteurs spécialement autorisés, puis « aux personnes d'âge mûr et aux mœurs reconnues » ; il fallut néanmoins attendre 1971 pour que ces pièces soient ouvertes à tous les adultes de plus de 18 ans !

DANS L'ENFER DE LA BIBLIOTHÈQUE NATIONALE

Autre lieu, autre enfer ! En France, celui-ci s'est longtemps trouvé dans le centre de Paris, au cœur même de l'une de ses plus nobles institutions : la Bibliothèque nationale. En effet, le mot « enfer » désigne ici les rayonnages à accès restreint où sont conservés les livres « licencieux », censurés et contraires « aux bonnes mœurs ».

C'est vers 1830, que furent constitués ces enfers composés des estampes, des médailles et des ouvrages imprimés qu'on ne pouvait montrer au public, tels que les shunga japonais (gravures érotiques), les livres de Sade ou les ouvrages pornographiques « qu'on ne lisait que d'une main », vendus sous le manteau et saisis par la police. Recueillant et conservant l'interdit et l'obscène dans tous ses états, ces enfers devinrent des lieux mythiques et hautement fascinants, dont la seule évocation suscitait bien des fantasmes.

Enfermés dans des coffres, cabinets et autres armoires cadenassées, environ 2 000 ouvrages ont ainsi été soustraits au regard du public. Quant aux rares lecteurs autorisés à les consulter, ils étaient alors isolés et entourés d'un paravent protégeant les autres usagers de ces lectures nocives, comme si la seule contemplation des reliures de cuir pouvait suffire à les pervertir.

Obsolètes et dépassés, les enfers n'existent officiellement plus depuis 1972, date à laquelle on a simplement conditionné la lecture de ces œuvres aux motivations et à l'âge des lecteurs. L'esprit de Mai 68 est passé par là. Transférés aujourd'hui sur le site ultramoderne de Tolbiac, ils auraient pu se fondre dans la masse des millions d'ouvrages qui y sont conservés. Il faut néanmoins effectuer « une demande d'enfer » pour consulter un des livres faisant partie de cet ancien classement.

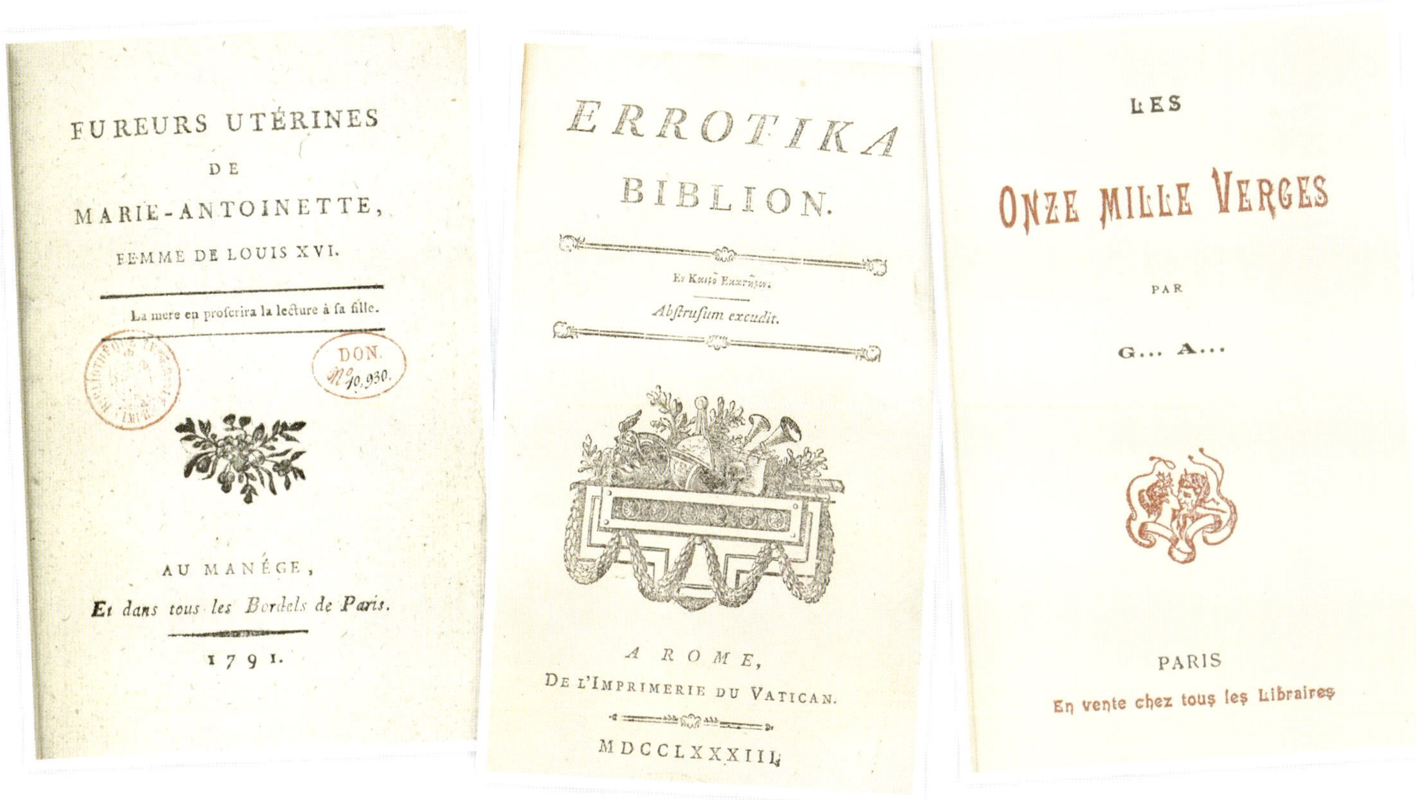
FUREURS UTÉRINES
DE
MARIE-ANTOINETTE,
FEMME DE LOUIS XVI.
La mere en profcrira la lecture à fa fille.
DON. N° 40.930.
AU MANÉGE,
Et dans tous les Bordels de Paris.
1791.

ERROTIKA
BIBLION.
Abftrufum excudit.
A ROME,
DE L'IMPRIMERIE DU VATICAN.
MDCCLXXXIII.

LES
ONZE MILLE VERGES
PAR
G... A...
PARIS
En vente chez tous les Libraires

▲ Couvertures de livres autrefois conservés dans « l'enfer » de la Bibliothèque nationale.

Pensionnaires du Sphinx, maison close située boulevard Edgar-Quinet, à Paris (XIVe arrondissement), 1930.

L'ÂGE D'OR DES MAISONS CLOSES

À la fin du XIXe siècle, Paris, Ville lumière, capitale de la modernité et des arts, est aussi celle de l'amour et des plaisirs ! Favorisée par un second Empire relativement libéral sur ce sujet et par une République plus ouverte que dans bien d'autres États européens, Paris est en effet l'un des lieux de prostitution les plus courus d'Europe. Dès lors, les « bordels » et autres maisons closes se comptent par centaines dans une ville déjà millionnaire et cosmopolite. Et si nombre d'entre eux ne sont que des repaires pouilleux où les rapports tarifés se pratiquent à l'abattage, certains, destinés à une clientèle fortunée, sont de véritables palaces aux décors fastueux à la hauteur de la réputation de ceux qui les fréquentent. Après avoir connu leur âge d'or à la Belle Époque et dans les années 1930, les maisons closes disparaissent cependant après la Seconde Guerre mondiale, en 1946, à la suite de leur interdiction. Abandonné, leur mobilier est vendu aux enchères, la plupart disparaissent ou sont reconvertis sans qu'aucune trace de leur étonnant passé ne subsiste. On peut toutefois admirer la façade gothique de Chez Christiane, au 9 de la rue Navarin, qui évoque encore les salles de tortures et cachots dont elle se faisait la spécialité, promettant à ses clients particuliers un voyage dans un Moyen Âge sadomasochiste revisité. Il ne reste cependant plus rien du fameux Sphinx à l'architecture Art déco du 31, boulevard Edgar-Quinet, et plus grand-chose de La Fleur blanche, au 6, rue des Moulins, peinte par Toulouse-Lautrec en 1894 et dont on peut cependant encore admirer l'escalier et les personnages féminins peints au-dessus de portes. Même le One Two Two, au 122, rue de Provence, n'est plus qu'un immeuble parmi tant d'autres et a vu disparaître son fameux « wagon Orient-Express » et le « voyage autour du monde » qu'il était possible d'effectuer au gré de ses vingt-deux chambres à thème.

Couverture d'un catalogue des lieux de plaisir de Paris, fin XIXe-début XXe siècle.

Dans le IIe arrondissement, qui se douterait en passant devant le 12, rue Chabanais, que derrière cette façade a priori sans intérêt malgré sa belle porte forgée se trouvait, entre 1878 et 1946, la plus luxueuse des maisons closes parisiennes ? Rendez-vous de toute la haute société de son temps, elle a compté parmi ses clients les têtes couronnées de toute l'Europe, dont le futur roi Édouard VII et bien des écrivains, tels que Maupassant ou Pierre Louÿs. En entrant, on peut encore admirer son escalier et ses deux ascenseurs, l'un montant, l'autre descendant, permettant à la clientèle de ne pas se croiser ; mais l'essentiel a disparu ou a rejoint les musées. Son décor exubérant changeait à chaque étage, offrant à ses fortunés clients une ambiance indienne, pompéienne, Louis XV, mauresque, ou encore gothique dans la fameuse chambre néomédiévale. En 1900, pour l'Exposition universelle, elle a accueilli tout le gotha diplomatique, invité selon la formule de l'agenda officiel à rendre « une visite au président du Sénat » !

Chantée par Brassens, fréquentée par Arthur Miller et Anaïs Nin, Aux belles poules, au 32, rue Blondel, est l'une des rares maisons closes à avoir conservé son décor. De l'extérieur, seul son carrelage de céramique rouge qui tranche avec celui des autres immeubles témoigne de sa fonction passée. Restaurée, c'est aussi la seule à avoir été inscrite à l'inventaire des Monuments historiques, pour ses décors de faïence évocateurs, ses immenses miroirs et ses frises érotiques et champêtres qui témoignent de son passé sulfureux.

Henri de Toulouse-Lautrec, *Au salon de la rue des Moulins*, 1894.

À L'HEURE OÙ LES RÉSEAUX SOCIAUX CONNECTENT ENTRE EUX PLUS DE LA MOITIÉ DES HABITANTS DE LA PLANÈTE, LES CLUBS SEMBLENT BIEN DÉMODÉS… AU POINT QU'ON EN OUBLIERAIT PRESQUE LEUR EXISTENCE ! ET POURTANT, S'ILS NE COMPTENT PARFOIS QU'UNE POIGNÉE DE MEMBRES, CERTAINS CONTINUENT DE FAIRE RÊVER, ET IL FAUT PARFOIS DÉPENSER DES SOMMES FOLLES ET PATIENTER DES DÉCENNIES POUR AVOIR L'HONNEUR D'EN FAIRE PARTIE. RÉSERVÉS AUX INITIÉS ET AUX AMBITIEUX, CE SONT DES LIEUX OÙ SE MÊLENT COMME NULLE PART AILLEURS LE POUVOIR ET LE LUXE DANS UN ENTRE-SOI SOIGNEUSEMENT CULTIVÉ.

BIENVENUE AU CLUB !

Maurice Edmond Sailland, dit Curnonsky, gastronome français, au Club des Cent, Paris, novembre 1951.

Pour pouvoir pénétrer dans ces temples privés, il faut la plupart du temps être un homme, montrer patte blanche, être coopté ou élu, et enfin accepter de respecter certaines règles parfois centenaires. Les grandes villes comme Paris, Londres ou New York en comptent des dizaines, parfois vieux de plus de deux siècles, qui continuent de dissimuler leurs secrets derrière les façades, tantôt anodines, tantôt impressionnantes, de leurs locaux. Il est impossible d'y entrer sans carton d'invitation ni carte de membre.

CLUBS EN TOUT GENRE

Leur origine remonte à la fin du XVIIIe siècle, quand la mode anglaise des gentlemen's clubs s'est répandue partout en Europe puis aux États-Unis. Leur développement, contemporain de celui des cafés et des salons, permettait, la plupart du temps, aux membres de la haute société de se retrouver dans des lieux privés, avant tout pour se détendre, lire, discuter et fumer, déjeuner et boire en compagnie de leurs semblables. Chaque club possède son identité propre, basée le plus souvent sur une profession, des idées politiques, des passions communes, ou tout autre motif tendant parfois à l'étrange.

On connaît ainsi les fameux Suicide Clubs du XIXe siècle, qui réunissaient des gens désireux de mettre fin à leurs jours, le Calve Club, dont le but était de se moquer du roi Charles Ier d'Angleterre, mort en 1649, le Club des gens moches, ou encore le Club new-yorkais du Blizzard de 1888, qui rassemblait des hommes ayant vécu cette tempête, et qui ne ferma qu'en 1969 ! Quant au Club des Cent, fondé en 1912 à Paris et qui se réunit dans le restaurant Maxim's, il est toujours en activité. Mais on n'y entre qu'avec une très solide formation culinaire, car il ne rassemble que de fins gourmets, amateurs de bonne chère et experts dans le domaine.

MEN ONLY !

Dans tous les cas, leur réputation de lieux confortables entre tous n'est généralement pas usurpée. C'est à eux que l'on doit d'ailleurs le fameux « fauteuil club », et ils disposent généralement de bien des agréments, tels que des fumoirs, des salons, une bibliothèque, et parfois même une piscine ! Héritiers de la société machiste du XIXe siècle, la plupart ne sont pas mixtes, malgré les polémiques que cela provoque encore aujourd'hui ; il s'agit de lieux réservés aux hommes. L'une des très rares femmes à être entrées au White's est Élisabeth II d'Angleterre. À Londres, les plus fameux sont situés entre St James's Street et Pall Mall, formant ainsi le « clubland » historique de la capitale anglaise. Le plus ancien encore en activité est le White's, fondé en 1693. Sa façade, marquée par un grand bow-window derrière lequel on peut observer les mouvements de la rue, cache une institution hautement élitiste. Fief des conservateurs britanniques, le White's compte ainsi parmi ses membres David Cameron ou encore le prince Charles et son fils William...

À quelques centaines de mètres de là, un autre club célèbre, le fameux Athenaeum, fondé en 1824 – et mixte depuis 2002 seulement ! –, accueille avant tout des intellectuels, prix Nobel de littérature et de sciences, des écrivains et des artistes. Située au 107 Pall Mall, au coin de Waterloo Place, son imposante architecture néoclassique, avec ses colonnes doriques, fait de ce lieu l'un des plus beaux clubs de la capitale britannique. Une statue d'Athéna dorée trône sur le portique de la façade, et les nombreuses décorations font toutes référence à la Grèce antique, jusqu'à la frise principale, qui imite celle du Parthénon.

Le club Athenaeum, à Londres.

Célèbres pour l'esprit joueur et les facéties de leurs membres, dont l'une des activités favorites est de multiplier les paris impossibles, loufoques et souvent coûteux, les gentlemen's clubs abritent aussi des pages d'histoire cachée. Le Brooks's, repaire du parti whig, ou le Carlton Club, dont Margaret Thatcher fut la seule membre féminine officielle, ont ainsi accueilli nombre de réunions discrètes qui ont participé au destin du Moyen-Orient ou de l'Europe, et ont servi parfois d'antichambre où se préparait la politique britannique quand il s'agissait de devoir mener au calme des discussions impossibles dans les couloirs du Parlement.

RÉSERVÉ AUX ÉLITES

C'est aussi à cette fonction qu'ont répondu bien des gentlemen's clubs français, à l'instar du Cercle de l'Union interalliée, fondé en 1917, pendant la Première Guerre mondiale, afin de permettre aux officiers des puissances alliées de mieux se connaître et se comprendre. De fait, Paris aussi compte bon nombre de clubs historiques. On peut ainsi évoquer l'aristocratique Jockey Club, qui date de 1834, le doyen Nouveau Cercle de l'Union, fondé en 1828, l'ultra élitiste Club du Siècle, ou encore le très chic Automobile Club de France, né en 1895 et qui reste le plus ancien dans son genre au monde.

L'Automobile Club de France, place de la Concorde, à Paris. ▲

Escalier de l'hôtel de Païva (onyx mouluré et sculpté caractéristique du style second Empire), conçu par l'architecte Pierre Manguin, Paris.

Mais si les locaux de tous ces clubs ont de quoi faire rêver, ceux du Travellers Club sont sans doute à part : le club est installé depuis 1903 à l'hôtel de la Païva, l'un des bâtiments les plus fastueux des Champs-Élysées, conçu pour être « la plus belle maison de Paris » par sa propriétaire. Le Travellers Club occupe ainsi un véritable palais construit pour la marquise de Païva dans les années 1860 et offert par son amant éperdu puis mari, le comte Henckel von Donnersmarck. Cette courtisane russe qui naquit dans la rue et conquit le cœur de bien des hommes fit travailler les plus grands artistes à la décoration de son domicile.

L'architecte Pierre Manguin le conçoit dans un style néo-Renaissance, tandis que Jules Dalou, Paul Baudry ou Eugène Delaplanche multiplient les sculptures et décors peints afin de séduire et d'accueillir le Tout-Paris littéraire et intellectuel de la fin du XIXe siècle. Aujourd'hui, arpenter ce décor, en admirer les peintures et emprunter le grand et fameux escalier en onyx jaune est réservé aux 760 membres du club qui apparaît comme l'un des plus sélects de la capitale.

LE PLUS SÉLECT, LE BOHEMIAN CLUB

Comme Londres et Paris, New York recèle des clubs réputés, tels le Brooks's et l'Union Club, qui sont considérés comme les plus sélectifs qui soient et rassemblent la gentry de la mégapole américaine. Cependant, le plus fameux des clubs d'outre-Atlantique se trouve sur la côte ouest, à San Francisco.

Fondé en 1872 par des journalistes du *San Francisco Chronicle* qui souhaitaient simplement posséder un endroit où boire un verre et discuter après leur journée de travail, le Bohemian Club est aujourd'hui, sans aucun doute, l'un des plus étonnants et élitistes qui soient. Marqué par l'esprit bohème des dandys européens, il a pour devise : « Weaving spiders come not here » (« Araignées qui tissez, ne venez pas ici »), empruntée à Shakespeare et qui peut s'entendre comme un avertissement pour les membres de ne pas

▲ L'Union Club, à New York.

tenter de tisser des liens d'affaires ni d'adhérer par intérêt, mais de venir uniquement pour se détendre et parler d'art. Pourtant, ce club qui compte aujourd'hui près de 2 000 membres est parfois considéré comme une quasi-secte par ses détracteurs complotistes et jouit d'une ténébreuse aura. Il faut dire qu'outre les 25 000 dollars de cotisation annuelle, la liste d'attente pour l'intégrer serait en moyenne de vingt et un ans ! En plus du siège situé dans la ville, un immeuble de six étages comportant théâtre, bibliothèque, chambres d'hôtes et bar, le club possède une propriété californienne de 11 kilomètres carrés achetée en 1871 et baptisée Bohemian Grove. Les membres s'y réunissent chaque année en juillet, et peuvent même y aller en famille pour de courts séjours. Club de très riches ? Assurément !

Mais ce qui a alimenté bien des rumeurs, ce sont les fêtes qui marquent certaines rencontres. Car dans un esprit symboliste et poétique, les membres du club pratiquent parfois de fausses cérémonies ésotériques, comme celle de la Cremation of Care. Imaginée en 1881 par le poète James F. Bowman, elle a lieu en juillet à Bohemian Grove et consiste à brûler symboliquement les soucis accumulés dans l'année, lors d'une mise en scène un peu fantasque inspirée par les cultes païens et les cérémonies amérindiennes. Volontiers cité au cinéma et dans les séries américaines, le Bohemian Club s'entoure ainsi d'une réputation sulfureuse de secte sataniste largement imméritée, quand il ne s'agit que de blagues potaches d'un club de milliardaires dandys !

Un groupe de manifestants protestent contre la tenue de la conférence de Bilderberg, dans le Tyrol, 11 juin 2015.

LE GROUPE BILDERBERG, LE PLUS PUISSANT

En faire partie signifie indéniablement que vous comptez parmi les grands de ce monde. Les vrais ! Ceux qui dirigent et gouvernent, informent et surveillent.

Fondé en 1954 sous l'impulsion du prince Bernard des Pays-Bas et de l'ancien Premier ministre belge Paul Van Zeeland, il s'agit à l'origine d'un forum international mêlant patrons de grandes entreprises, dirigeants politiques, intellectuels et représentants d'officines diverses, destiné à favoriser les discussions entre les élites du bloc de l'Ouest et à mieux les unir face à la menace soviétique.

Les réunions n'ont lieu qu'une fois par an, lors d'un week-end organisé dans un lieu chaque fois différent, dont le secret n'est dévoilé que peu de temps avant, pour préserver la sécurité et la tranquillité des participants. En fait, mis à part les organisateurs et leur président, ses membres ne sont là que de manière temporaire, en tant qu'invités, même s'il est possible d'y être convié à plusieurs reprises. Il est interdit de sortir durant tout le week-end. Les gens sont assis par ordre alphabétique et s'engagent à préserver la confidentialité des échanges auxquels ils assistent. Vrai faux club, mais véritable lieu d'influence, le groupe Bilderberg n'en finit pas d'alimenter les critiques et les soupçons depuis les années 1970. Les membres du club, principalement des Européens et des Américains, mais également désormais des Asiatiques, sont des défenseurs du capitalisme, mais aussi d'une certaine vision de la démocratie libérale. Et si ses membres sont par nature éphémères, les liens qu'ils tissent et le seul fait d'avoir participé à une réunion du club Bilderberg leur donnent certainement le droit d'en intégrer bien d'autres.

Le club 33, à Disneyland, en Californie.

À DISNEYLAND, DITES : « 33 »

Ce n'est pas une plaisanterie ! Le parc de loisirs Disneyland possède bien son propre club, et celui-ci est beaucoup plus sélectif que celui des lecteurs du Journal de Mickey, *puisqu'il faut attendre plusieurs années pour l'intégrer, payer un droit d'entrée de 25 000 dollars et une cotisation annuelle de 10 000 dollars ! Fans non fortunés s'abstenir. Situé à New Orleans Square, dans le parc californien, et identifiable à son seul numéro de plaque, le « 33 », il s'agissait au départ du restaurant privé de Walt Disney lui-même, dans lequel il souhaitait accueillir ses invités de marque.*

Ouvert à un plus vaste public après la mort du maître, le Club 33 propose à ses membres des repas de qualité dans un cadre de style second Empire revisité dans les années 1950 par les décorateurs de cinéma Dorothea Redmond et Emil Kuri, avec des emprunts à l'univers Disney.

Menu d'un dîner du Bohemian Club

LIEUX SECRETS ET INTERDITS

- 5 -

SUR LES TERRAINS DE LA SCIENCE

De l'invention des vaccins à la constitution d'armes de destruction massive, la science est capable du meilleur comme du pire, et peut sauver ou détruire l'humanité. L'industrie nucléaire, tant civile que militaire, a ainsi empoisonné de nombreux territoires terrestres et maritimes, les condamnant pour longtemps à demeurer interdits d'accès. Bien des pays ont aussi bâti quantité de laboratoires dont les activités secrètes ont de quoi faire frémir.

Heureusement, la science participe aussi bien souvent aux progrès de l'humanité, et aujourd'hui à la préservation de l'environnement. Alors que partout sur la planète l'Homme étend ses villes, ses activités et ses aménagements, il existe une poignée de sanctuaires que l'on tente de préserver et un patrimoine de biodiversité que l'on met à l'abri. Ces espaces protégés constituent la dernière partie du globe presque épargnée par la présence humaine : ce sont les pôles, mais surtout l'Antarctique, un continent aujourd'hui dédié à la science. Enfin, après le pôle Sud, un dernier lieu reste l'apanage des scientifiques : l'espace.

Accessible depuis une petite poignée de bases sur la Terre, le ciel est un espace de compétition technologique et militaire, et il est loin d'avoir révélé tous ses secrets…

Vol d'essai du vaisseau spatial ▶ *Orion* de la Nasa.

QUAND LES SOVIÉTIQUES LANCENT DANS L'ESPACE LE SATELLITE SPOUTNIK, EN 1957, LE COSMOS DEVIENT L'OBJET D'UNE COMPÉTITION QUI FERA ENTRER EN SCÈNE UN NOMBRE TOUJOURS PLUS IMPORTANT DE NATIONS. ET YOURI GAGARINE, LE PREMIER COSMONAUTE RUSSE, SERA VITE REJOINT PAR LES ASTRONAUTES AMÉRICAINS, LES SPATIONAUTES FRANÇAIS ET LES TAÏKONAUTES CHINOIS – AUTANT D'APPELLATIONS DIFFÉRENTES POUR UNE MÊME FONCTION QUI TÉMOIGNENT DE LA VOLONTÉ DE CHAQUE PAYS DE S'APPROPRIER UNE PART DU RÊVE ET DE L'ÉPOPÉE HUMAINE QUE REPRÉSENTE LA CONQUÊTE SPATIALE.

VERS L'INFINI

ET AU-DELÀ !

Si le grand public connaît des noms entrés dans la légende comme celui de Neil Armstrong, ou des sites de lancement de cap Canaveral et de Baïkonour, il est loin d'imaginer que la géographie des activités spatiales sur Terre est beaucoup plus foisonnante que dans les années 1960 et que le ciel, si vaste soit-il, est bien moins vide qu'on ne pourrait l'imaginer.

LES BASES SPATIALES : UNE GÉOGRAPHIE DES PUISSANCES

La localisation et le nombre de centres spatiaux révèlent la hiérarchie des puissances spatiales. Dans ce domaine comme dans bien d'autres, les quatre « grands » que sont les États-Unis, la Russie, l'Europe et la Chine dominent. Et parmi eux, le pays de l'oncle Sam conserve de loin la première place du classement mondial, avec son centre de la Nasa, à Houston. Ouvert en 1958, Cap Canaveral, en Floride, abrite les pas de tir

Décollage de la fusée Ariane à Kourou en 2018.

qui ont marqué les grandes années du projet Apollo. On peut y ajouter, plus méconnus, l'autre site de lancement de Wallops, en Virginie, et une base de l'American Air Force à Vandenberg, dans le comté californien de Santa Barbara.

Comme dans le reste du monde, affaires spatiales et militaires aux États-Unis font souvent bon ménage, tandis que le programme spatial européen est davantage une affaire de civils. Après avoir un temps songé à faire de l'île de Marie-Galante, en Guadeloupe, une vaste enclave dédiée à l'espace, l'Agence spatiale européenne a finalement fait le choix de Kourou, en Guyane, en 1968. C'est ici que le programme Ariane a été écrit en lettres d'or.

La base de lancement de Cap Canaveral, en Floride. ▲

La Russie, qui fait figure de pionnière dans le domaine, compte de son côté trois bases, dont le mythique site de Baïkonour. La « porte des étoiles » ouverte en 1957 a vu décoller le satellite Spoutnik, la petite chienne Laïka, Youri Gagarine en 1961 ou, plus récemment, le Français Thomas Pesquet.

Il existe cependant d'autres sites qui témoignent de l'émergence de nouvelles puissances mondiales, comme la base de lancement chinoise de Jiuquan, créée en coopération avec les autorités soviétiques en 1958, mais aussi Kagoshima et Tanegashima pour le Japon, le centre spatial de Satish Dhawan sur l'île Sriharikota en Inde, et Palmachim, qui est également une base de l'armée de l'air, en Israël. On pourrait ajouter à cette liste le projet d'ouverture de la base de Sutherland en Écosse par la Grande-Bretagne. Si le pays de Sa Majesté, qui est en plein processus de Brexit et qui ne devrait donc plus faire partie du projet spatial européen, envisage bien de sortir de l'UE, il n'en est pas de même pour la course à l'espace !

Dorénavant, des acteurs privés, comme Elon Musk, avec sa société Space X, ou encore le célèbre homme d'affaires anglais Richard Branson se lancent également à l'assaut du ciel. Le fondateur de Virgin travaille actuellement sur l'ouverture d'un spatioport dans le sud de l'Italie, à Grottaglie, pour des vols scientifiques, mais aussi et surtout touristiques.

LES RUSSES DÉMÉNAGENT !

Quand les Soviétiques inaugurent le cosmodrome de Baïkonour, en 1957, ils sont loin de s'imaginer qu'ils devront un jour déménager. Car lorsque l'URSS implose, en 1991, cette vaste base qui fait la taille de la Région Nord-Pas-de-Calais passe théoriquement sous la souveraineté du Kazakhstan. À l'époque, les ingénieurs russes avaient pourtant fait le choix du site le plus adapté au lancement de fusées : un lieu bien relié par le chemin de fer entre Moscou et Tachkent, au milieu de steppes inhabitées, mais surtout très au sud – car, en s'approchant de l'équateur, la couche d'atmosphère à traverser est moins épaisse et on peut bénéficier de l'effet de fronde de la rotation de la Terre, et donc d'un meilleur effet de propulsion. Après l'éclatement du bloc soviétique, la Russie, qui change de nom mais pas d'intérêts, signe cependant un contrat de location avec la jeune république indépendante du Kazakhstan pour conserver cette base qui fonctionne un peu comme un État dans l'État. Depuis, l'étoile de Baïkonour a toutefois un peu pâli. La ville, qui comptait 120 000 habitants au plus fort de son activité, a vu sa population diminuer de moitié. La base vieillit lentement et, à cause des coupes budgétaires, les accidents se multiplient. L'utilisation et le rejet de combustibles toxiques sont de plus en plus mal acceptés par les Kazakhs, et de graves incendies gagnent régulièrement la plaine et provoquent la panique. Cela fait plusieurs années que les ingénieurs et le matériel doivent être transférés à Vostotchny, la base ouverte en 2011 en Sibérie. Le retour de ces activités prestigieuses vers la mère patrie est d'ailleurs une des promesses du président Poutine, qui déploie toute son énergie pour redonner à la Russie son lustre d'antan.

La base de Vostotchny, ouverte en 2011 en Sibérie.

Baïkonour, au Kazakhstan, 3 juin 2018 : acheminement de la fusée Soyouz vers le pas de tir.

La ligne de Kármán définit la frontière entre l'atmosphère terrestre et l'espace. ▲

OÙ COMMENCE L'ESPACE ?

Où est l'espace ? Comment le délimiter ? À qui appartient-il ? Si la Terre est associée au plancher des vaches et à la fine couche d'atmosphère qui la protège, l'espace est en revanche une contrée hostile, une nuit glacée et privée d'oxygène, où l'apesanteur, si divertissante soit-elle a priori, peut vous mener à errer dans le vide interstellaire pour l'éternité.

Par-delà ces représentations popularisées par le cinéma, la distinction entre la Terre et l'espace pose question et l'idée d'une « frontière » clairement définie est plus que contestable. La limite de l'atmosphère est souvent retenue, mais à y regarder de plus près, ses couches supérieures sont loin d'être si accueillantes. La stratosphère, qui oscille entre 15 et 60 kilomètres d'altitude, avoisine déjà les 60 degrés au-dessous de zéro. Au-delà d'une centaine de kilomètres au-dessus du niveau de la mer, la thermosphère tire son nom des températures astronomiques qui la caractérisent : plus de 500 voire même 1 500 degrés Celcius, en fonction de l'activité solaire. C'est d'ailleurs à ce niveau que les corps célestes finissent par se désintégrer et se consumer sous forme d'étoiles filantes. La limite traditionnellement reconnue par la communauté internationale porte le nom d'un physicien hongro-américain : Theodore von Kármán. Située à 100 kilomètres au-dessus du niveau de l'océan, la ligne de Kármán séparerait la Terre de l'espace, délimitant ainsi le domaine de l'aéronautique et des pilotes de celui de l'astronautique et des astronautes – même si ces derniers ont souvent une formation de pilote de ligne ! Cette limite a été revue à la baisse par un autre scientifique américain, Jonathan McDowell ; la ligne qui porte son nom retient les 80 kilomètres au-dessus de la mer.

CONNAISSEZ-VOUS LE POINT NEMO ?

Après un demi-siècle de conquête, l'espace proche est déjà encombré ! Un des gros problèmes de l'industrie spatiale est la gestion des satellites en fin de vie. Si les ingénieurs peuvent compter sur la désintégration des objets de petite taille dans la thermosphère, les plus gros volumes doivent être reconduits sur Terre, non sans une certaine angoisse pour les habitants : leur désintégration est extrêmement dangereuse et provoque des projections sur des centaines de kilomètres. Il a donc fallu trouver le point le plus isolé de la planète.

Ce pôle d'« inaccessibilité » se situe dans le Pacifique Sud, quelque part entre l'Antarctique, la Nouvelle-Zélande, le Chili et les îles Pitcairn, à environ 2 088 kilomètres des premières terres émergées. À ces latitudes, les hommes les plus proches sont de fait dans l'espace et dans la Station spatiale internationale, qui survole régulièrement la zone à plus de 400 kilomètres d'altitude et qui finira ses jours dans ce cimetière marin, à l'image de près de 300 autres satellites et autres capsules qui ont en leur temps participé à la légende de l'épopée spatiale. Le point le plus isolé du globe a logiquement pris le nom du célèbre capitaine du Nautilus de Jules Verne, Nemo, qui préférait la solitude des profondeurs à la compagnie des hommes.

C'est en effet à cette altitude que les satellites semblent décrocher de leur orbite pour se consumer dans l'atmosphère. On quitte alors le monde du film *Gravity* pour celui de Newton et de sa pomme.

Pour leur part, les juristes ne s'embarrassent pas des lois de la physique ou des distances. Le traité de l'espace signé en 1967, dix ans après le lancement de Spoutnik, définit tout ce qui est « au-delà de l'atmosphère » comme une entité comparable aux eaux internationales. L'espace et tous les corps célestes, comme la Lune, Mars ou les galaxies, sont traités sur un même plan : ils n'appartiennent à personne, ou plutôt à tout le monde. Ces contrées sont considérées comme un bien de l'humanité interdit à toute militarisation et toute appropriation, que ce soit celle d'un pays ou d'une entreprise privée. Les règles à respecter sont strictes et très pragmatiques : les engins spatiaux, comme tout bâtiment de marine, doivent être immatriculés et relèvent de la compétence de l'État lanceur.

À l'image du droit de la mer, il existe depuis 1968 un devoir d'assistance des astronautes en perdition, ceux-ci étant considérés comme les « envoyés de l'humanité tout entière ». Cette démarche ne fait cependant pas l'unanimité, certains États revendiquant depuis 1976, en raison de leur localisation privilégiée, la souveraineté sur la ligne d'orbite depuis l'équateur ; c'est le cas du Brésil, de la Colombie, du Kenya ou encore du Congo.

L'ISS, UN LEGO INTERNATIONAL

Pendant la guerre froide, les Soviétiques et les Américains s'étaient engagés dans deux projets concurrents de base habitée : Mir (« paix » en russe) et Skylab (« laboratoire du ciel »). Sous la présidence de Ronald Reagan, les Américains lancent l'idée d'une station spatiale habitée en permanence, un projet très ambitieux sur le plan technique et, surtout, financier. Le président propose rapidement une collaboration à l'Agence spatiale européenne ; ils seront rejoints par le Canada et le Japon. Pour mieux répartir les coûts, chaque participant se voit confier la réalisation d'une pièce nécessaire au projet. Quand la guerre froide se termine, après 1991, les Russes rejoignent l'aventure et font bénéficier leurs partenaires occidentaux de leur savoir-faire. C'est d'ailleurs le module russe Zarya qui représente la première pièce de ce grand Lego spatial. La Station internationale est aujourd'hui le plus beau jouet de l'humanité : vaste comme un terrain de football, elle flotte à près de 400 kilomètres d'altitude pour une vitesse de 28 000 kilomètres/heure. Depuis ses six chambres et sa baie vitrée à 360 degrés, on peut observer les seize levers de soleil par jour. Un de ses habitants les plus célèbres n'est autre que Thomas Pesquet, qui y a séjourné six mois en 2017. Le Français, comme tout spationaute, est à la fois un sportif et un scientifique confirmé, mais aussi un véritable rat de laboratoire sur lequel on mesure les effets de la vie en apesanteur.

Et pour cause, les effets sur le corps humain d'un long séjour dans l'espace sont pour le moins étranges et effrayants. Le corps s'allonge de quelques centimètres, le cœur s'arrondit, les muscles se détériorent, et l'afflux sanguin fait enfler le visage ! Et pas question de se laisser déstabiliser, car le programme des tâches à effectuer à bord est chargé.

L'ISS (Station spatiale internationale) en 2010. ▲

La station est un immense laboratoire en chute libre où l'on vérifie si les lois de la physique d'en bas sont toujours valables en haut. Le jeune Français a entre autres vérifié la validité des théories d'Einstein et travaillé sur l'observation de tous les états de la matière : solide, liquide, gazeux ou sous leur quatrième forme, le plasma.

OÙ SONT LES SATELLITES ?

Si la Lune est longtemps restée le seul satellite de la Terre, les hommes ont lancé depuis 1957 une myriade d'objets artificiels qui encombrent littéralement notre environnement proche et plus lointain. Certaines sondes ont été envoyées aux confins de notre Système solaire, pour explorer Mars notamment, mais l'essentiel des satellites tournent soit très près de nous – entre 300 et 1 500 kilomètres d'altitude –, soit au contraire très loin : à plus de 36 000 kilomètres ! Ils servent pour l'essentiel aux télécommunications et sont envoyés par un nombre toujours croissant de nations, dont l'Arabie saoudite, le Qatar ou le Mexique, qui font le plus souvent appel au savoir-faire des lanceurs russes, américains ou européens.

Les satellites les plus lointains sont en orbite géostationnaire : ils restent ainsi constamment au-dessus du même point sur Terre. Ils peuvent envoyer des signaux dans une grande partie du globe et en recevoir en retour de manière synchrone et permanente. C'est une position idéale pour les satellites de télécommunication, pour la radio et la télévision. Les satellites à défilement sont, eux, beaucoup plus proches de nous et permettent de faire une meilleure observation de la planète. Il faut imaginer que la ceinture comprise entre 500 et 2 000 kilomètres d'altitude autour de la Terre est un véritable manège où se côtoient les satellites de Météo France et ceux des grandes puissances militaires qui observent leurs ennemis depuis l'espace.

Les Russes ont particulièrement investi cette banlieue proche de la Terre depuis la guerre froide, tout comme l'Otan, qui surveille notamment le programme de construction de bases en Iran ou en Corée du Nord.

L'ANTARCTIQUE EST AU SENS PREMIER DU TERME AUX MARGES DE NOTRE MONDE. SUR NOS CARTES, IL SE RÉSUME PARFOIS À UNE SIMPLE BANDE BLANCHE, PLUS OU MOINS ÉTIRÉE, QUAND IL N'EN EST PAS TOTALEMENT ABSENT. LE SIXIÈME CONTINENT EST DE LOIN L'ESPACE LE PLUS ISOLÉ ET LE MOINS HOSPITALIER DE LA PLANÈTE. DEPUIS ARISTOTE, AU IVE SIÈCLE AVANT JÉSUS-CHRIST, ON A IMAGINÉ L'EXISTENCE, AU SUD, D'UN GRAND CONTINENT, QUE MAGELLAN APERÇOIT LORS DE SON TOUR DU MONDE EN 1520. MAIS CE N'EST QU'AU DÉBUT DU XIXE SIÈCLE QU'ON FINIT PAR ABORDER LES CÔTES DE CETTE TERRA INCOGNITA.

L'ANTARCTIQUE

▸▸▸ LE SIXIÈME **CONTINENT**

Encore aujourd'hui, y accéder relève de l'exploit pour un marin : il faut franchir les 40es rugissants, les 50es hurlants et les 60es mugissants, le continent est cerné par la banquise la plus grande partie de l'année, et on ne peut y accéder que pendant l'été – qui, à ces latitudes, ne dure que trois petits mois ! Les navires d'antan ont laissé place aux brise-glace et aux avions ravitailleurs, mais l'Antarctique reste la terre de tous les extrêmes. Les nations du monde ont pourtant réussi à s'implanter sur cette terre sans implantation humaine mais si précieuse pour l'avenir de l'humanité.

La station Orcadas, base de recherche argentine. ▲

Drapeaux des pays signataires ▲
du traité sur l'Antarctique.

UN CONTINENT HOSTILE...

On compte environ 80 stations, créées par près de 40 pays, dont seulement la moitié est occupée en permanence. Ce sont à peine 4 500 personnes qui vivent sur ce continent grand comme 28 fois la France, dans des conditions extrêmes, confinées dans leur base du mois de mars au mois de novembre. À première vue et mis à part l'oxygène, les conditions de vie ne sont pas beaucoup plus faciles que sur Mars ! C'est la région la plus froide de la planète, avec moins 50 degrés en moyenne – on a même mesuré jusqu'à moins 82 degrés en 1982 ! C'est surtout un milieu très sec, un véritable désert glacé, constamment balayé par les vents, qui dépassent souvent les 200 kilomètres/heure. La glace et la neige poussées par les vents violents s'engouffrent partout et finissent par effacer toute trace de présence humaine.

Quand l'été arrive, les occupants des bases n'ont que trois petits mois pour passer à l'action. Une fois sorti des bâtiments, le plus souvent un simple dôme, il faut déblayer en veillant à rentrer s'abriter régulièrement pour éviter les engelures. C'est un véritable travail de Sisyphe, les bases étant de toute façon vouées à disparaître, ensevelies sous les glaces. Les ingénieurs et les architectes ont cependant trouvé une solution pour gagner du temps : les nouvelles stations sont bâties sur pilotis, afin de laisser passer le vent et d'éviter que des congères ne se forment. La nouvelle station Amundsen-Scott, la grande base américaine du centre du continent, pourra ainsi être surélevée, mais on estime que sa durée de vie n'excédera pas quarante ans.

Les stations sont toutes destinées à être ensevelies sous la calotte glaciaire, qui fait par endroits plus de 3 000 mètres d'épaisseur, et elles se déplacent de près de 10 mètres par an, nécessitant une remise à jour régulière des cartes et de la localisation de nombre d'installations.

C'est aussi un milieu qui s'avère très déstabilisant, car durant l'hiver de l'hémisphère Sud, qui commence au mois de juin, on ne voit le soleil qu'une à trois heures par jour, tandis qu'en été, il fait jour presque vingt heures sur vingt-quatre. Mais le pire réside peut-être dans le fait que les habitants des bases doivent rester confinés pendant près de neuf mois de l'année et attendre la campagne estivale, moment où les navires ravitailleurs peuvent enfin briser la glace et les avions décoller (un moteur d'avion ne peut fonctionner à des températures inférieures à 50 degrés en dessous de zéro). Il faut donc effectuer toutes les tâches nécessaires en à peine trois mois. Ces longues périodes de confinement en petits groupes constituent des conditions d'existence si exceptionnelles qu'elles font l'objet d'études médicales qui seront réutilisées pour les programmes spatiaux.

… QUI SUSCITE LES CONVOITISES

S'il était largement exagéré de parler de conquête territoriale ou de colonisation, ce continent n'a pourtant pas échappé aux rivalités des grandes puissances du XIXe siècle qui, non contentes de s'affronter sur le plan commercial et scientifique sur toute la planète, se sont aussi lancées à l'assaut de cette dernière terre inexplorée.

Les mers australes sont ainsi sillonnées par James Cook et intéressent les Européens pour la chasse au phoque et à la baleine. Les premiers explorateurs sont anglais, tel le capitaine Smith, qui plante l'Union Jack, sur la péninsule antarctique en 1819 et revendique les Nouvelles Shetland du Sud. Le tsar Alexandre Ier dépêche, lui, deux navires pour les mers du Sud, sous les ordres de l'amiral Bellingshausen, qui, en 1821, s'empresse également de baptiser, et donc s'approprier, deux vastes territoires : l'île Alexandre et l'île Pierre-Ier. Les marins russes font même le tour du continent et parviennent jusqu'à Rio. Le dernier acteur de renom qui marquera cette terre par son nom n'est autre que Dumont d'Urville.

La station de recherche Concordia, implantée sur le plateau continental en Antarctique. ▼

La station américaine ▲
Amudsen-Scott au pôle Sud.

Parti à la recherche des restes de l'expédition de La Pérouse, perdue dans le Pacifique à bord de deux navires scientifiques, l'*Astrolabe* et la *Zélée*, il amarre à Hobart, en Tasmanie, en 1839. Stimulé par la rivalité entre Anglais et Américains, il décide de lancer une expédition et aperçoit la côte le 19 janvier 1840. Cette terre est cependant bien trop hostile, et elle n'a pas l'importance stratégique de l'Arctique, où les hommes recherchent activement le passage du nord-ouest qui permettra de relier le Pacifique en s'évitant toute la circumnavigation de l'Amérique du Sud. Il faudra attendre 1898 pour voir une expédition anglaise, commandée par l'explorateur des pôles britannico-norvégien Carsten Borchgrevink, faire son premier hivernage sur le continent. Un géologue membre de l'expédition, le professeur Bernachi, remarque un lien entre les couches géologiques antarctiques et australiennes, ce qui vient renforcer la théorie de la dérive des continents formulée à cette époque. Le ton est donné : point de matières premières ici à exploiter ni de peuples à asservir, l'Antarctique est et demeurera une terre de défis et d'épopées humaines, une terre d'expéditions scientifiques.

LÉNINE AU BEAU MILIEU DU PÔLE SUD

Quand l'Année géophysique internationale est lancée en 1957, l'URSS construit pas moins de six bases antarctiques pour donner au monde l'image d'une nation moderne, audacieuse et scientifique, selon les conceptions centrales de l'idéologie communiste. Nous sommes alors en pleine guerre froide, la rivalité entre les États-Unis et l'URSS est à son comble. Les Soviétiques veulent repousser toujours plus loin les limites de la science et des capacités de l'homme nouveau qu'ils entendent forger. La même année, ils enverront dans l'espace le premier satellite, Spoutnik, puis quelque temps plus tard, le premier homme, Youri Gagarine. Après la première base, Mimy, créée en 1956, sur le littoral de la mer de Davis, naissent la base de Bellingshausen, sur l'île du Roi-George, en hommage à cet explorateur envoyé par le tsar quelques décennies plus tôt.

Mais l'orgueil russe en Antarctique reste la base de Vostok. Installée en 1957, c'est la station de la performance et du courage par excellence. Située à plus de 1 200 kilomètres de la côte, elle reste à ce jour la station la plus isolée du continent. Il n'y a guère que sur la Lune qu'on doit se sentir si loin de chez soi...

C'est depuis cette base qu'est lancée une expédition vers le pôle Sud d'inaccessibilité, le point le plus éloigné de toute côte. Ses 18 participants construisent une base qui sera très vite recouverte par la neige. À ce jour, seul reste visible un buste de Lénine qui fut l'un des premiers monuments historiques classés en Antarctique. C'est une victoire collective des scientifiques, des soldats et des ingénieurs soviétiques qui ont repoussé les limites d'une terre interdite à l'Homme. Pour dépasser l'exploit soviétique, il faudra au moins marcher sur la Lune…

« UN CONTINENT DE SCIENCE ET DE PAIX »

Tandis que l'Arctique depuis les années 1930 fait l'objet d'une compétition et d'une militarisation très importante entre les nations qui le bordent, surtout les États-Unis et la Russie, le pôle Sud va très vite devenir un espace d'apaisement. À la fin des années 1950, on assiste à l'instauration d'une forme de coexistence pacifique entre les délégations scientifiques des différentes nations de l'Est comme de l'Ouest. C'est une page méconnue de l'Histoire, car si on pense à la « détente » amorcée entre les deux Grands après la crise des missiles de Cuba en 1962 et au projet spatial russo-américain Apollo-Soyouz en 1975, on oublie trop souvent que les bases antarctiques ont représenté une possibilité de rapprochement entre les deux blocs, et peut-être un des rares moments où le terme « communauté internationale » a trouvé son sens dans un contexte aussi troublé.

Le traité sur l'Antarctique est signé en 1959 pour prolonger l'Année géophysique internationale ; il entre en vigueur en 1961. Le continent tout entier est alors consacré aux recherches scientifiques, et toute tentative d'expansion territoriale, de délimitation, de militarisation y est interdite. Ce continent si hostile aux hommes a non sans ironie été très tôt considéré comme un bien de l'humanité. Le traité instaure un statut international et pacifique pour toutes les bases qui se trouvent dans l'hémisphère Sud au-delà du 60ᵉ parallèle et y interdit le stockage de déchets nucléaires. En 1991, le traité est renforcé par le protocole de Madrid, qui fait du continent une vaste « réserve naturelle » où toute exploitation minière ou pétrolière est interdite jusqu'en 2041.

Dumont d'Urville aurait sans doute été très fier que la principale base française porte son nom, mais il aurait surtout été très heureux de voir que l'Antarctique est devenu un vaste laboratoire où règne la concorde entre scientifiques de toutes

Buste de Lénine regardant vers Moscou, au pôle Sud d'inaccessibilité. ▼

L'équipe de la 35e expédition chinoise ▶
en Antarctique à la station Kunlun.

disciplines et de toutes nationalités. En témoigne la base Concordia, créée par la France et l'Italie au cœur du continent en 1993. De même, le nom de la station américaine au pôle Sud, Amundsen-Scott, est un petit hommage aux deux explorateurs rivaux qui ont chacun revendiqué la découverte de ces terres au début du XXe siècle : le Norvégien Roald Amundsen et l'Anglais Robert Scott.

LE PARADIS BLANC DES SCIENTIFIQUES

Secteur d'air pur, secteur calme, secteur sous le vent et secteur obscur. Ces quatre zones de l'aire scientifique de la base américaine Amundsen-Scott constituent les atouts qui ont fait de l'Antarctique un lieu privilégié pour toute activité scientifique. La base américaine, qui se situe à proximité immédiate du pôle Sud, culmine à une altitude de 2 835 mètres et s'étend sur une zone de 26 000 kilomètres carrés.

Le sixième continent est un espace vierge dont la pureté de l'air est unique au monde, idéal pour des mesures liées à la teneur en oxygène et de manière plus générale à l'étude du climat. Les astronomes et surtout leurs télescopes y bénéficient d'une obscurité totale sans la pollution lumineuse des villes qui rend l'observation très difficile en Europe et en Amérique. Ils peuvent observer le Soleil sans entraves pendant les longues journées d'été où il ne se couche que quatre heures. Champ magnétique terrestre, ondes sismiques, climat, biologie océanique, on étudie mieux et on mesure avec plus de précision l'infiniment grand et l'infiniment petit de ce laboratoire de 16 millions de kilomètres carrés. Dénué de présence humaine, il permet d'observer le milieu naturel, et notamment la faune et la flore, au degré zéro de l'anthropisation.

Voilà pourquoi tout objet, tout déchet produit par la civilisation doit être entreposé avec soin pour ne pas souiller ni perturber un écosystème unique au monde.

Les personnels des bases ont l'interdiction formelle d'introduire une nouvelle espèce animale ou végétale sur l'île et doivent veiller à ne rien laisser geler dans la neige qui pourrait entraîner une contamination.

Pour le climat, c'est l'archive de la planète Terre et quasiment une boule de cristal. La calotte glaciaire constituant un empilement de neiges accumulées depuis des centaines de milliers d'années, en analysant les petites bulles d'air restées emprisonnées, on peut en effet estimer leur teneur en oxygène, en gaz carbonique, en particules soufrées, et obtenir une image du climat de l'époque à l'année près. Pour remonter dans le temps, il suffit de creuser plus en profondeur. On arrive même à dater et identifier des éruptions volcaniques majeures qui ont eu un impact sur le climat mondial.

Les petites bulles d'air confirment l'existence de variations importantes de la température au cours de l'Histoire, et permettent de mieux comprendre la complexité du climat mondial. Les résultats des relevés sont inquiétants : grâce à ces archives glaciaires, on note une explosion de la concentration de gaz à effet de serre depuis les années 1960 et une corrélation entre ce phénomène et les changements climatiques brutaux. Il est grand temps de tirer profit de ce secret enfoui sous la glace !

QUEL EST LE POINT COMMUN ENTRE L'ARCHIPEL DE SVALBALD, EN NORVÈGE, LE VALLON DE LAUVITEL, EN FRANCE, ET LITTLE COTTONWOOD CANYON, PRÈS DE SALT LAKE CITY, AUX ÉTATS-UNIS ?

À L'ABRI

DE L'HOMME ET DU MONDE

▲ Granite Mountain, Records Vault, la salle où sont conservés les microfilms sur l'histoire familiale.

Ces lieux, très souvent des îles ou des zones montagneuses, sont encore très préservés, loin des ravages du monde moderne ou relativement épargnés de l'intrusion de la civilisation et de son lot de dégradations ou de corruption. Ils sont à ce titre souvent désignés comme de nouveaux sanctuaires, sélectionnés pour leurs qualités environnementales et leur isolement. Ils ont été le plus souvent définis par des États et des autorités scientifiques comme des lieux de conservation ou de préservation d'un patrimoine menacé.

Territoires isolés, bornés, ou même enfouis, ils protègent des espèces animales et végétales qui subissent partout ailleurs l'assaut d'une modernité qui a envahi tous les continents, tous les océans, et vise déjà la colonisation d'autres planètes, comme Mars. Ce désir de sauver coûte que coûte un patrimoine relève tout aussi bien d'une démarche scientifique que d'une aspiration quasi religieuse : celle de la peur de l'Apocalypse et du désir effréné de la reconstitution d'un paradis à jamais perdu.

DE NOUVELLES ARCHES DE NOÉ

Le monde compte actuellement deux arches de Noé qui visent à préserver la mémoire de l'humanité, avec les noms des familles qui la constituent, mais aussi à garantir des ressources végétales, et donc alimentaires, pour les siècles à venir. Ces deux arches n'ont en commun ni les motivations ni les acteurs qui les ont créées, mais elles sont pourtant quasiment identiques par la forme : ce sont des bunkers creusés dans la montagne. Elles sont constituées de vastes galeries creusées dans la roche, constamment éclairées et ventilées, et jalousement gardées loin des regards et du tumulte du monde.

Les mormons, qui sont considérés en bien des points en France comme une secte mais dont la religion est reconnue aux États-Unis, ont entrepris ni plus ni moins d'abriter le bien le plus précieux de l'humanité : sa mémoire. Arpentant la planète, ses membres scannent les états civils partout où l'accès aux archives leur est autorisé. Cette entreprise folle débute en 1938 avec les registres américains ;

▲ La Granite Mountain Record Vault, à une trentaine de kilomètres de Salk Lake City, abrite la plus grande collection de documents généalogiques du monde.

les mormons se lancent ensuite à la conquête des autres pays du monde. En 1987, ils signent à ce titre une convention avec l'État français, qui voyait d'abord d'un bon œil la réalisation gratuite d'une base qui pourrait aider les historiens et les généalogistes bien avant l'apparition de la Commission nationale de l'informatique et des libertés et de la prise de conscience de l'importance de la protection des données personnelles.

Les noms de vos ancêtres originaires de Seine-et-Marne ou du Haut-Rhin sont aujourd'hui conservés sur des microfilms rangés dans des boîtes entassées à la Granite Mountain Records Vault, à quelques kilomètres de Salt Lake City. Ils sont protégés par une porte de 15 tonnes, dans l'une des galeries où l'air est constamment filtré, le taux d'humidité surveillé et la température maintenue à 15 degrés, conditions optimales pour les conserver *ad vitam æternam*. Aujourd'hui, près de trois milliards de noms y sont réunis et cinq mille rouleaux y arrivent tous les mois. Le fonds est constamment alimenté par des émissaires sillonnant la planète jusque dans les abbayes et les villages d'Europe de l'Est ou les bourgades les plus reculées du Mexique.

AUX CONFINS DE L'ARCTIQUE

L'autre arche est en Norvège, à 1000 kilomètres du cercle polaire, près du village de Longyearbyen, dans le flanc d'une montagne. Les chiffres de la Chambre forte semencière mondiale de Svalbard donnent également le tournis : pas moins de 983 524 graines d'espèces de céréales, d'arbres fruitiers et de légumes issus de 243 pays. Ici encore les conditions de collecte, de conservation et de protection sont drastiques. Le bunker est creusé dans le pergélisol, ce sol glacé qui permet d'obtenir un air constamment frais, pour assurer la bonne conservation des graines et leur germination. Il faut imaginer l'ampleur et la complexité du processus pour constituer et organiser une telle collection mondiale. Les graines viennent du monde entier, elles doivent être lyophilisées, numérotées, étiquetées et expédiées dans de petits sachets d'aluminium qui rejoignent tous l'aéroport d'Oslo, où les graines finissent le trajet par camion, avant d'être entreposées dans les armoires de cette forteresse glacée.

Moins tatillon que les mormons, le gouvernement norvégien, à l'origine du projet, ouvre tout de même les portes du bunker quatre ou cinq fois par an à une minorité d'élus : essentiellement des journalistes scientifiques, des décideurs politiques ou de généreux financiers, comme le milliardaire Bill Gates, qui est partie prenante dans ce projet.

▲ L'entrée de la Chambre forte semencière mondiale de Svalbard.

EN ATTENDANT L'APOCALYPSE...

La démarche à l'origine de ces deux collections hors du commun est voisine de celle de la peur d'une apocalypse. Les mormons, qui se définissent comme « l'Église de Jésus-Christ des saints des derniers jours », obéissent évidemment à des schémas millénaristes, voire quasiment messianiques. Ils travaillent dans l'optique du Jugement dernier, cet ultime moment de l'eschatologie chrétienne où à la fin des temps, les âmes seront pesées. Les mormons, qui se considèrent comme des « saints » et sont tout de même 6 millions sur le sol américain, ont un seul et même objectif : baptiser les vivants et les morts. Pour effectuer ce rituel, il leur suffit d'obtenir un simple nom. Le lieu de foi est devenu lieu de science : Salt Lake City est le plus grand centre de recherche généalogique du monde. Si la collection de graines de Svalbard relève d'une entreprise plus directement scientifique, elle n'en est pas moins une réponse à une peur millénaire : celle de la famine.

▲ Svalbard, salle de stockage des semences.

La situation est paradoxale puisque depuis des milliers d'années, la population mondiale n'a cessé de croître, grâce notamment aux progrès de l'agriculture et à la sélection des meilleures graines opérée par les paysans partout dans le monde. Aujourd'hui encore, les laboratoires des professionnels de l'agroalimentaire sélectionnent et trouvent les meilleurs plants, quitte parfois à modifier leur ADN pour créer les fameux organismes génétiquement modifiés (OGM) et constituer les plants de blé ou de riz les plus productifs et les plus adaptés aux rives du Mékong, du Rhône ou des hauts plateaux andins.

Mais cette sécurité alimentaire n'est qu'illusoire, car un danger grandit parallèlement : la diversité biologique des graines est menacée, on estime qu'on a perdu 75 % de la diversité végétale depuis 1900. Nous devons notre alimentation à quelques semences parfaitement sélectionnées. Et que fera-t-on demain si une maladie décime les espèces de blé et de riz qui nous nourrissent si bien aujourd'hui, comme le phylloxéra a déjà ravagé la vigne française ? Un risque de maladie considérablement accru par le réchauffement climatique, qui pourrait déclencher des réactions en chaîne aussi effrayantes que celle provoquée par les quatre fameux cavaliers de l'Apocalypse. La banque de Svalbard est une occasion de préserver la diversité de ce patrimoine végétal et représente une véritable assurance-vie pour les 7,5 milliards d'individus sur Terre.

POUR LA SURVIE DE L'HUMANITÉ

L'histoire de l'humanité rejoint celle de la colonisation, de la mise en culture et de l'artificialisation toujours plus importante de l'espace. Celle de l'extension de l'espace connu et habité que les Grecs anciens appelaient « l'œkoumène ». C'est avec un certain vertige et une grande angoisse que les hommes constatent que la nature est partout menacée par les ravages de la civilisation moderne, avec la pollution, et que les espèces subissent de plein fouet la pression des sociétés humaines, auxquelles elles s'adaptent difficilement quand elles ne finissent pas par disparaître.

Partout sur le globe, la tendance est la même : les sociétés organisent un processus de sanctuarisation en constituant de grandes réserves naturelles, dont la première, le parc de Yellowstone, naît aux États-Unis en 1872.

Vue aérienne d'un geyser du parc de Yellowstone aux États-Unis. ▼

On en compte aujourd'hui près de 200 000 sur la Terre, qui couvrent près de 20 millions de kilomètres carrés, soit 15 % de la surface de la planète. Il s'agit avant tout de préserver un patrimoine naturel pour les générations futures, un site qui présente des caractéristiques uniques dont la disparition représenterait une faute irréversible. Les espèces végétales, mais surtout animales, doivent donc être protégées des déchets et du piétinement de l'Homme, qui est à ce titre vu comme

Le lac du Lauvitel en Isère. ▲

une espèce nocive et invasive, quand il n'apporte pas avec luison cortège de nuisances : les microbes et son fidèle compagnon de voyage qui le suit toujours à fond de cale, le rat.

INTERDICTION D'ENTRER !

À l'intérieur des réserves naturelles, on a même imaginé un espace de surprotection où les activités humaines ne sont plus ni réglementées ni limitées mais carrément interdites. Quelques rares points du globe ont donc été récemment définis comme des zones où toute activité humaine doit être proscrite, des lieux qui, en raison de leurs qualités intrinsèques, sont réservés à la nature et où seuls quelques scientifiques triés sur le volet et jouissant d'un accès limité et strictement réglementé viennent observer ce monde libéré de l'Homme mais encore disponible pour les générations futures.

Ces zones de protection intégrales se situent pour l'essentiel en Antarctique depuis qu'elles ont été définies par le protocole de Madrid, signé en 1991. Derrière un sigle très austère, les ZSPA sont en réalité de véritables paradis pour les espèces, le plus souvent des oiseaux rares comme les cormorans aux yeux bleus, qui peuvent y faire leur nid et se reproduire dans un silence quasi absolu. Ces ZSPA comptent nombre d'îlots et de baies qui n'ont vu l'Homme qu'à une dizaine de reprises depuis la découverte du continent, au XIXe siècle.

Plus près de nous, en France, trois espaces font l'objet de ce type de démarche. En haute montagne, la réserve intégrale de la vallée de Lauvitel, dans le massif et le parc des Écrins, est sanctuarisée depuis 1995. Lui a succédé une réserve méditerranéenne, celle de Port-Cros. Enfin, les îles de Bagard, la Gabinière et Rasca sont interdites aux hommes depuis 2007. Le but est d'y observer les effets d'une nature qui reprend ses droits paradoxalement dans un des milieux les plus anciennement occupés par l'Homme : le milieu méditerranéen.

La France aimerait enfin ajouter une réserve tropicale à cette liste de paradis interdits à l'Homme, et le choix d'une portion interne du parc national de Guadeloupe est actuellement à l'étude.

LA RADIOACTIVITÉ NE SE CONTENTE PAS DE DÉVORER LES QUELQUES KILOMÈTRES CARRÉS D'UNE ZONE INTERDITE. C'EST UNE VÉRITABLE PIEUVRE QUI ÉTEND SES TENTACULES PARFOIS BIEN LOIN DE SON ANTRE...

ZONES INTERDITES

Une fête foraine aux attractions rouillées envahie par les feuilles, des cahiers d'écoliers remplis de dessins naïfs jonchant le sol, des immeubles en béton austères aux vitres brisées où règne un silence de mort... Pripyat, ville fantôme d'Ukraine, est à jamais associée à la catastrophe de Tchernobyl et est devenue le symbole des ravages de l'industrie nucléaire. L'explosion de la centrale Lénine, le 26 avril 1986, a révélé au monde les fragilités d'un système soviétique à bout de souffle, mais surtout les dangers d'une technologie souvent considérée comme nécessaire mais aux effets potentiellement dévastateurs. Elle a fixé le scénario d'un film catastrophe connu de tous : l'explosion du réacteur, la lutte héroïque des liquidateurs pour tenter de contenir les effets de la fusion du réacteur, et la contamination de toute une région par un nuage radioactif.

Le tsunami et l'explosion de la centrale de Fukushima en 2011 ont représenté un nouveau coup de semonce, montrant que même les nations les plus avancées comme le Japon ne sont pas à l'abri d'une catastrophe de grande ampleur.

La centrale nucléaire de Tchernobyl, trois jours après l'explosion. ▲

VILLES MORTES

Si les particules radioactives sont invisibles, l'accident nucléaire définit pourtant une géographie très précise : celle de la zone à évacuer et à terme d'une zone interdite, un no man's land où nul ne pourra pénétrer durant des centaines voire des milliers d'années. La première zone d'exclusion est définie par les autorités soviétiques en 1986 après la catastrophe de Tchernobyl. 116 000 personnes sont évacuées dans les jours qui suivent l'explosion du réacteurn° 4. La ville de Pripyat, qui comptait 50 000 habitants, devient une ville fantôme où le temps s'est arrêté. Dans ce monde déserté par les hommes, la nature reprend ses droits. La végétation gagne les parkings et les maisons. Au bout de quelques années, on a vu revenir les daims, les élans et probablement quelques spécimens d'ours ainsi qu'une poignée d'habitants : les « samosjoly ».

Un hôtel abandonné dans la ville de Pripyat, située à 3 kilomètres de la centrale nucléaire de Tchernobyl. ▲

Ces irréductibles, qui sont environ 500, souvent des personnes âgées, ont fait en 1997 l'objet d'un livre adapté ensuite sous la forme d'un documentaire. La zone est devenue depuis une dizaine d'années la destination d'un tourisme de l'extrême. Pour la modique somme de 80 euros environ, on peut aujourd'hui enfiler sa combinaison et prendre son dosimètre pour mesurer les radiations et se promener dans les rues de Pripyat au départ de Kiev.

La situation est beaucoup plus dramatique à Fukushima depuis le drame de 2011. Après avoir évacué les habitants de cette préfecture du nord-est du Japon, les autorités ont établi une « zone rouge » dans un rayon de 20 kilomètres autour de la centrale, délimitée par quelques barrières et sillonnée de patrouilles de police. Le gouvernement en a d'abord interdit l'accès aux habitants, sous peine de payer une amende de 100 000 yens, soit 835 euros, puis il a organisé une campagne de reconquête que l'on pourrait qualifier pour le moins de prématurée. Les autorités, qui font des habitants des acteurs actifs de la décontamination, tentent de jouer la carte de la normalisation avant les jeux Olympiques de Tokyo, en 2020. Nettement moins optimiste, la société exploitante de la centrale, TEPCO, qui continue à gérer la centrale, est en train de réaliser un véritable travail de Sisyphe. Elle a deux problèmes majeurs : celui du refroidissement des réacteurs toujours en fusion, grâce à l'apport massif d'eau, et peut-être, ce qui est tout aussi grave, la gestion de cette eau ensuite. Que faire des centaines de mètres cubes d'eau injectés quotidiennement dans la centrale ? On tente de stocker cette eau devenue très radioactive dans de grandes piscines, mais ce sont plus souvent les pluies qui drainent le site et emportent avec elles leurs particules mortelles. Le tritium et le césium issus de la centrale se déversent irrémédiablement dans la nappe souterraine puis dans l'océan, et loin de se diluer comme on pourrait l'imaginer, vont gagner la chaîne alimentaire. La mort au Japon ne viendra pas du nuage comme à Tchernobyl, mais de la mer.

AU CŒUR DU RÉACTEUR

Le lieu le plus terrifiant quand on évoque la catastrophe nucléaire, c'est bien sûr la centrale elle-même et le cœur du réacteur accidenté. Les ingénieurs et les personnels de secours hésitent alors entre deux attitudes. À Tchernobyl, en cette funeste journée d'avril, les hommes ont lutté sans relâche pour éteindre l'incendie. On a souvent insisté sur l'héroïsme des liquidateurs, et notamment celui de ces hommes-grenouilles de l'Armée rouge qui ont plongé sous les cuves afin de les vidanger et d'éviter un choc thermique et une seconde explosion dont les dommages auraient été encore plus dévastateurs. Pour limiter les radiations, on décide alors de couler un immense sarcophage de béton qu'il faudra entretenir au prix d'interventions périlleuses et toujours très limitées dans le temps. Les équipes se relayent pour des plages de travail de quelques minutes, car elles doivent s'abriter régulièrement dans de petites cabines en plomb, seul métal capable de bloquer les radiations.

Le second sarcophage vient d'être installé à Tchernobyl. Les chiffres donnent le tournis : cette immense arche d'acier de 108 mètres de haut financée par 28 pays doit renforcer le confinement du site pendant 100 ans et permettre à terme le démantèlement de la centrale. Mais cette tâche est-elle possible ? Le cœur du problème à Tchernobyl comme à Fukushima, c'est le combustible en fusion présent dans la centrale. Cette énorme boule de magma est si radioactive qu'elle peut tuer un être humain en quelques secondes et mettra encore des milliers d'années à diffuser son rayonnement mortel. On peut aujourd'hui observer ce « corium » grâce aux progrès de la robotique en Ukraine comme au Japon. TEPCO a ainsi pu en récupérer quelques images de Fukushima en janvier 2018 grâce au robot Scorpion élaboré par Toshiba. Elles sont effrayantes : on y voit un blob de couleur marron de près de 880 tonnes qui coule dans les tréfonds de la centrale et provoque de petites taches blanches sur l'image, signe d'une radioactivité intense.

Corium de Fukushima. ▼

Le rayonnement est si fort qu'il a rapidement détruit les câbles de transmission du robot. À Fukushima, on ne sait pas aujourd'hui où le corium se trouve, il a percé la cuve du réacteur et ne cesse de couler dans les profondeurs de la centrale. La réalité fait froid dans le dos, sur un plan purement technique, l'accident de Fukushima n'est pas terminé.

TCHERNOBYL ET SON NUAGE...

Quand le réacteur 4 de la centrale Lénine explose, le 26 avril 1986, il libère un immense panache de gaz radioactifs qui rejoint la stratosphère. Le « nuage de Tchernobyl » s'étend alors sur l'Europe. Au gré des vents, celui-ci gagne les pays voisins : la Pologne, le sud de l'Allemagne, la Grèce, la Norvège, et bientôt la France.

Les autorités françaises, qui ont massivement investi dans le nucléaire, souhaitent ne pas alarmer les populations civiles et tentent alors de minimiser l'impact de ce nuage par la voix du professeur Pellerin. On argumente qu'un anticyclone protège l'Hexagone et diminue les retombées de la catastrophe. Très vite l'information est reprise et simplifiée par la presse : le « nuage se serait arrêté à la frontière ». Les relevés effectués à l'époque par des scientifiques indépendants témoignent cependant de la réalité de la pollution à l'iode 137 et au césium. On observe des taux très importants dans l'est de la France, dans la Drôme et en Corse, et ceux-ci atteignent un niveau de concentration alarmant dans certaines localités des monts vosgiens. Les matières se sont en fait concentrées dans des lieux particuliers et vont toucher durablement des milieux où les particules auront du mal à s'évacuer, comme les lacs fermés, ou à se concentrer, comme les vallées de montagne, à cause du ruissellement des pluies. Les couches superficielles du sol ayant été souillées, il aurait donc fallu une politique d'information beaucoup plus réaliste et précise, invitant la population à ne pas consommer de baies, de champignons ni de lait frais de la région jusqu'à plusieurs mois après le passage du nuage. Les taux de concentration les plus élevés de particules radioactives ont d'ailleurs été observés chez les sangliers corses, friands de champignons !

De manière plus générale, il aurait fallu rentrer des millions de têtes de bétail dans les étables et les nourrir avec des fourrages de l'année précédente, et inciter les professionnels de l'agriculture à jeter les récoltes de l'été 1986 ou, a minima, les mélanger avec les stocks de l'année précédente pour réduire la quantité de particules ingérées. Mais en France, comme dans les autres pays du monde, face au risque nucléaire, les sociétés ont toujours tendance à osciller entre alarmisme et déni...

POISONS SOUS LA MER

Si la radioactivité est clairement associée à quelques points précis du globe, elle sévit aussi de manière insidieuse sous les océans. Le nucléaire, qu'il soit civil ou militaire, produit des déchets : des gants de manipulation pour certains examens médicaux jusqu'aux cuves des plus anciennes centrales. Les objets usagers, les gravats d'anciennes installations ou le résidu issu du combustible utilisé pour la fission sont autant de déchets qu'il faut stocker, trier ou traiter avec la plus grande précaution. Avant la construction d'usines de traitement, à l'image du centre de La Hague, sur la pointe du Cotentin pour la France, les déchets étaient tout simplement... jetés en mer !

◂ 11 mars 2011: la vague du tsunami atteint la centrale nucléaire de Fukushima.

Jusqu'en 1993, date de la signature de la Convention de Londres qui interdit un tel usage, les États-Unis et la Russie, mais aussi le Japon, la Grande-Bretagne, la France et même la Belgique ont utilisé les océans comme de véritables décharges. Placés dans des fûts en métal ou en béton, les déchets devaient théoriquement être jetés dans les fosses océaniques, à 3 000 ou 4 000 mètres de profondeur. On a aujourd'hui une carte assez exhaustive de ces sites, qui se trouvent pour l'essentiel dans l'Atlantique Nord, au large des États-Unis, de l'Europe occidentale ou même, beaucoup plus proche de nous, dans la Manche. Mais ces cartes sont-elles fiables ? Les lieux et les quantités mentionnées dans les registres sont souvent théoriques, quand ils ne sont pas totalement fantaisistes. Les capitaines de bateau ont en effet souvent écourté le voyage pour ne pas trop exposer leur équipage aux radiations, ou ont jeté les cargaisons par-dessus bord à l'annonce d'une tempête. Plus effrayant encore, certains de ces fûts ne sont qu'à quelques kilomètres de nos lieux de vacances. Des fûts rouillent au large de l'île anglo-normande d'Aurigny, dans la fosse des Casquets, également appelée Hurd's Deep. Les Britanniques y ont immergé plus de 17 000 tonnes de déchets radioactifs jusqu'en 1963. Certains de ces fûts ne reposent qu'à 100 mètres de fond et ne seraient pas étrangers à l'augmentation sensible des cas de cancer sur ces petites îles idylliques qui sont également un site de pêche.

Fût qui contient des déchets nucléaires reposant à 103 mètres de profondeur.

Greenpeace installe une webcam sous-marine à la sortie du tuyau d'évacuation des déchets nucléaires de la Cogema, à La Hague.

Les pays développés étant aujourd'hui beaucoup plus vigilants, ce genre de pratiques s'est délocalisé vers les contrées du Sud, et surtout les nations les plus fragiles, comme la Somalie. Le pays, qui a connu une grande période d'instabilité politique dans les années 1990, n'a plus eu les moyens de faire respecter sa souveraineté sur la mer en équipant ses garde-côtes. Une zone de non-droit s'est donc développée au large, dans le golfe d'Aden : les bateaux de pêche étrangers ont pillé les fonds marins et ceux contrôlés par les mafias sont venus immerger des fûts dont le traitement coûte des millions d'euros.

DE LA RADIOACTIVITÉ EN BRETAGNE !

En lisant ces quelques lignes, vous avez été sans vous en rendre compte criblé de radiations. Celles-ci proviennent de l'espace et de la croûte terrestre. Mais la nature a bien fait les choses, notre ADN est programmé pour immédiatement « réparer » ces dommages causés par la radioactivité naturelle. Certains habitants du globe sont cependant plus exposés que d'autres, comme les habitants de la Guyane, de la Haute-Vienne, du Finistère ou du Morbihan.

La raison ? Le radon. Ce gaz issu de la décomposition du radium émane de roches comme la lignite, les grès, les schistes noirs, mais surtout du granit, qui forme le sous-sol du Massif central ou du Massif armoricain. Mais même si le radon est considéré comme un gaz responsable de cancers du poumon, les taux d'infection en Bretagne restent largement inférieurs à la moyenne nationale. Pas de panique, cependant : le meilleur moyen de préserver sa santé est d'étanchéifier au maximum le sol de sa maison, de ventiler son intérieur en aérant régulièrement et d'éviter le tabac.

DE L'ANTRE DU DOCTEUR FRANKENSTEIN AUX TERRIBLES EXPÉRIMENTATIONS DE L'UNITÉ 731 DU JAPON PENDANT LA SECONDE GUERRE MONDIALE, LES LABORATOIRES SCIENTIFIQUES PEUVENT MARQUER L'IMAGINAIRE COLLECTIF. INTERDITS AU COMMUN DES MORTELS, RÉSERVÉS AUX SAVANTS UN PEU FOUS OU CARRÉMENT DIABOLIQUES, ILS SONT LE LIEU OÙ LA SCIENCE REPOUSSE LES LIMITES DU POSSIBLE, QUITTE À DÉFIER LES LOIS DE LA NATURE, DE DIEU OU DE LA MORALE.

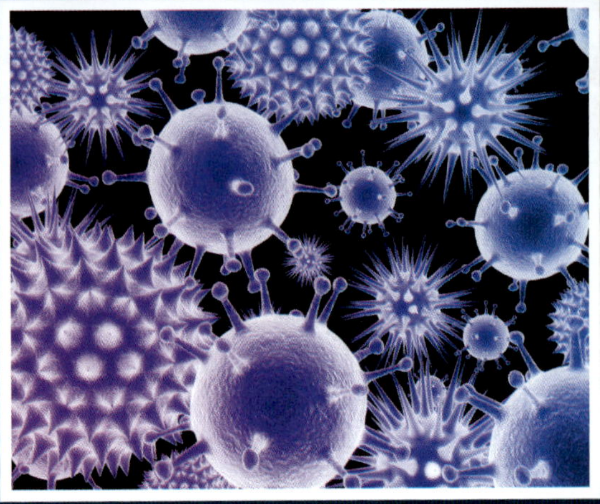

Photos de virus prises au microscope électronique.

DES LABORATOIRES ET DES HOMMES

C'est encore une fois à l'occasion de conflits armés que le terrible mariage de la science et de la destruction se noue. Pendant la Première Guerre mondiale, on met ainsi au point le gaz moutarde, qui constitue de loin la plus grande peur des soldats, et au cours de la Seconde, les grandes puissances poursuivent leurs recherches sur les armes bactériologiques… peu avant la découverte de l'arme atomique. Et si l'usage de ces armes est aujourd'hui officiellement interdit, les recherches se poursuivent, et le monde compte encore une poignée de laboratoires dont les portes font bien de rester hermétiquement fermées…

QUAND LES BACTÉRIES TUENT

Les laboratoires de recherche de Fort Detrick dans le Maryland, La Tronche, près de Grenoble, Sverdlovsk en Russie ou Nes Tziona près de Tel Aviv, en Israël, sont des lieux généralement inconnus du grand public mais bien connus des scientifiques, des militaires… et des complotistes. Ils sont en effet tous liés à l'armée et consacrés à la recherche bactériologique. Depuis la Seconde Guerre mondiale, parallèlement aux recherches sur l'arme atomique, les grandes puissances ont travaillé sur les armes bactériologiques : la « bombe du pauvre ». Variole, anthrax ou autres virus provoquant des grippes très violentes ont été étudiés, développés et manipulés dans une optique de guerre totale.

Une maladie est souvent aussi efficace qu'un bombardement, c'est ce qu'avaient déjà compris les Turcs dans leur guerre contre les Génois en leur lançant des cadavres de pestiférés lors du siège de Caffa, en 1347. Les Américains sont d'ailleurs accusés d'avoir utilisé des bio-armes lors de la guerre de Corée, dans les années 1950 – certainement effrayés par le million de soldats chinois qui leur faisaient face – et d'avoir envisagé d'y recourir dans leur lutte contre Cuba. L'URSS avait développé son programme bactériologique Biopreparat à Sverdlovsk, plus connue sous le nom de Iekaterinbourg. Le pays subit d'ailleurs un Tchernobyl bactériologique en avril 1979 : une explosion retentit dans son centre de recherche et contamine le village voisin à l'anthrax 836,

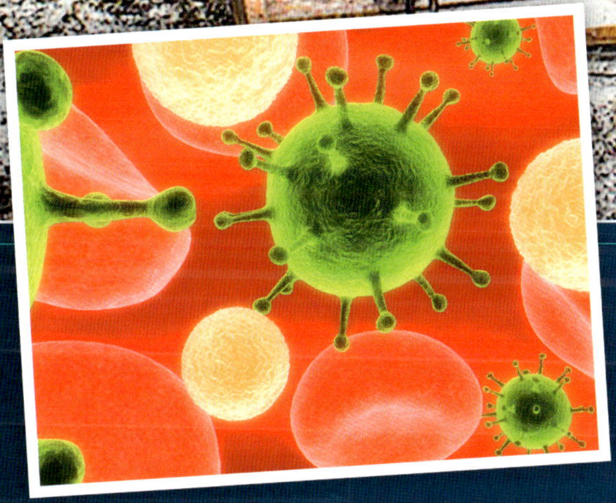

La péninsule du Yamal, en Sibérie, confrontée à une épidémie d'anthrax en 2016.

un bacille de charbon particulièrement violent. Le bilan resté secret défense s'élèverait à près de 200 victimes.

En 1972, 143 pays avaient pourtant ratifié le traité interdisant la possession, le stockage et l'utilisation d'armes biologiques dont les deux grandes puissances de la guerre froide et la France. Mais voilà, contrairement à ce qui a été instauré pour l'arme atomique, il n'existe pas d'agence internationale qui veille à assurer au respect de ces clauses. Pire encore, après l'effondrement de l'URSS, on sait que de nombreux scientifiques de l'ancien bloc ont été attirés par de petits États voyous soucieux d'intégrer le concert des nations et comptant sur une arme aux potentialités dévastatrices finalement très voisines du nucléaire. Juste avant la guerre du Golfe, Saddam Hussein proposait ainsi 300 000 dollars par an de revenus aux chercheurs qui accepteraient de gagner l'Irak. Il y aurait donc eu quelques transferts de cerveaux russes vers la Syrie ou l'Iran.

Mis à part cette dispersion inquiétante de scientifiques et de leur savoir-faire, c'est aujourd'hui le bioterrorisme qui fait peur, surtout depuis la réception de courriers à l'anthrax, au lendemain du 11 septembre 2001 aux États-Unis. Après la chute des tours jumelles, une psychose s'empare du pays quand un mystérieux expéditeur envoie des lettres contenant cette poudre contaminée à des hommes politiques et des journalistes. Cinq personnes y laisseront la vie et dix-sept seront hospitalisées. Les envois se sont arrêtés et le principal suspect, Bruce Ivins, qui était lui-même chercheur sur les vaccins contre l'anthrax, s'est suicidé en 2008. Lieux de production d'armes potentiellement terribles, les laboratoires permettent également de progresser sur la recherche des vaccins. Mais entre le risque de fuite, qu'elles soient techniques ou humaines, le risque de détournement par un groupe terroriste ou le simple dérapage d'un scientifique, l'humanité a encore de quoi se faire quelques cheveux blancs...

SOUS HAUTE SURVEILLANCE

En plein cœur de Lyon, dans le quartier de Gerland, un bâtiment en forme d'araignée est certainement l'un des lieux les plus sécurisés et les plus dangereux de France. Son accès y est strictement réglementé : tout intrus est passible d'une peine de six mois de prison et de 7 500 euros d'amende – ce qui est peu comparé au risque qu'il ferait encourir à la société tout entière !

Le centre P4 de Lyon est en effet un laboratoire qui contient les agents pathogènes dits « de classe 4 », au sommet de l'échelle de dangerosité des virus. Le simple nom des virus sur lesquels on y travaille fait déjà frémir : Ebola, virus de Marburg et de Lassa, mais aussi de Crimée-Congo... Ces agents pathogènes sont les plus dangereux du monde et entraînent la mort à 90 % en provoquant fièvres hémorragiques ou encéphalites. Ce type d'installation a été fondé par la famille Mérieux, grand industriel lyonnais et géant international de la pharmaceutique. Le bâtiment a ensuite été confié à l'Inserm.

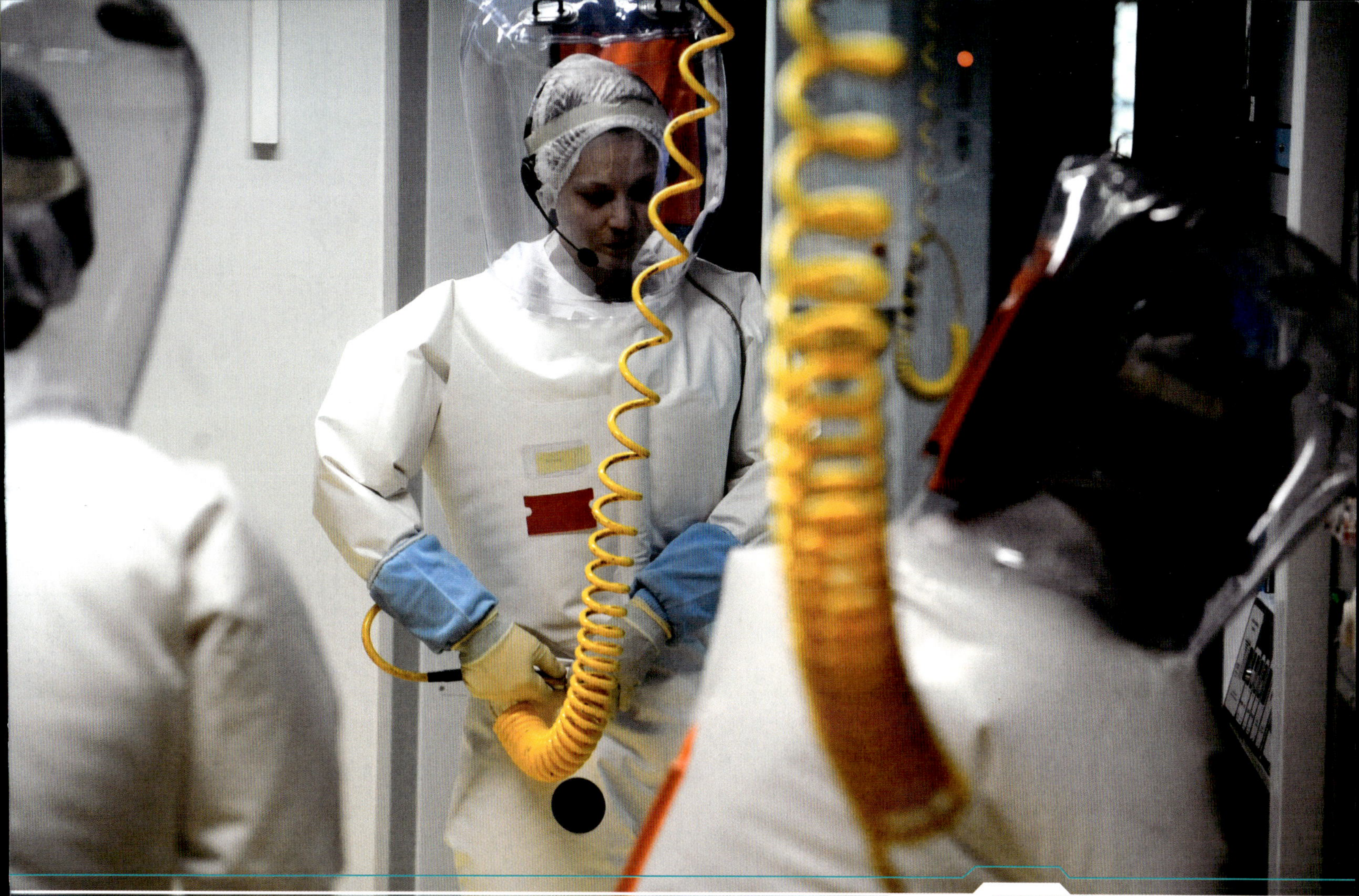

◀ Logo du laboratoire de microbiologie P4 Jean Mérieux à Lyon.

▲ Des chercheurs manipulent des virus dans le laboratoire P4 Jean Mérieux, à Lyon.

Le laboratoire a tout d'un bunker, et ses employés font penser à des cosmonautes : équipés de scaphandres blancs à pression positive – en cas de déchirure, aucun air du laboratoire ne doit y pénétrer –, ils sont reliés à des arrivées d'air pur venant du plafond par des tuyaux surnommés « narguilés ». Les scientifiques travaillent généralement sur un petit animal, souris ou macaque, qui présente les mêmes symptômes que l'être humain, à la recherche d'un traitement. Ils doivent donc être très vigilants aux risques de morsure ou de fuite de ces animaux. Tout est étudié pour assurer un confinement maximum : le système de ventilation, les murs fabriqués à partir d'un composite de béton et d'acier très résistant, et même la douche au phénol prise avec le scaphandre. En cas d'incendie, il n'y a pas d'issue de secours pour l'animalerie. Rien n'est donc laissé au hasard dans un lieu aussi sécurisé qu'une centrale nucléaire. Le monde compte aujourd'hui une petite dizaine de sites comparables, installés pour l'essentiel dans les grandes puissances économiques et scientifiques : les États-Unis, l'Australie et la Chine, par exemple. Hautement dangereux, ils sont aussi considérés comme seuls capables d'apporter le salut en cas de grave épidémie. Mais on ne peut lutter contre un virus sans le manipuler, et si ces lieux vous font frémir, les spécialistes estiment que leur nombre est trop insuffisant : il en faudrait au total une dizaine dans l'Union européenne.

▲ La baie de Gruinard dans le nord de l'Écosse.

« ANTHRAX ISLAND »

Au large d'Ullapool, dans le nord de l'Écosse, se dresse une petite île battue par les vents qui ne serait pas sans rappeler l'île Noire dans les Aventures de Tintin. *L'île Gruinard, qui est restée une zone interdite jusqu'en 1990, continue à faire peur, et pour cause ! Elle a été choisie par le gouvernement britannique pendant la Seconde Guerre mondiale pour y réaliser les essais de sa nouvelle arme de guerre totale : les bombes à l'anthrax.*

En 1941, Londres subit le Blitz, des bombardements allemands très éprouvants sur le plan matériel, humain et psychologique. Churchill envisage alors de mettre au point une arme terrible que le pays utiliserait en dernier recours contre l'Allemagne. En 1942 et 1943, des bombes contenant un échantillon de la souche bactérienne sont lâchées sur l'île pour tester le pouvoir infectieux des bactéries après leur dissémination dans l'air.

Le projet est finalement abandonné, mais il faudra des décennies de décontamination. On ira jusqu'à badigeonner l'île avec des tonnes de formol et faire des prises de sang aux lapins pour vérifier l'efficacité de cette opération. La quarantaine est enfin levée en 1990, mais si l'île suscite l'intérêt et la curiosité depuis le rivage, peu nombreux sont encore ceux qui osent la traversée pour « Anthrax Island ».

LA RUMEUR COURT…

Le laboratoire étant un lieu clos et réservé à quelques initiés, il tient logiquement une bonne place dans les théories complotistes. Le scénario est souvent le même : un laboratoire financé par le Pentagone et la CIA dans un pays pauvre, incapable de résister aux exigences d'une puissance impérialiste, des épidémies de choléra ou de grippe aviaire provoquant des dizaines ou des centaines de morts – chiffres qui seront de toute façon minimisés par les autorités… Des théories auxquelles les Soviétiques ne sont pas étrangers. Passés maîtres dans l'art de la désinformation, au milieu des années 1980, ils vont utiliser un contexte politique et sanitaire favorable pour salir l'image des États-Unis à peu de frais et mettre au point l'opération Infektion, qui fait des Américains les inventeurs et les propagateurs du virus du sida. L'épidémie fait alors des ravages dans le monde entier, et les États-Unis sont entrés dans l'ère du soupçon depuis le scandale du Watergate, en 1974, où l'on a découvert que le mensonge et la manipulation étaient pratiqués jusqu'au sommet du pouvoir.

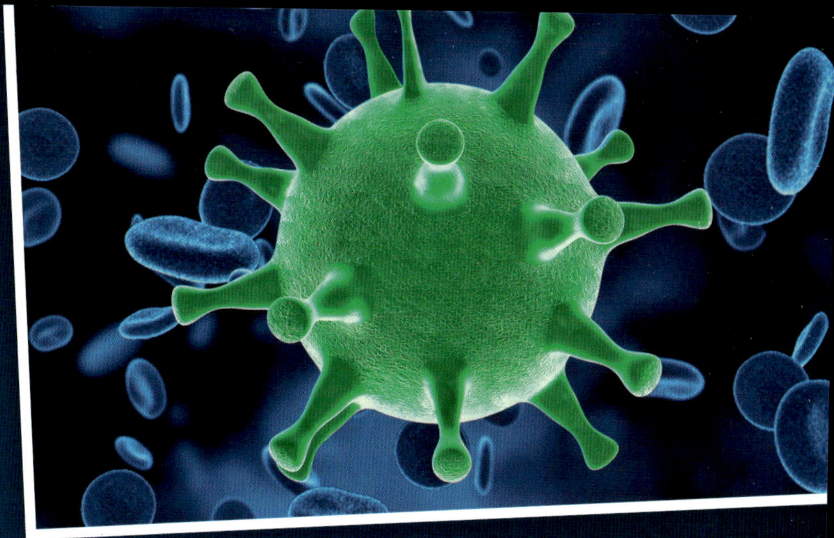

Virus HIV. ▲

« L'infection » de l'opinion mondiale commence par la manipulation d'un journal indien de gauche en juillet 1983, *le Patriote*, qui publie le témoignage anonyme d'un « scientifique américain bien connu » révélant que le virus a été créé dans le laboratoire de Fort Detrick. La rumeur se répand comme une traînée de poudre et prend un nouvel essor en 1985, quand un professeur de biologie d'Allemagne de l'Est à la retraite, Jakob Segal, publie avec un collègue et son épouse un texte intitulé « Le sida, sa nature et ses origines ». Il y cautionne la thèse d'une origine artificielle, et surtout américaine, du virus, créé pour « réguler » la population africaine alors en pleine explosion démographique. Cette thèse est diffusée massivement lors de la conférence des pays non alignés, en septembre 1986, elle se retrouve même aux États-Unis dans la presse alternative et anticapitaliste comme le journal *The Truth*, qui fait du virus une arme « contre les gays et les Noirs ».

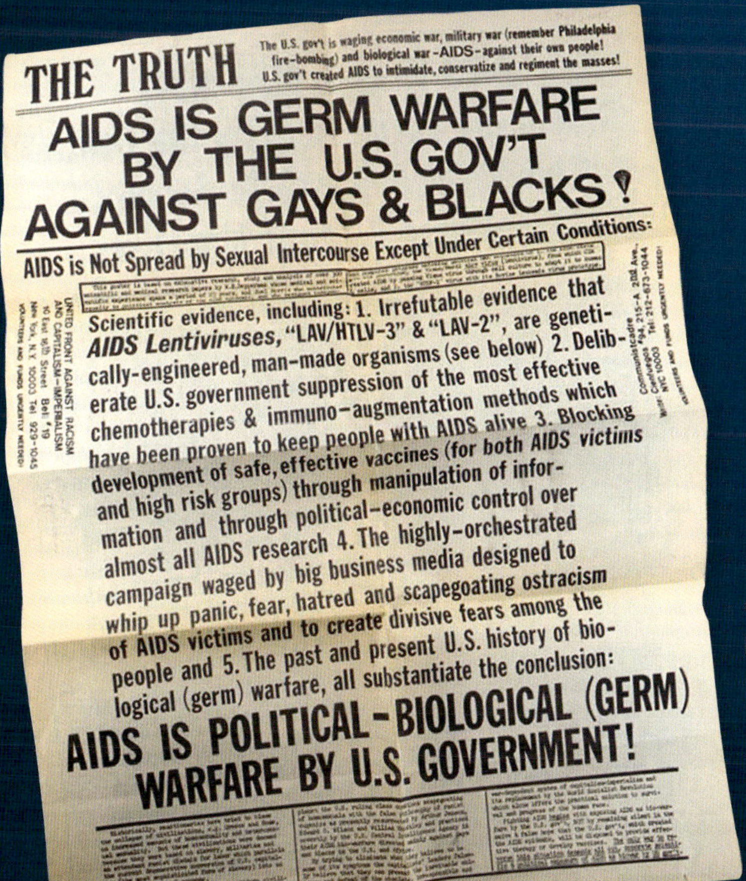

THE TRUTH

The U.S. gov't is waging economic war, military war (remember Philadelphia fire-bombing) and biological war -AIDS- against their own people! U.S. gov't created AIDS to intimidate, conservatize and regiment the masses!

AIDS IS GERM WARFARE BY THE U.S. GOV'T AGAINST GAYS & BLACKS!

AIDS is Not Spread by Sexual Intercourse Except Under Certain Conditions:

UNITED FRONT AGAINST RACISM AND CAPITALISM–IMPERIALISM 10 East 16th Street Bell #19 New York, N.Y. 10003 Tel 929-1045 VOLUNTEERS AND FUNDS URGENTLY NEEDED!

Scientific evidence, including: 1. Irrefutable evidence that
AIDS Lentiviruses, "LAV/HTLV-3" & "LAV-2", are geneti-
cally-engineered, man-made organisms (see below) 2. Delib-
erate U.S. government suppression of the most effective
chemotherapies & immuno-augmentation methods which
have been proven to keep people with AIDS alive 3. Blocking
development of safe, effective vaccines (for *both AIDS victims*
and high risk groups) through manipulation of infor-
mation and through political-economic control over
almost all AIDS research 4. The highly-orchestrated
campaign waged by big business media designed to
whip up panic, fear, hatred and scapegoating ostracism
of AIDS victims and to create divisive fears among the
people and 5. The past and present U.S. history of bio-
logical (germ) warfare, all substantiate the conclusion:

AIDS IS POLITICAL-BIOLOGICAL (GERM) WARFARE BY U.S. GOVERNMENT!

La rumeur est totalement adaptée aux objectifs soviétiques en cette fin de guerre froide. Il s'agit de montrer le vrai visage du capitalisme immoral et raciste, qui sacrifie les habitants du tiers-monde et les populations les plus fragiles de la société américaine sur l'autel de ses intérêts. L'opération Infektion est bien une arme destinée à mettre un coin entre le bloc de l'Ouest et les populations et les opinions des pays du tiers-monde à un moment où l'URSS est considérablement affaiblie dans sa rivalité économique et technique avec l'Amérique de Reagan.

L'Institut Pasteur, à l'origine de l'identification du virus du sida, a eu beau démontrer qu'il s'était déjà répandu en Afrique dans les années 1950, le mal était fait. Le soupçon pèse toujours sur les États-Unis. Le pays ouvre depuis un grand nombre de laboratoires de recherche en Afrique, en Ouzbékistan, en Ukraine, en Géorgie, tel le centre Richard-Lugar, près du village d'Alexeeva, créé en 2011. Souvent développés pour travailler en coopération avec les ministères de la Santé locaux, mais avec des moyens financiers bien souvent insuffisants, ces laboratoires sont accusés par les Russes d'abriter des opérations de recherche et de manipulation de virus hautement dangereux d'autant plus inquiétantes que certains laboratoires sont installés dans d'anciennes républiques soviétiques. Faut-il y voir une tentative d'encerclement et de menace du géant russe ou une coopération sanitaire nécessaire au renforcement des relations de ces pays avec l'Ouest ?

◄ Une du journal américain *The Truth*.

Et pour cause, dans ces quatre noms, on trouve deux des plus grands data centers du monde, le plus grand data center d'Europe et l'un des derniers sites d'Europe fondé par Facebook pour assurer le stockage des données de ses clients du Vieux Continent. Ils sont quelques milliers dans le monde, mais nous ne les visiterons probablement jamais. Ils font pourtant partie de notre quotidien car ils conservent dans leurs entrailles une grande partie de nos informations les plus précieuses et permettent le fonctionnement de nos téléphones, ordinateurs et autres objets connectés autant qu'ils sont essentiels à toutes les démarches et les actions que nous effectuons « en ligne ». Ces lieux étranges sont bien sur les data centers, ou centre de données, indispensables au fonctionnement de l'Internet et des télécommunications modernes.

Sans data centers, pas d'échanges ni de réseaux sociaux, pas d'Internet utilisable ni de vidéos en ligne. Autant dire qu'ils sont les clés de voûte de nos sociétés modernes ou la communication en temps réel et le partage de données sont devenus l'un des éléments primordiaux de nos vies et de nos économies. Les banques y stockent les informations sur leurs clients, les militaires les informations stratégiques et le résultat de leurs interceptions, les entreprises géantes de l'Internet et de l'informatique comme Apple, Amazon ou Google y protègent les données qui sont au cœur de leur réussite et de leur métier.

Quant aux compagnies de téléphone, elles y stockent des quantités phénoménales d'informations issues de nos communications.

Luleå, le nouveau data center ▲
de Facebook, en Suède.

DES FORTERESSES IMPRENABLES

Connectés au réseau, composés de bases de données, de serveur de fichiers et de serveur d'applications, il s'agit avant tout de lieux de stockage d'informations. Si la plupart des entreprises et administrations de taille moyenne en possèdent dans leurs sous-sols ou dans de petites salles dédiées, celles-ci sont de taille très réduite. Leur fonction consiste surtout à assurer le fonctionnement des ordinateurs et du réseau interne, à stocker des données de faible importance.

Car lorsque qu'il s'agit de réserver des données sensibles et d'y assurer un accès permanent, rien ne vaut leur stockage dans un lieu déporté consacré exclusivement à cette fonction. Les informations les plus sensibles ou les plus importantes sont donc en réalité stockées à part, dans de véritables forteresses où technologie rime avec sécurité. En effet, les grands data centers regroupant des milliers voire des millions de serveurs sont de véritables monstres modernes. Ils occupent des espaces considérables de plusieurs dizaines de milliers de mètres carrés et nécessitent un entretien et une surveillance permanente que seuls des spécialistes sont capables d'assurer. Dissimulés à notre regard, ils représentent l'envers du décor de nos sociétés informatisées et connectées et sont les gardiens du secret de nos données et d'une partie importante de notre vie. Il s'agit d'endroits complexes où seuls les ingénieurs qui les entretiennent et les agents de sécurité qui les surveillent y ont accès.

Le maître-mot des data centers est bien la sécurité. Et si certains d'entre eux ont l'allure de véritables bunkers, c'est parce que celle-ci commence d'abord par la sécurité du matériel lui-même qui ne peut être assuré que dans des bâtiments spécialement conçus. Ces derniers, souvent durcis ou renforcés, doivent résister aux aléas climatiques, être climatisés et protégés contre les risques d'incendie et de surchauffe. Les serveurs sont ainsi généralement disposés sur des sols amovibles et surélevés sous lesquels passent les câbles et qui permettent la circulation de l'air. Les connexions sont doublées

Un cluster de serveurs dans un centre de données.

afin de créer des systèmes redondants et d'éviter des pannes, tandis que des alimentations secondaires ou de secours prennent le relais en cas de coupure d'alimentation électrique. Mais la protection est aussi liée à la conception même des serveurs qui disposent des logiciels qui surveillent et analysent le fonctionnement de l'ensemble, préviennent les dysfonctionnements ou tentent d'empêcher les piratages. Car la menace vient avant tout de l'extérieur. Les informations hautement sensibles qui sont stockées doivent être protégées de toute intrusion. Et si les bâtiments font l'objet d'une surveillance physique, il faut aussi se prémunir des hackers et des cybercriminels comme d'opérations offensives pouvant être menées par des officines de renseignement.

LES CARREFOURS DU MONDE NUMÉRIQUE

Dans le monde, leur nombre est estimé à environ 7 500 et il est amené à exploser dans les années à venir. La cause est simple : Internet s'est considérablement démocratisé depuis les années 1990 avec un nombre toujours plus important de personnes connectées ; mais ce sont surtout ses usages au quotidien (mails, tweets, musique en ligne, films en *streaming*) qui expliquent cette tendance. Facebook a aujourd'hui plus de trois milliards d'utilisateurs à travers le monde ; il lui faut donc d'énormes capacités de stockage au plus près de ses clients.

Le vrai accélérateur de la construction de ces boîtes géantes d'ordinateurs, c'est le « cloud computing ». Autrefois, les utilisateurs stockaient leurs informations, leurs données et leurs photos sur leur ordinateur ; aujourd'hui, elles sont dématérialisées et accessibles grâce au *cloud* : le fonctionnement en « nuage » permet de se connecter à de très importants espaces de stockage, où l'on peut accéder à ses fichiers dès qu'il y a un accès Internet. Et les données sont souvent copiées en deux lieux différents par sécurité.

Ce monde virtuel et dématérialisé a pourtant une géographie bien réelle. Il faut en réalité imaginer les data centers comme les nœuds d'un vaste réseau souvent méconnu : celui des câbles sous-marins qui relient les continents et les terminaux qui se situent près des grandes métropoles.

DANS LE CENTRE DE NOS VILLES ET SUR LE CERCLE POLAIRE

La localisation des data centers n'est pas le fruit du hasard. Faire une carte du monde des data centers revient à dresser la carte de la richesse et de la puissance économique. Les États-Unis arrivent largement en tête, suivis de l'Europe et notamment de la Grande-Bretagne et de la France. Les sites se situent logiquement dans les économies les plus développées où les populations sont équipées en matériel numérique.

Les grandes entreprises du web font un choix guidé par plusieurs critères parmi lesquels figurent la proximité des clients mais surtout le prix de l'électricité. La première génération se situe dans les grandes métropoles ou les régions urbanisées : Londres pour les villes et la Californie sont à ce titre la plus grande concentration de data centers au monde. Aujourd'hui, deux tendances majeures se dégagent. À l'image de son développement économique tardif et vertigineux, commencé au tournant des années 2000, la Chine voit aujourd'hui pousser ses data centers comme des champignons.

Chose étonnante, pour les sites les plus récent et les plus gigantesques : on remarque un surreprésentation des pays nordiques comme l Suède, la Norvège et même l'Islande. Les data center se situent très souvent sur le cercle polaire et dan l'empire du Milieu, ils sont la plupart du temp construits au Nord, en Mongolie-Intérieure.

Le critère essentiel à l'heure du gigantisme, c'es le climat. Pour faire baisser la température de ce entrepôts où se situent des milliers d'ordinateur mis en réseau sur des surfaces plus grandes qu des terrains de football, on mise sur une ventilatio qui puise un air frais 11 mois sur 12. C'est le « fre cooling » qui permet de ménager l'environnemen mais surtout de limiter la facture électrique.

Si un data center est toujours composé des même armoires d'ordinateurs rangés en batterie dan d'interminables allées, leur aspect extérieur n'es jamais le même et souvent trompeur. Ils son généralement très discrets en ville et occupen souvent des lieux désaffectés comme un site class secret défense jusqu'en 1982 et abandonné par l'État caché sous le laboratoire centra des Ponts et Chaussées dans l xve arrondissement de Paris On les trouve aussi derrièr des façades d'anciennes usine ou de simples immeubles à Londres et à Tokyo. Mais leur architecture peut se faire plus futuriste comme le monolithe noir très design du plus grand centre européen à Covilhã au Portugal. Devenus de véritables villes miniatures en Chine, vus du ciel, ils ressemblent à des cités de science-fiction... et d'informations.

Démonstration du « cloud computing » au stand Microsoft, à Hanovre, en Allemagne.

LE PLUS GROS DATA CENTER

La compétition est rude entre les data centers ! Si les États-Unis dominent encore largement par leur nombre, la Chine multiplie les centres géants ! Après Langfang situé près de Pékin, le plus gros du monde pourrait ainsi bien être celui construit par le plus grand opérateur téléphonique mondial, à savoir China télécom. Situé à Hohhot en Mongolie-intérieure, il devrait s'étendre sur près d'1 million de mètres carrés, dans un complexe de près de 25 kilomètres carrés. Il devancerait ainsi celui de Ballangen réalisé près de l'Arctique par la société Américano norvégienne Kolos. Mais à la différence de ce dernier, il ne sera pas entièrement alimenté par de l'énergie renouvelable !

DES GOUFFRES ÉNERGÉTIQUES

On aurait tort de seulement associer la consommation d'énergie et le rejet de CO_2 au seul secteur industriel et à l'automobile. Les data centers sont de véritables gouffres énergétiques : on estime qu'ils consomment 10 % de la production électrique mondiale et leurs besoins vont tripler dans les dix années à venir. Et si rien n'est fait en 2020, les plus gros data center rejetteront autant de CO_2 que les avions.

L'activité sur Internet consomme de l'énergie et contribue donc au réchauffement climatique. Le simple parcours d'un mail illustre ce besoin de transfert, de stockage et donc d'énergie. Une fois envoyé au destinataire, le mail transite par le data center auquel vous êtes raccordé, y est conservé, puis est éventuellement envoyé vers le data centers de votre destinataire pour y être dupliqué une seconde fois. Dès lors, on ne sera pas étonné qu'il produise l'équivalent de 7 grammes de CO_2.

L'explosion de la vidéo et de la musique dématérialisées est encore plus énergivore. Le visionnage d'une des vidéos musicales les plus populaires au monde, le « Gangnam Style », a ainsi consommé l'équivalent de l'énergie produite par une petite centrale nucléaire pendant un an. Voilà de quoi faire travailler et chauffer ces banques de données qui travaillent 7 jours sur 7 et 24 heures sur 24 ! La chaleur produite par leur activité pourrait faire monter la température de leurs entrepôts jusqu'à 120 degrés. Mis à part le stockage, la deuxième fonction essentielle à assurer du bâtiment est le refroidissement, ce qui fait s'envoler la facture d'électricité pour les entreprises propriétaires.

Cette chaleur peut être cependant également récupérée et servir pour le chauffage des bureaux par exemple, une piscine ou tout un quartier comme à Val d'Europe en Seine-et-Marne et bientôt à la Butte-aux-Cailles, à Paris. C'est d'ailleurs cette double gestion d'eau chaude et d'eau froide que Google a mise en valeur dans les locaux de son site de Dalles dans l'Oregon en utilisant logiquement le rouge et le bleu, quitte à ajouter du vert et du jaune, pour mettre le tout aux couleurs de l'entreprise. Contrairement à la Chine où l'empreinte carbone reste très élevée, les entreprises européennes et américaines ont donc misé sur les énergies renouvelables en les installant sur le littoral, où sont utilisées l'eau de mer pour le refroidissement ou l'électricité produite par les éoliennes. Google a ainsi installé son centre européen à Hamina, sur le littoral finlandais. Facebook s'est d'ailleurs illustré comme le champion du « green computing » avec son tout dernier site européen : Luleå. Dans cette ville côtière de Suède, le site utilisera 100 % de l'énergie renouvelable.

◂ Le data center de Google, Oregon, États-Unis.

DES DATA CENTERS SOUS LA MER

Cette idée qu'on aurait pu associer à Jules Verne est un projet bien réel mené par les ingénieurs de Microsoft. L'entreprise de Bill Gates a dévoilé ce projet en 2016 et déjà réalisé son premier prototype.

Les ordinateurs sont stockés dans un conteneur totalement hermétique de 17 tonnes immergé sur la côte Pacifique des États-Unis. Les placer en mer présente plus d'un avantage : l'essentiel de la population mondiale et donc des clients des géants du web vit à moins de 200 kilomètres des littoraux, la fraîcheur de l'eau assure un refroidissement on ne peut plus écologique et on pourra un jour espérer utiliser plus efficacement l'énergie des courants marins.

Mais surtout le stockage dans des conteneurs permettrait une production en masse avec une technique identique pour toutes les régions de la planète. Les chercheurs ont même observé que les animaux marins s'étaient habitués au conteneur en venant s'y installer au bout de trois mois !

LIEUX
SECRETS
ET INTERDITS

- 6 -

D'AUTRES
MONDES

Si ses beautés sont infinies et s'il reste tant de choses à comprendre ou à préserver, le monde actuel et les sociétés qui le composent sont loin de satisfaire ceux qui le peuplent. Sur notre planète, des hommes et des femmes cherchent à le fuir pour bâtir leur propre monde idéal, toujours intrigant et parfois terrible.

Ces univers parallèles et utopiques, réels ou virtuels, accessibles ou totalement clos, sont régis par d'autres règles que celles que la modernité semble vouloir imposer à la majorité des hommes. Merveilleux et effrayants, ces derniers apparaissent alors comme des ultimes refuges où se dessinent des visions qui reflètent avant tout un désir d'absolu, un besoin de rêver et souvent une fuite en avant vers un passé mythifié ou un futur technologique plein de promesses.

D'un monde à un autre... ▸

INUTILE D'ÊTRE UN FAN DE MARVEL ET DE SCIENCE-FICTION POUR CROIRE À L'EXISTENCE DE MONDES PARALLÈLES ! ILS EXISTENT BEL ET BIEN, ILS SE DÉVELOPPENT, ILS PULLULENT MÊME ! CAR DES PREMIERS PILGRIM FATHERS VENUS FONDER UNE « NOUVELLE JÉRUSALEM » DANS L'AMÉRIQUE DU XVIIe SIÈCLE JUSQU'AUX MAÎTRES DU DARK WEB, IL Y A TOUJOURS EU DES INDIVIDUS CHERCHANT À CRÉER UN MONDE PARALLÈLE, RÉSERVÉ AUX INITIÉS ET IMAGINÉ POUR SE METTRE À DISTANCE DES CONTINGENCES ET DU FONCTIONNEMENT DES SOCIÉTÉS ORDINAIRES. DES LIEUX OÙ LES RÈGLES SONT DIFFÉRENTES, OÙ L'ON PEUT SE RÉFUGIER OU S'ENFERMER, SE PROTÉGER DU REGARD DES AUTRES OU METTRE EN PRATIQUE LES IDÉES LES PLUS INQUIÉTANTES ET LES PLUS FOLLES !

MONDES PARALLÈLES

LES AMISH, UN MONDE À PART

Les Amish sont les représentants d'un courant anabaptiste, une communauté protestante pacifiste qui naît en 1693 en Suisse et se développe aussi en Alsace. Mais leur vision du christianisme dérange, car ils refusent de baptiser les enfants en bas âge, et donc d'assurer le salut de leur âme en cas de mort prématurée. Pour eux, le sacrement du baptême doit être un choix assumé et avoir lieu en conscience, bien plus tard dans la vie. Réprimés par les autorités suisses, puis expulsés par Louis XIV, ils fuient dans le Nouveau Monde à défaut de voir leurs pratiques religieuses acceptées dans l'Ancien. Ils émigrent ainsi à la fin du XVIIe siècle en Pennsylvanie puis dans le Midwest, principalement dans l'Ohio et l'Indiana, où ils représentent aujourd'hui une communauté forte de 300 000 membres.

Les Amish du comté de Lancaster, boghei tiré par un cheval, et garçons se rendant à la messe, en Pennsylvanie.

▲ Des adolescents amish, en Pennsylvanie.

L'une de leurs premières règles est : « Tu ne te conformeras point au monde qui t'entoure. » C'est pourquoi ils vivent à l'écart, formant un univers à part, un véritable monde parallèle enchâssé dans la société américaine.

Sobriété et refus de toute excentricité sont les principaux préceptes de la communauté. Les hommes s'habillent en noir, avec un vêtement calqué sur ceux du XIXe siècle où rien d'ostentatoire ne doit transparaître, à tel point qu'ils ne portent pas de ceinture de peur que la boucle soit considérée comme une coquetterie ou un moyen de se distinguer des autres ! Leurs rares déplacements en dehors de la communauté s'effectuent en calèche. Désireux de ne pas dépendre de l'État américain, ils refusent les aides à l'agriculture, le système de santé et l'électricité publics, tandis qu'ils reçoivent un enseignement jusqu'à 14 ans dans des écoles non certifiées et s'expriment dans un dialecte allemand qu'ils sont les seuls à comprendre. Organisés autour de conseils des anciens, ils se méfient du progrès technique, dans lequel ils voient un signe d'orgueil et qu'ils refusent d'utiliser dans la vie courante. Économes mais avisés, ils sacrifient néanmoins au recours à la modernité dans le cadre de leurs activités agricoles et des entreprises souvent prospères qu'ils ont fondées.

Le seul moment où il est possible pour les Amish de se mêler à la société américaine est la période de césure que l'on appelle « Rumspringa » et qui débute généralement à l'âge de 16 ans. Les jeunes Amish peuvent alors quitter la communauté et visiter le monde. Ils ont la possibilité de se comporter comme les autres jeunes de leur âge, s'essayer à boire et à fumer, et ne pas revenir si le cœur leur en dit. En réalité, une très petite minorité d'entre eux s'éloignent effectivement, la plupart demeurant au sein de leur village et profitant de cette période pour fréquenter les autres jeunes de leur communauté, se mettre en couple et se faire baptiser.

LA COLONIE DIGNIDAD

Comme beaucoup de sectes, c'est un monde parallèle inquiétant que celui de la colonie Dignidad. Il faut imaginer un territoire de 3 000 hectares perdu au sud de Santiago du Chili, un véritable village-ferme de dizaines de chalets en bois construits sur le modèle bavarois, en partie isolé du monde et entouré de clôtures et de fils barbelés.

Entre 1961 et 1997, il s'agissait d'un territoire presque indépendant qui jouissait de nombreux privilèges fiscaux et juridiques. La colonie possédait un hôpital, une centrale électrique et même un aéroport !

▲ L'école de la villa Baviera, anciennement colonie Dignidad, fondée par le gourou nazi Paul Schaefer.

▲ **Photos des premiers membres de la villa Baviera, véritable camp de torture nazi, anciennement connue sous le nom de colonie Dignidad.**

Fondée par un nostalgique du IIIe Reich nommé Paul Schaefer, la colonie Dignidad était en réalité un véritable petit camp nazi en Amérique du Sud. Si elle a pu fonctionner aussi facilement pendant presque quarante ans, c'est parce que ses dirigeants rendaient discrètement service au régime dictatorial du général Pinochet.

Des services à faire froid dans le dos, allant de l'hébergement et la torture de prisonniers gênants au trafic d'armes et de drogues pour le compte de généraux de l'armée. Fonctionnant selon des règles quasi concentrationnaires, certains de ses membres étaient soumis au travail forcé et subissaient des sévices sexuels quel que soit leur âge. Mais le retour de la démocratie au début des années 1990 a enfin permis aux langues de se délier et a conduit à la fin du règne de Paul Schaefer, qui a été arrêté en 2005 et est décédé cinq ans plus tard en prison. Quant à la colonie, elle demeure mais a officiellement mis fin à ses activités criminelles. Reconvertie dans le tourisme, elle se nomme aujourd'hui « villa Baviera »…

▲ Salle de jeux vidéo, sur l'île de Honshū, au Japon.

AU CŒUR DES MONDES VIRTUELS

Selon certains scientifiques spécialistes de physique quantique tels qu'Hughes Everett, Stephen Hawking ou encore Andreï Sakharov, il existerait de véritables univers parallèles auxquels par définition nous ne pourrions accéder. Leurs théories sont extrêmement complexes, et toutes les tentatives expérimentales pour en démontrer l'exactitude ont pour le moment échoué. Elles ont néanmoins suscité l'imagination des écrivains, dessinateurs de bandes dessinées et scénaristes de cinéma et de télévision, seuls domaines où l'on peut avoir pour le moment la certitude de trouver des univers parallèles !

Le monde réel peut être décevant, morne, triste. Il est alors bien tentant de l'abandonner pour un monde virtuel où les adolescents se transforment en guerriers aux multiples pouvoirs, où le simple quidam, caché derrière une identité électronique, peut vivre une existence de millionnaire et donner libre cours à ses fantasmes les plus fous. Celui qui ne possède rien peut y construire une maison géante ou piloter des voitures de course, vivre sur une île perdue ou devenir une star. Les acteurs de ces mondes virtuels jouent en réseau avec d'autres aux quatre coins de la planète et vivent avec eux de multiples aventures comme si les barrières linguistiques et la distance étaient abolies. Mais il faut se rappeler que ce n'est qu'un jeu. Or, il arrive que le monde parallèle finisse par prendre le pas sur la réalité.

C'est désormais un fait divers banal en Corée ou au Japon, mais cela arrive aussi en France et aux États-Unis : certains joueurs, jeunes ou moins jeunes, finissent par se déconnecter peu à peu de la réalité, préférant s'enfermer dans le monde du jeu vidéo en réseau au point d'en oublier de s'alimenter et de parfois en mourir. En Corée, on considère que 10 % des moins de 18 ans sont addicts aux écrans et se mettent en danger. Une loi a d'ailleurs été votée pour limiter le nombre d'heures passées devant les écrans. Depuis 2011, il est même interdit aux moins de 16 ans de jouer en réseau entre minuit et 6 heures du matin ! Il faut dire que les casques et autres capteurs désormais accessibles à la majorité des joueurs permettent de s'immerger dans les réalités virtuelles de manière sidérante.

Dans les années 2000, le monde virtuel Second Life est devenu un phénomène de société, avec 23 millions de comptes de joueurs menant une deuxième vie numérique en ligne *via* un avatar. Et si le nombre de joueurs actifs a considérablement baissé depuis 2010, il continue de recevoir plusieurs dizaines de milliers de connexions par jour.

Mais sur les écrans, le monde parallèle est aussi celui du darkweb, dans ce que l'on nomme le « Web profond ». C'est l'univers de logiciels spécifiques servant à accéder au darkweb.

Le visiteur peut surfer sur des réseaux tels que Tor ou Freenet, et accéder de manière protégée aux sites cachés et à leurs ressources. Si le darkweb permet de communiquer de manière sécurisée, c'est aussi le lieu de tous les trafics illégaux. Ce monde parallèle rejoint alors celui de l'économie parallèle, des trafics de drogues ou d'armes, qui se négocient parfois en cryptomonnaies telles que le bitcoin. On peut y louer les services de hackers, acheter des substances illicites ou même commanditer un assassinat !

Les cyberattaques se préparent au sein du darkweb. ▼

LES ÉCRIVAINS ET LES POÈTES N'ONT CESSÉ D'IMAGINER DES CITÉS IDÉALES ET DES LIEUX UTOPIQUES, TELS THOMAS MORE ET SON UTOPIA, RABELAIS ET SON ABBAYE DE THÉLÈME, JULES VERNE ET L'ÎLE DE LINCOLN... MAIS IL S'AGISSAIT AVANT TOUT D'ALLÉGORIES ET DE MIROIRS DU MONDE EXISTANT, DE CONSTRUCTIONS PUREMENT PHILOSOPHIQUES ET LITTÉRAIRES, COMPRISES COMME TELLES PAR LEURS CONTEMPORAINS. CE N'EST CEPENDANT PAS LE CAS DE TOUS LES MONDES UTOPIQUES, SI BIEN QUE DES LÉGENDES SE SONT TRANSFORMÉES EN RÉALITÉ DANS L'ESPRIT DE CERTAINS.

MONDES UTOPIQUES

Au fil des siècles, nombreux sont ceux qui ont fantasmé des territoires fabuleux, qu'il s'agisse de l'Atlantide, du continent Mu ou encore de la face cachée de la Lune ! Des lieux réputés interdits d'accès et introuvables pour la bonne raison qu'ils sont irréels, mais auxquels des aventuriers ont pourtant consacré leur vie dans des quêtes impossibles qui se poursuivent parfois encore aujourd'hui.

LE ROYAUME DU PRÊTRE JEAN

Toute l'Europe chrétienne y a cru pendant des siècles. Quelque part à l'est du monde musulman, il existerait un royaume « où coulent le lait et le miel », dirigé par un homme à la fois prêtre et roi et nommé Johannes qui aurait combattu et vaincu les Perses à plusieurs reprises. « Paré de pierres précieuses », le prêtre Jean fait respecter les valeurs chrétiennes à la lettre et son pouvoir s'étend sur « les trois Indes », dans un vaste territoire qui ne connaît « ni le vice, ni le mal, ni le vol, ni le mensonge ».

Le prêtre Jean, dessin de Pierre-Antoine Demachy, 1800.

Le prêtre Jean assis sur son trône en Ethiopie. Détail d'une carte de l'est de l'Afrique, 1558. ▲

D'après certains « témoignages », ce royaume oriental serait peuplé d'animaux fantastiques tels que des licornes ou des cynocéphales, les fameux hommes à tête de chien, et il serait traversé par un fleuve charriant des saphirs et des rubis. On ne sait pas avec exactitude où est née la légende de ce pays de cocagne, le « royaume du prêtre Jean ».

Selon les sources, elle serait apparue pour la première fois au XIIe siècle, dans une lettre envoyée à l'empereur byzantin Manuel Comnène. Mais la rumeur a peut-être été plutôt lancée par l'évêque syrien Hugues de Gabala, venu annoncer en Occident la chute d'Édesse. De fait, le mythe du royaume du prêtre Jean naît dans un contexte bien particulier. Il est contemporain d'une époque où l'empire chrétien d'Orient recule face aux Turcs Seldjoukides, si bien que la découverte d'un allié à l'est apparaît comme une nouvelle on ne peut plus réconfortante pour la chrétienté qui se sent menacée par l'expansion musulmane. Car une alliance avec ce puissant royaume pourrait permettre de prendre les Seldjoukides en tenaille et de bloquer leur inéluctable progression. Hélas, si son existence est largement relayée par les écrivains et les voyageurs et que la rumeur se répand au point de devenir un mythe, le royaume du prêtre Jean reste un territoire de papier. La fameuse lettre à l'empereur n'est pas accompagnée d'ambassadeurs, et la localisation exacte de ce pays idéal n'est pas connue.

Malgré les récits de Marco Polo et de Guillaume de Rubrouck qui situent leur royaume en Orient, le mythe devient de moins en moins crédible à partir de la fin du XIIIe siècle, quand les avancées mongoles mettent en doute l'existence d'un territoire chrétien en Asie orientale. Mais si l'espoir d'un allié providentiel disparaît, le mythe, lui, ne s'évanouit pas pour autant, il se déplace simplement vers le sud, en Afrique, où les Portugais, soucieux de légitimer leur implantation sur le continent, finissent par assimiler ce territoire mythique à l'Éthiopie, son dernier emplacement connu.

▲ La lagune de Guatavita, près de Bogotá, en Colombie.

ELDORADO ET CITÉS D'OR

Pour les Espagnols et les Portugais, la découverte de l'Amérique est aussi celle de l'or en abondance. Qu'il soit vrai ou légendaire ! Car si l'or véritable se trouve dans des mines comme celles du Choko, le légendaire puise aussi son existence dans la réalité. Il est ainsi d'abord inspiré par les mythes et les rituels des Indiens Chibchas qui, chaque année, recouvraient leur nouveau chef de poudre d'or, inspirant aux Espagnols le surnom d'« *El hombre dorado* » (« l'homme doré »). Ce dernier s'immergeait dans la lagune de Guatavita, un lac colombien situé à une soixantaine de kilomètres de l'actuelle Bogotá, tandis qu'on jetait des trésors autour de lui pour honorer le dieu Soleil. Les Espagnols assécheront le lac et retrouveront de nombreux objets précieux, mais rien de comparable avec les richesses promises. Qu'à cela ne tienne, c'est que l'or se trouve ailleurs !

▲ Figure masculine « l'homme doré », Xe-milieu du XVIe siècle, région du lac Guatavita, Colombie.

Jean Théodore de Bry, *Atahualpa, prisonnier de Francisco Pizarro, achète sa liberté*, gravure.

Et c'est poussé par cette soif du précieux métal que Francisco Pizarro s'attaque à l'Empire inca en 1532 et fait prisonnier l'empereur Atahualpa, pour lequel il réclame une rançon en métal précieux correspondant à une pièce de 30 mètres carrés remplie jusqu'à hauteur d'homme ! Soit 5 tonnes d'or et 10 tonnes d'argent que les Incas rassemblent en puisant partout dans leur empire… ce qui n'empêchera pas l'exécution du dernier empereur inca.

Si le butin est considérable, jamais plus les conquistadores ne réuniront une pareille quantité d'or, mais une chose est sûre : le mythe de l'Eldorado est né ! Il se mêle très vite à celui des « cités d'or », qui trouve son origine dans de très vieilles légendes espagnoles remontant au XIIe siècle. Fuyant l'invasion des Maures, sept évêques auraient fondé dans un endroit inconnu des cités couvertes de pierres précieuses. Il n'en fallait pas plus pour qu'en 1539, le moine franciscain Marcos de Niza, de retour d'Amérique du Nord, déclare avoir découvert l'existence de « sept villes débordant de richesse », les« sept cités d'or de Cibola ». Nombreux sont les conquistadores et autres explorateurs à s'être lancés dans l'aventure, comme le célèbre Vásquez de Coronado, qui atteint l'Arizona en 1540 mais ne trouve nulle trace de la fameuse cité.

En 1617, c'est sir Walther Raleigh qui mène deux expéditions, au cours desquelles il perdra son fils mais ne trouvera pas de cité d'or. Deux siècles plus tard, le mythe a perdu de son intensité, mais des explorateurs tentent encore de localiser les cités disparues, à l'instar des scientifiques Charles Marie de La Condamine et Alexander von Humboldt.

LE ROYAUME DE SHAMBHALA

Shambhala est un lieu pur que l'on ne peut trouver sur les cartes car seuls ceux qui ont un bon karma peuvent trouver le chemin pour y accéder. Dans la mythologie indobouddhiste, le royaume a été fondé par le roi Suchandra, qui désirait être un « éveillé » sans avoir à abandonner la fonction royale. De forme circulaire, Shambhala est encerclé par les montagnes et sa capitale, Kapala, se situe en son centre. Au sud de celle-ci, le parc du bois de santal abrite le mandala de Kalachakra, tridimensionnel, construit en pierres précieuses par le roi Suchandra.

Le Paradis de Shambhala, école tibétaine, peinture sur soie, musée Guimet, Paris.

C'est dans ce mandala que les initiés reçoivent l'enseignement du Kalachakra transmis par Bouddha lui-même. De fait, peu de monde est revenu de Shambhala, mais certains y ont accédé en méditant ou y sont entrés en rêve. C'est en tout cas au Tibet que les différentes traditions situent ce royaume mythique d'où viendra le salut du monde. Car, selon la tradition, le vingt-cinquième roi de Shambhala reviendra sur Terre pour chasser les forces obscures et faire naître l'âge d'or !

Loin de rester cantonné à l'Asie, le mythe de Shambhala a connu un grand succès au XIXe siècle dans un Occident fasciné par l'orientalisme et les religions d'Asie. Outre sa récupération par les théosophes, il est ainsi au cœur du roman *les Horizons perdus* écrit en 1933 par James Milton, dans lequel l'écrivain américain imagine la vallée perdue de Shangri-La où, dans le temps suspendu, règnent l'harmonie et le bonheur.

THULÉ, L'ÎLE DU NORD

Évoqué pour la première fois par le Grec Pythéas au IVe siècle avant Jésus-Christ et confondu avec le Groenland, la Norvège ou l'Islande au Moyen Âge, Thulé, à « six jours de mer de la Grande-Bretagne », est un mystérieux territoire d'Europe du Nord. Au XXe siècle, le mythique Thulé devient pourtant dans l'esprit de certains mouvements pangermanistes le lieu de naissance de la « race aryenne ».

On l'associe à l'Hyperborée, un territoire situé « au-delà des souffles du froid » où régnerait un climat idyllique et où vivrait un peuple de guerriers nordiques dont serait issu le dieu Apollon par sa mère. Selon certaines transitions, l'Hyperborée serait aussi le « berceau englouti des premiers hommes »

Quoi qu'il en soit de ce magma d'idées un peu folles, certains mouvements nationalistes allemands s'emparent du mythe de Thulé à la fin de la Première Guerre mondiale. En 1918, ils fondent ainsi la Société Thulé ou ordre de Thulé, une organisation occulte et secrète fascinée par l'ethnologie des pays du Nord, faisant de Thulé le lieu de naissance des peuples germaniques qui auraient développé une « civilisation supérieure » aujourd'hui disparue.

Antirépublicains, racistes, antisémites, et païens, les membres de la Société Thulé ont probablement influencé les nazis. Leurs symboles, la croix de Thor ou de Wotan, ne sont d'ailleurs pas sans rappeler la croix gammée.

LA LÉMURIE A-T-ELLE EXISTÉ ?

C'est en tout cas le plus scientifique des lieux utopiques ! Une vaste terre mythique située dans l'océan Indien et désormais engloutie qui aurait été le lien entre l'Inde et l'Australie, un pont entre les continents. C'est au XIXe siècle, en tentant d'expliquer la répartition des espèces telles que les lémuriens entre plusieurs continents, que s'élabore cette théorie développée et soutenue par de nombreux scientifiques comme Ernst Haeckel ou Jules Hermann dans les années 1870.

Pour certains, la Lémurie aurait été aussi le troisième berceau de l'humanité, où se serait développée une civilisation avancée à l'origine de Mu et de l'Atlantide.

L'Atlantide, extrait d'une bande dessinée américaine, *20 000 Leagues under the Sea*, inspirée de *Vingt mille lieues sous les mers* de Jules Verne.

CRÉDITS ICONOGRAPHIQUES

p. 7 et reprise p. 21 : Ph. © Bertrand Rieger/Hemis.fr ; p. 9 : Ph. © Vincent Prevost/Hemis.fr ; p. 10 : Ph. © US Air Force/AFP ; p. 11 : Ph. © Karen Nutini/FEMA Photo Library ; p. 12 : Ph. © Charles Platiau/POOL/AFP ; p. 14 : Ph. © Fred Dufour/AFP ; p. 15 : Ph. © Wang Zhao/AFP ; p. 16 : Ph. © Dr Marcus Burryan-DR ; p. 17 : Ph. © Andrew Nicholson/Alamy/Hemis.fr ; p. 18 : Ph. © Josef Beck/Alamy/Hemis.fr ; p. 19 : Ph. © Schutz-DR ; p. 20 : Ph. © Isabelle Boitet/Photononstop ; p. 23 ht : Ph. © Stéphane Lemaire/Hemis.fr ; p. 23 bas : Ph. © Shutterstock ; p. 24-25 : Ph. © Alamy/Hemis.fr ; p. 25 ht g : Ph. © Photogid/Shutterstock ; p. 25 m d : Ph. © Sergey Kamshylin/Shutterstock ; p. 26 : Ph. © STF/AFP ; p. 27 : Ph. © STR/Paul Allen/AFP ; p. 29 : Ph. © US Department of Defense Archive/Alamy/Hemis.fr ; p. 30 : Ph. © Stéphane Mahé/X02520/AFP ; p. 31 ht : Ph. © Ramzi Haidar/AFP ; p. 31 bas d : Ph. © Israeli Army/AFP ; p. 32 : Ph. © AUK Archive/Alamy/Hemis.fr ; p. 33 : Ph. © Alexander Nemenov/AFP ; p. 35 : Ph. © Martin Bureau/AFP ; p. 36 : Ph. © Vasily Maximov/AFP ; p. 37 ht d : Ph. © Grzegorz/Alamy/Hemis.fr ; p. 37 bas : Ph. © Daniel Slim/AFP ; p. 38-39 Ph. © Redorbital Photography/Alamy/Hemis.fr ; p. 40 : Ph. © Sputnik/AFP ; p. 41 : Ph. ©Marc Garanger/Aurimages/AFP ; p. 42 : Ph. © Stringer/AFP ; p. 43 ht d : Ph. © Digital Globe/Amnesty International/AFP ; p. 43 bas g : Ph. © Alejandro Pagni/AFP ; p. 45 : Ph. © Shanet T. McCoy/DOD/US Navy/AFP ; p. 46 : Ph. © Wathiq Khuzaei/AFP ; p. 47 : Ph. © Abdelhak Senna/AFP ; p. 48 : Ph. © Roberto Fumagalli/Alamy/Hemis.fr ; p. 49 : Ph. © Daniel Kalker/DPA/dpa Picture-Alliance/AFP ; p. 50 : Ph. © Rawf8/Alamy/Hemis.fr ; p. 51 : Ph. © MehmetO/Alamy/Hemis.fr ; p. 52 ht-53 : Ph. © Studio Octavio/Alamy/Hemis.fr ; p. 52 bas-53 : Ph. © Dbimages/Alamy/Hemis.fr ; p. 55 : Ph. © Vyacheslav Oseledko/AFP ; p. 56-57 : Ph. © Taha Dar/Alamy/Hemis.fr ; p. 57 m g : Ph. © AFP ; p. 57 bas d : Ph. © AFP Files/AFP ; p. 58 : Ph. © Stockfolio/Alamy/Hemis.fr ; p. 59 : Ph. © Stephen Barnes/Military/Alamy/Hemis.fr ; p. 60 : -61 : Ph. © Igor Batenev/Shutterstock ; p. 62 : Ph. © Tom Little/AFP ; p. 63 : Ph. © Olia_foto/Shutterstock ; p. 64 : Ph. © Hoang Dinh Nam/AFP ; p. 65 : Ph. © AFP ; p. 67 : Ph. © Mao Zhenhua*/XINHUA/AFP ; p. 68-69 : Ph. © Blickwinkel/Alamy/Hemis.fr ; p. 70- 71 : Ph. © Cultura/Hemis.fr ; p. 72 : Ph. © SZ Photo/Sammlung Megele/Bridgeman Images ; p. 73 : Ph. © De Agostini Picture Library/Bridgeman Images ; p. 74 : Ph. Coll. Archives Larbor ; p. 75 ht : Ph. Coll. Archives Larousse ; p. 75 m d : Ph. © Archives Larbor ; p. 76 : Ph. © Mauro Pimentel/AFP ; p. 77 ht : Ph. Coll. Archives Larousse ; p 77 ht d : Ph. © Sun Can/Xinhua/AFP ; p. 77 bas : Ph. © Sébastien Rieussec/AFP ; p. 78 Ph. © Tom Hanley/Alamy/Hemis.fr ; p. 79 : Ph. © Jeff Whyte/Shutterstock ; p. 80 : Ph. © Bertrand Gardel/Hemis.fr ; p. 81 : Ph. © Pascal Ducept/ Hemis.fr ; p. 82 ht g : Ph. © PantherMedia GmbH/Alamy/Hemis.fr ; p. 82 ht d : Ph. © Library of Congress, Washington ; p. 83 ht : Ph. © Stillbeyou_architectural/Alamy/Hemis.fr ; p. 83 bas d : Ph. © Inozemtsev Konstantin/Shutterstock ; p. 84 : Ph. Coll. Archives Larousse ; p. 85 ht : Ph. © Jose Manuel Revuelta Luna/Alamy/Hemis.fr ; p. 85 ht d : Ph. © Huesca/Wikimedia Commons/DR ; p. 86 : -87 : Ph. © Dave Stamboulis/Alamy/Hemis.fr ; p. 87 m d : Ph. © Bert de Ruiter/Alamy/Hemis.fr ; p. 88 m g : Ph. © Alchemist-hp/Wikimedia Commons/DR ; p. 88 m d : Ph. © Frank Rumpenhorst/DPA/ DPA Picture-Alliance/AFP ; p. 88 bas : Ph. © AlanM1/Wikimedia Commons/DR ; p. 89 : Ph. © Frederic J. Brown/AFP ; p. 90 : Ph. © Archives Nathan ; p. 91 ht : Ph. © Jean Heintz/Hemis.fr ; p. 91 m d : Ph. O.Ploton © Archives Larousse ; p. 92 ht : Ph. © Archives nationales ; p. 92 ht d : Ph. © Bianchetti/Leemage ; p. 93 : Ph. © Leemage/AFP ; p. 94 : Ph. © Zoonar GmbH/Alamy/Hemis.fr ; p. 95 : Ph. © Frassinetti/AGF/Bridgeman Images ; p. 96 : Ph. © Raphael Gaillarde/Gamma Rapho ; p. 97 : Ph. © Richard Soberka/Hemis.fr ; p. 98 : Ph. © Artedia/Leemage ; p. 99 ht g : Ph. © Collection Artedia/Pierre De Meuron et Jacques Herzog/Leemage ; p. 99 d : Ph. © Miguel Medina/AFP ; p. 100-101 : Ph. © Bertrand Rieger/Hemis.fr ; p. 102 ht g : Ph. © Npstock/Shutterstock ; p. 102 bas d : Ph. © science photo/Shutterstock ; p. 103 : Ph. © DR ; p. 104 : Ph. © David Cordingly/National Maritime Miseim/Wikimedia Commons/DR ; p. 105 : Ph. © Albert Giordan - Fondation Elf, Paris ; p. 106 ht-107 : Ph. © Rodrigo Friscione/Cultura Creative/AFP ; p. 106 m d : Ph. © Patrick Aventurier/Gamma Rapho ; p. 107 m bas : Ph. © Jonathan Blair/National Geographic Creative ; p. 109 : Ph. © Prisma by Dukas Presseagentur GmbH/Alamy/Hemis.fr ; p. 111 ht : Ph. © Jacques Sierpinski/Hemis.fr ; p. 111 bas d : Ph. © Dmitry Rukhlenko-Travel Photos/Alamy/Hemis.fr ; p. 112-113 : Ph. © Diego Grandi/Alamy/Hemis.fr ; p. 113 bas : Ph. © Amy Nichole Harris/Shutterstock ; p. 114-115 : Ph. © Nik Wheeler/Alamy/Hemis.fr ; p. 115 ht : Dessin Archives Larousse ; p. 117 ht g : Ph. © Davidwallphoto.com/Alamy/Hemis.fr ; p. 117 d : Ph. © Arny Raedts/Alamy/Hemis.fr ; p. 118 : -119 : Ph. © A.PAES/Shutterstock ; p. 119 bas : Ph. © DR ; p. 120 : Ph. © DR ; p. 121 : Ph. © David Wall/Alamy/Hemis.fr ; p. 122-123 : Ph. © Jean-François de Roubaix/Hemis.fr ; p. 123 : Ph. © Franck Guiziou/Hemis.fr ; p. 125 ht : Ph. © Jon Arnold Images/Hemis.fr ; p. 125 bas d : Ph. © Robert Harding/Hemis.fr ; p. 126 : Ph. © Jon Arnold Images/Hemis.fr ; p. 127 : Ph. © Jon Arnold Images/Hemis.fr ; p. 128 : Ph. © Art Collection2/Alamy/Hemis.fr ; p. 129 : Ph. © Jean Heintz/Hemis.fr ; p. 130 ht :

Ph. © Richard Soberka/Hemis.fr ; p. 130 m d : Ph. Coll. Archives Larousse ; p. 131 : Ph. © UPI/Alamy/Hemis.fr ; p. 132 : Ph. © Keystone Press/Alamy/Hemis.fr ; p. 133 ht : Ph. © Todor Stoyanov/Alamy/Hemis.fr ; p. 133 ht d : Ph. © Nikolay Stoimenov/Alamy/Hemis.fr ; p. 134 : Ph. © Benjamin Beytekin/DPA/DPA Picture-Alliance/AFP ; p. 135 : Ph. © Andrew Burton/Getty Images/AFP ; p. 136 : Ph. © Shi Xing/Image China/AFP ; p. 137 : Ph. © John Lander/Alamy/Hemis.fr ; p. 138 : Ph. © Britta Pedersen/DPA/dpa Picture-Alliance/AFP ; p. 139 : Ph. © Greg Looping/Hans Lucas/AFP ; p. 140 : Ph. © Jon Arnold Images/Hemis.fr ; p. 141 bas g : Ph. © Gleison Miranda/Funai/Survival/AFP ; p. 141 bas d : Ph. © DR ; p. 142 : Ph. © Rweisswald/Alamy/Hemis.fr ; p. 143 ht g : Ph. © Vivaswa/Shutterstock ; p. 143 bas d : Ph. © Miguelrangeljr/Wikimedia Commons/DR ; p. 144-145 : Ph. © Leo Francini/Shutterstock ; p145 bas m : Ph. © Paulo de Oliveira/Biosphoto/AFP ; p. 146-147 : Ph. © Chris Howes/Wild Places Photography/Alamy/Hemis.fr ; p. 147 bas : Ph. © Dave Stamboulis/Alamy/Hemis.fr ; p. 149 : Ph. © Alain Schroeder/Hemis.fr ; p. 150 : Ph. Coll. Archives Larbor ; p. 151 ht : Ph. © Bertrand Rieger/Hemis.fr ; p. 151 bas d : Ph. © JensiS65/Wikimedia Commons/DR ; p. 152 : Ph. © Alamy/Hemis.fr ; p. 153 : Ph. © Robert Hoetink/Alamy/Hemis.fr ; p. 154 ht-155 : Ph. © Shutterstock ; p. 154 bas g : Ph. Coll. Archives Larbor ; p. 156 : Ph. © Matthieu Colin/Hemis.fr ; p. 157 : Ph. © Jon Arnold/Hemis.fr ; p. 158 : Ph. Collection particulière – DR ; p. 159 ht : Ph. © eye35.pix/Alamy/Hemis.fr ; p. 159 bas d : Ph. © DR ; p. 160 bas g : Ph. © DR ; p. 160 d-161 : Ph. © BoolaBoola2/Wikimedia Commons/DR ; p. 161 ht m : Ph. © Library of Congress, Washington ; p. 162 ht : Ph. © Library of Congress, Washington ; p. 162 m d : Ph. © Library of Congress, Washington ; p. 162 bas d : Ph. © 9comeback/Shuttertsock ; p. 164 ht : Ph. © photlook /Fotolia.com ; p. 164 bas d : Ph. Coll. Archives Larousse ; p. 165 ht d : Ph. © Musée de la Franc-Maçonnerie/Photo12/AFP ; p. 165 bas m : Ph. O. Ploton © Archives Larousse ; p. 166 : Ph. © Marco Ansaloni/Hemis.fr ; p. 167 ht g : Ph. © Library of Congress, Washington ; p. 167 d : Ph. © Westend61 GmbH/Alamy/Hemis.fr ; p. 168 ht : Ph. © Declic/Wikimedia Commons/DR ; p. 168 m g : Ph. © Bertrand Rieger/Hemis.fr ; p. 169 : Ph. © Godong/Robert Harding/Photononstop ; p. 170 : Ph. © DR ; p. 171 : Ph. © Li Wei/Imagine China/Photononstop ; p. 172 : Ph. © Bridgeman-Images ; p. 173 ht : Ph. © DR ; p. 173 ht d : Ph. © Ho/Palace Museum Beijing/AFP ; p. 174 : Ph. © Brown PS/Shutterstock ; p. 175 m d : Ph. © Historic Collection/Alamy/Hemis.fr ; p. 175 bas : Ph. © Tony Vingerhoets/Alamy/Hemis.fr ; p. 176 : Ph. © Christophe Boisvieux/Hemis.fr ; p. 177 : Ph. © NG Shutterbug/Shutterstock ; p. 178 ht g : Ph. © Azoor Photo/Alamy/Hemis.fr ; p. 178 ht d : Ph. © Art Collection 3/Alamy/Hemis.fr ; p. 179 : 3 Ph. © Bibliothèque nationale de France, Paris ; p. 18 : Ph. © Roger-Viollet ; p. 181 ht : Ph. © Gusman/Leemage/AFP ; p. 181 bas : Ph. Coll. Archives Larousse ; p. 182 : Ph. © Roger-Viollet ; p. 183 : Ph. © Anthony Brian/Alamy/Hemis.fr ; p. 185-186 : Ph. © Angelo/Bridgeman Images ; p. 185 bas : Ph ; Coll. Archives Larousse ; p. 186 : Ph. © Frances Roberts/Alamy/Hemis.fr ; p. 187 ht g : Ph. © Mithat Toprak/Anadolu Agency/AFP ; p. 187 ht d : Ph. © Disneyland/Alamy/Hemis.fr ; p. 187 : Ph. © DR ; p. 189 : Ph. © Paul Hennessy/NurPhoto/AFP ; p. 190 : Ph. © 2018 ESA-CNES-ARIANESPACE/optique vidéo du CSG-JM Guillon ; p. 191 : Ph. © NASA ; p. 192 m : Ph. © Serguey Marmontov/Sputnik/AFP ; p. 192 bas : Ph. © DPA/Photononstop ; p. 193 : Ph. © Science History Images/Alamy/Hemis.fr ; p. 195 : Ph. © NASA ; p. 196 : vBlickwinkel/Alamy/Hemis.fr ; p. 197 : Ph. © Colin Harris/era-images/Alamy/Hemis.fr ; p. 198 : Ph. © ESA ; p. 199 : Ph. © Eye Ubiquitous/Alamy/Hemis.fr ; p. 200 : Ph. © DR ; p. 201 : Ph. © Xinhua/AFP ; p. 202 : © LDS Photo Studio ; p. 203 : © 2016 Intellectual Reserve, Inc. All Rights reserved ; p. 204 ht : Ph. © Dpa picture alliance/Alamy/Hemis.fr ; p. 204 m d : Ph. © Bertrand Rieger/Hemis.fr ; p. 205 : Ph. © Peter Adams Photography Ltd/Alamy/Hemis.fr ; p. 206-207 : Ph. © Johannes Braun/Hemis.fr ; p. 208 : Ph. © Shone/Gamma Rapho ; p. 209 : Ph. © Arcaid Images/Alamy/Hemis.fr ; p. 210 m : Ph. © Jiji Press/AFP ; p. 210 bas : Ph. © EyePress News/AFP ; p. 212 : Ph. © Greenpeace/Gamma Rapho ; p. 213 : Ph. © Newman Gavin/Greenpeace/Gamma Rapho ; p. 214 : Ph. © Sebastian Kaulitzki/Fotolia.com ; p. 215 ht : Ph. © Russian Emergency Ministry/AFP ; p. 215 m : Ph. © Sebastian Kaulitzki/Fotolia.com ; p. 216 : Ph. © Philippe Merle/AFP ; p. 217 : Ph. © Jean-Philippe Ksiazek/AFP ; p. 218 : Ph. © Jon Gibbs/Robert Harding/AFP ; p. 219 ht d : Ph. © Giovanni Cancemi/Shutterstock ; p. 219 bas : © DR ; p. 221 : Ph. © Jonatha, Nackstrand/AFP ; p. 222 : Ph. © Aleksandrs Tihonovs/Alamy/Hemis.fr ; p. 223 : Ph. © Oberhäuser/Agencja Fotograficzna Caro/Alamy/Hemis.fr ; p. 224-225 : Ph. © ED/RM/Google/Camera Press/Gamma Rapho ; p. 226-227 : Katrin 88888/Shutterstock ; p. 228-229 : Ph. © John Frumm/Hemis.fr ; p. 229 : Ph. © Peter Steiner/Alamy/Hemis.fr ; p. 230 : Ph. © Peter Smolka/DPA Picture-Alliance/AFP ; p. 231 ; Ph. © Claudio Reyes/AFP ; p. 232 ht : Ph. © Philippe Body/Hemis.fr ; p. 232 ht g : Ph. © Stanlavs/Shutterstock ; p. 233 : Ph. © Defne Karadeniz/Getty Images/AFP ; p. 234 : Ph. © The New York Public Library ; p. 235 : Ph. © The British Library Board/Leemage ; p. 236 ht : Ph. © Simon Pittet/Shutterstock ; p. 236 bas : Ph. © Artokoloro Qint Box Limited/Alamy/Hemis.fr ; p. 237 ht g : Ph. Coll. Archives Larousse ; p. 237 bas : Ph. © Bridgeman Images/Leemage ; p. 238 : Ph. Olivier Ploton © Archives Larousse – DR

Imprimé en Espagne par Estella Graficas
Dépôt légal : octobre 2019
324013-01/11041485/septembre 2019

PAPIER À BASE DE FIBRES CERTIFIÉES

LAROUSSE s'engage pour l'environnement en réduisant l'empreinte carbone de ses livres. Celle de cet exemplaire est de : 2,7 kg éq. CO_2
Rendez-vous sur www.larousse-durable.fr